乐山师范学院高层次人才引进科研项目及学科建设基金资助

农民职业分化及其
效应研究

李 磊 著

中国农业出版社

北 京

图书在版编目（CIP）数据

农民职业分化及其效应研究 / 李磊著. -- 北京：
中国农业出版社，2024.12. -- ISBN 978-7-109-32831
-0

Ⅰ. D669.2

中国国家版本馆 CIP 数据核字第 2024JW6422 号

中国农业出版社出版

地址：北京市朝阳区麦子店街 18 号楼

邮编：100125

责任编辑：潘洪洋　　文字编辑：戈晓伟

版式设计：王　晨　　责任校对：张雯婷

印刷：北京中兴印刷有限公司

版次：2024 年 12 月第 1 版

印次：2024 年 12 月北京第 1 次印刷

发行：新华书店北京发行所

开本：700mm×1000mm　1/16

印张：14.5

字数：276 千字

定价：98.00 元

前　言

改革开放以来，中国工业化和城镇化进程明显加速，伴随着户籍制度的松动，农民从传统农业中分离出来，从事各种非农职业并获取更多工资性收入。农民职业分化现象越来越普遍，这不仅是农民追求自身利益最大化的理性选择，也是现代化的必然结果。现代化的过程就是一个农业比重下降、非农比重上升的过程，从而使社会劳动力资源进行重新配置，越来越多的农村劳动力向第二、第三产业转移，因此必然导致农民的职业分化。纵观世界发达国家工业化和城镇化进程，都是以农村劳动力从农业部门向非农部门转移实现的，这是世界上已完成工业化的发达国家验证了的由农业社会向工业社会转移的必由之路，对于农业人口众多、幅员辽阔的中国来说更是如此。特别是中国进入新发展阶段，农民职业分化无论在分化规模上还是在分化程度上都在不断加强，并持续影响着中国现代化进程。

农民职业分化具有内在的一般规律。本书以乡村振兴为背景，以中国农民职业分化问题为主线，以中国粮食主产区农户为调研对象，采用历史与现实相结合、宏观与微观相结合，定性与定量相结合、实证主义与人文主义相结合的方式，分为十一个章节进行论述，内容涵盖土地利用、农业生产效率、土地流转、农民收入等问题。首先在既有文献研究的基础上，通过建立农民职业分化的概念框架，解析农民职业分化的内涵，构建专业型和兼业型两种不同农民职业分化类型划分依据和标准，从制度、经济、人口视角分析了农民职业分化产生和发展的背景，回顾农民职业分化发展历程，总结了农民职业分化萌芽酝酿期、蓄势调整期、提速扩容期、纵深发展期这

4个时期的阶段性特征。在实地调研基础上,对当前农民职业分化规模、产业分布、空间分布、职业分化类型进行深入分析,发现农民职业分化受多方面因素影响。从宏观视角,分析农民职业分化与经济发展、现代化、社会制度之间的互动关系;从微观视角,结合调研数据建立多项选择 Logistic 回归模型分析个体因素、家庭因素、区位因素对农民职业分化程度及职业类型选择的影响。农民职业分化具有明显的经济效应,运用资源再配置效应分析方法解释农民职业分化通过劳动力资源再配置效应实现经济增长的机理,运用历年中国家庭追踪调查数据库(CFPS)数据通过计量经济模型验证了农民职业分化对土地利用效率的影响机制及土地流转的中介效应,并进行模型内生性和稳健性检验。从因果分析角度通过格兰杰因果检验方法解释农民职业分化与农民收入分化的相关性,并进一步验证其作用方向与作用程度。最后,针对农民职业分化现实中的困难与障碍提出未来政策完善和修正方向。

本书构建了农民职业分化问题研究的分析框架,拓展了农民职业分化问题研究的深度与广度,给出了"'二元身份'下的农民职业分化类型"的概念框架并进行了解析。本书从经济学理论视角运用发展经济学、劳动经济学、社会分工理论、城市化理论、社会流动与分层理论等建构基础,借鉴社会学理论中社会分层研究范式,界定了"专业型职业分化"与"兼业型职业分化"概念内涵,提出了农民职业分化影响因素相关理论假设,从经济与社会维度分析农民职业分化产生的正负效应,从分化程度、分化类型、分化范围等角度对未来我国农民职业分化趋势进行预测。该分析框架的构建丰富了劳动力迁移理论和社会流动理论,增强了农民职业分化问题研究的系统性和科学性。

本书系统梳理了我国农民职业分化产生和发展的制度、经济、人口发展背景,对农民职业分化演进历程进行科学划分并总结其阶段性特征。整体分析了农民职业分化规模、分化产业与空间分布特征，系统全面总结了农民职业分化目前状态及存在问题。基于理论与实证分析角度，从经济增长速度、产业结构调整、经济增长方式以及城乡收入角度验证了经济发展对农民职业分化产生的积极影响。分析农业现代化、工业化对农民职业分化的促进作用，从实证视角，结合统计数据，运用计量经济模型深入分析农民职业分化对经济发展、农地利用效率、农民收入结构变动的作用与贡献，以期对中国农民职业分化问题进行更为系统深入的研究奠定坚实基础。

　　本书可为全国各级从事"三农"工作的政府相关部门人员及全国各科研机构、各高校农业经济领域学者、专家及教师群体开展学术研究、制定政策、教育教学提供参考。本书由乐山师范学院法学与公共管理学院资助出版，同时得到中国农业出版社孙鸣凤主任和潘洪洋编辑的大力支持，在此一并致谢！由于本书著者水平有限和我国农民职业分化正处在不断变革中，还存在许多未被认知的新问题，因此，错误和不妥之处在所难免，敬请学术同仁理解并批评指正。

著　者

2024 年 9 月 8 日

目　　录

前言

第一章 绪 论

改革开放以来，中国工业化和城镇化进程明显加速，伴随着户籍制度的松动，农民从传统农业中分离出来，从事各种非农职业并获取更多工资性收入，农民职业分化现象越来越普遍，这不仅是农民追求自身利益最大化的理性选择，也是现代化的必然结果。现代化的过程就是一个农业比重下降、非农比重上升的过程，从而使社会劳动力资源进行重新配置，越来越多的农村劳动力向第二、第三产业转移，因此必然导致农民的职业分化。纵观世界发达国家工业化和城镇化进程，都是以农村劳动力从农业部门向非农部门转移实现的，这是世界上已完成工业化的发达国家验证了的由农业社会向工业社会转移的必由之路，对于农业人口众多、幅员辽阔的中国来说更是如此。特别是中国进入新发展阶段，农民职业分化无论在分化规模上还是在分化程度上都在不断加强，并持续影响着中国现代化进程。

第一节 研究背景与意义

一、研究背景

改革开放以来中国经济快速发展，在工业化与城镇化双轮驱动下，中国已然进入工业化国家序列，中国农村也正处于百年未有之大变局，社会状态更加活跃，传统农业正在向现代农业转变，传统农民正在向现代农民嬗变。但与工业化、城镇化快速发展相比，农民职业分化进程仍显缓慢。第七次全国人口普查数据显示，我国乡村人口仍有 5.097 9 亿人，占全国人口总数的 36.11%，城镇常住人口中仍有 1.667 7 亿农民没有获得城镇户口，占城镇常住人口比例高达 28.9%。农村剩余劳动力转移的过程只转移了剩余劳动，而未能转移剩余人口，中国农民职业分化与空间转移相分离。已经离乡的农民未能彻底离土，已经进城的农民未能真正摆脱农民的身份，农民职业分化水平落后于城镇化水平，农民职业转变的同时并没有实现身份的转换和生活方式转变，农民市民化进程受阻，农民职业分化正面临空前挑战。

"人多地少"仍是当前中国农业生产基本现实，人地关系高度紧张不仅使中国农业生产缺乏土地资源拓展的基本条件，更会威胁到国家粮食安全。在现有条件下要实现农业现代化，仅依靠农业本身挖掘增收潜力是有限的，必须实现土地规模效率从而提高农业劳动生产率。农业就业率是衡量一个国家农业现代化的直观指标，世界农业发达国家一般维持在全国劳动力总数的3％左右。例如，日本为3.46％，法国为2.87％，美国为1.66％，德国为1.2％，英国仅为1.11％，而中国仍维持在25.1％的高位①。乔根森（Jogenson，1961）认为农业产生剩余是农村劳动力转移的前提条件，而产生的农业剩余规模则决定农村剩余劳动力向工业部门转移的规模。大量农村劳动力滞留在农业内部，形成农业分散经营，这种经营模式无法实现农业与工业互动发展，势必会阻碍现代农业发展进程。吉林省这一问题与中国其他地区相比，显得更为突出。吉林省作为中国粮食主产区，农业无法向外延伸扩展，致使大量农村劳动力不断填充到有限的农业种植当中，导致单位土地上劳动投入的高度密集和单位劳动的边际报酬减少，从而阻碍整体农业现代化生产效率的提高。

从中国农民职业分化发展历程看，虽然1978年中国开始了农村改革，但直到1982年家庭联产承包责任制才在全国推广，只有农民真正从土地上解放出来才意味着我国农民职业分化的正式发端。从1983年国家允许农民从事农产品贩运和自销，到1988年允许农民自带口粮进城务工，从经历"离土不离乡，进厂不进城"到"离土又离乡，进厂又进城"，农民开始大量离开农村，有学者曾甚至担忧民工潮是社会动荡的"决堤坝"，农民工是社会稳定的"火药桶"，中国农村普遍出现的"空心化""原子化"会威胁国家粮食安全。实践证明，中国农民职业分化并不是威胁，反而为中国工业化原始积累做出巨大贡献。从延续多年的农业税到工农产品价格剪刀差，再到统购统销制度形成城乡二元体制，都是农民为中国工业化提供积累的基本形式。如今工业化、城镇化正推动着我国农民职业分化，越来越多的农民正在从农业中转移出来从事非农职业。但这种转移，农民仅仅是进入了城市劳动分工的职业体系，而并非真正融进城市的生活。"隐形户籍墙"、城乡"新二元结构"仍然存在，各种社会保障制度的缺位、过高的城市生活成本、农民自身就业能力弱化等问题都使这种转移仅仅停留在农民维持生计而作的被迫选择上，阻碍了农民市民化进程，农民职业分化目前正深陷僵局。

农民职业分化与城镇化发展相互依存，密不可分。正如同费孝通先生在《乡土中国》中指出中国农民的外出并不是"背井离乡"，反而是与乡

---

① 数据来源：2019年国际劳工组织的劳动力市场主要指标库。

村紧紧联系在一起。职业分化的不确定性又使农民难以放弃土地的保障功能，农民实际并未与土地彻底分离。绝大多数农民亦如"候鸟"般朝夕迁徙于城乡之间，亦像"浮萍"漂流于工农边缘。农民在职业定位上"半工半耕"的摇摆导致农民在职业分化上"非工非农"的纠结与徘徊。绝大多数农民只是完成了"离土离乡"的流动，实质上仍处于"无根生存"的状态，远未实现真正意义上的职业分化，从本质上看，进城农民转化为市民并未实现。

基于以上观察，本研究认为农民职业分化问题是破解"三农"问题的关键，全面认识农民职业分化规律对于解决农村剩余劳动力转移问题具有积极意义，更为进城农民市民化提供有效路径。农民职业分化的过程就是实现现代化的过程，农民职业分化的程度与速度是国家现代化的重要标志。中国乡村振兴全面实现也必然要依靠农民职业分化来完成。当前，农民在职业分化进程中仍存在着分化滞后、分化程度低、分化不彻底等问题，农民职业分化作为一个历史进程，也必然面临着种种限制因素，应如何解决这些难题？农业资源相对丰裕的地区农民职业分化有何规律特征？农民职业分化对经济增长有何贡献？对农业生产中土地利用效率有何影响？对促进农民增收作用究竟多大？农民职业分化效应有何体现？如何加速农民职业分化进程？可见，无论从学理层面还是政策层面来说，研究上述内容都具有一定的价值。

二、研究意义

本研究以发展经济学相关理论为基础，通过对中国农民职业分化历程回顾与现状描述，结合农民职业分化的外部环境分析，总结农民职业分化特征与规律，以系统的观点探寻农民职业分化宏观、微观影响因素，验证农民职业分化产生的正负效应，尤其以特定行政区域进行个案研究，提出相应政策和建议。研究不仅是理论所需，更是实践发展所需。

(一) 理论意义

农民职业分化问题越来越引起学术界的关注与重视，本研究理论意义在于：

第一，构建了农民职业分化问题研究的分析框架（图1-1）。本研究从经济学理论视角出发，运用发展经济学、劳动经济学、社会分工理论、城市化理论、社会流动与分层等理论建构基础，并借鉴社会学理论中社会分层研究范式，界定了专业型职业分化与兼业型职业分化概念内涵，对农民职业分化进程进行阶段性划分，提出了农民职业分化影响因素相关理论假设，从经济与社会维度分析农民职业分化产生的正负效应，从分化程度、分化类型、分化范围等角度对未来中国农民职业分化趋势进行预测。分析框架的构建能够丰富劳动力迁移理论和社会流动理论，增强了农民职业分化问题研究的系统性和科学性。

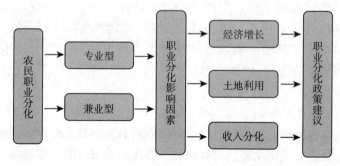

图 1-1　农民职业分化问题研究分析框架

第二，拓展农民职业分化问题研究的深度与广度。以往对农民职业分化问题的研究更多停留在研究农民地域流动及其从农业向非农业转移的方式上，并未在农民职业分化类型特征及职业专业化程度上进行研究。本研究在系统梳理农民职业分化演变进程的基础上，对中国农民职业分化演进提出"四阶段"的划分方式，即萌芽酝酿期、蓄势调整期、提速扩容期、纵深发展期，并对划分标志及特征进行了归纳总结，通过分析中国农民职业分化影响因素，结合发展经济学相关理论，对农民职业分化产生的效应进行研究，为后续开展相关研究提供新的研究范式。

（二）实践意义

近年来，随着中国经济结构调整及城乡一体化发展水平提升，户籍制度、新型农村合作医疗及城乡居民养老保险等一系列制度改革的推进，农民职业分化进程不断加速，但现实中该进程仍受到各种因素制约，农民职业分化仍未稳定和定型。探讨农民职业分化在城镇化及市民化进程中起到何种作用，对农民职业分化未来趋势做出科学研判显得意义重大。具体来说，本研究现实意义主要在于：

第一，有利于正确认识和把握中国农民职业分化的背景和动因。通过分析农民职业分化产生与发展背景，系统总结了农民职业分化的经济、制度、人口背景，从宏观与微观两个角度系统分析农民进行职业分化的影响因素，对于正确认识和把握农民职业分化与工业化、城镇化发展的内在联系，制定相关政策具有积极意义。

第二，有助于认识中国农业资源相对丰裕地区农民职业分化的特点和规律。个案研究以吉林省为主要区域，而吉林省作为中国粮食主产区，农业资源相对丰裕，其农民职业分化水平是实现农业现代化的关键。本研究梳理了吉林省不同社会经济发展时期农民职业分化阶段性特征，揭示农民职业分化对经济和农业发展产生的影响，在实地调研基础上，充分认识农业资源相对丰裕地区农民职业分化的规律和特点，对于这类地区促进劳动力资源优化配置、发挥农业规模效益、保障粮食安全具有重要意义。

第三，有利于为政府制定农民职业分化相关政策提供科学依据。农民职业分化虽然在理论研究中是社会发展的必然，但在中国现实环境中农民职业分化的过程并不是径行直遂的，部分农民职业分化存在复杂性和不稳定性，抑或分化不彻底又回流农业甚至待业。系统梳理不同历史时期及经济发展阶段农民职业发生的变化，为总结其发展规律并为制定和完善农村土地制度、进城农民市民化、城乡居民养老保险等一系列农业农村发展政策提供科学依据，加强了农民职业分化相关政策制定的针对性与适切性。

第二节 研究的概念框架

一、农民

农民（peasant）在世界范围内都是一个歧见纷出的概念。在日常生活语境，它既是一种职业概念，又是一种社会身份的表达，甚至是一种组织形式、文化模式乃至心理结构的表达。《说文解字》解释农民的本义为："农者，耕也、种也。"即农民是从事耕种的人，这是传统农业社会长期使用的概念，随着使用语境的变迁，当代"农民"的内涵也得到了延伸与拓展。从职业角度界定则有"农业劳动者说""农业人口说"两种观点。其中"农业劳动者说"中的农民是最狭义的农民概念，指主要从事农业生产劳动的人，如粮农、棉农、果农、菜农、渔民、牧民等。"农业人口说"认为农民是从事农业生产以及以农业收入为主要生活来源的人口。从户籍角度界定"农民"则有"农村劳动者说""农村人口说""农业户口说"三种观点。其中"农村劳动者说"中的农民指在农村这个特定区域从事各种社会经济活动的人。"农村人口说"中的农民指在农村这个特定区域从事各种职业以此为主要生活来源的人口。"农业户口说"中的农民指具有农业户口的人，而不论这些人实际从事何种职业、在什么地方以及以什么收入作为主要生活来源。

由于本书所研究的核心内容是农民职业分化，且职业分化是一个动态过程，分化的实现就决定了"农民"并非狭义农民，也并非在农村居住或单纯依靠农业收入的农村人口。因此，综合上述观点，本书将"农民"概念界定为具有农村户籍，且不同程度拥有户籍所在地农村集体土地承包经营权，既可能从事农业活动，也可能从事非农职业的人。

二、农民分化

"分化"一词最早来源于生物学领域，指事物由同质性向异质性转变。由性质相同的事物变成性质不同的事物，表示转变成某种性质或状态。农民分化也是社会分化的一种形态，因此探讨农民分化首先应厘清社会分化的内涵。从功能主义视角看社会分化可以划分为两类：一是水平分化，即社会流动；二是垂直分化，即社会分层。结合概念梳理，农民分化可以界定为特定社会系统结构中，农民角色由原来承担单一社会发展功能逐渐发展为承担多样化功能，农民群体从同质性到异质性的过程。其外延表现为两种基本的分化形式：一是以职业多样化为特征的横向水平分化，二是以收入差异显著性为特征的纵向垂直分化。而农民收入分化又以职业分化为基础和前提，因此本书把农民职业分化问题作为研究重点。

三、农民职业分化

"职业"，简单说是指从事一种工作所需要的专业技能，是参与社会分工、利用专门知识和技能，为社会创造物质财富和精神财富，获取合理报酬、丰富物质和精神生活的一项工作。职业分化是指伴随着劳动分工的发展，社会劳动者在就业领域、就业结构、就业层级方面变化的过程。

依据上述相关概念，结合研究框架，本书将农民职业分化界定为职业角色的变化，即农民由原来单一从事农业生产活动向非农生产活动转移，从原来单纯将土地作为主要生产资料的农业经营活动中分离出来，转向从事多元化的非农生产活动，且逐渐以非农收入为主要收入来源，最终实现在农村或城镇形成多种职业角色并存的一种趋势和过程。主要从四个维度进行衡量，分别是农民参与非农职业意愿、非农职业收入、非农职业时间及从业空间特征。本书主要从农民职业分化的程度和广度对农民职业分化进行研究，因此将农民职业分化程度分为未分化、部分分化、完全分化三种状态，并在此基础上研究已分化农民职业选择。部分失地农民发生职业分化是由于其土地依法被国家征收，被迫实现"农转非"，丧失土地承包经营权而发生的自谋职业行为，与拥有土地承包经营权的农民职业分化有本质区别，因此不在本书研究范围内。

因为农民职业分化问题本身具有一定的系统性及特殊性，涉及研究内容也较为丰富。结合时空地域性及研究靶向性，本研究农民职业分化现状研究包括分化规模、分化类型与结构、农民职业分化在产业与空间上的分布属性及特征的综合表述。对农民职业分化影响因素则从宏观与微观两个维度进行分析。

四、农民职业分化类型

职业分化类型与职业类型是含义不同的两个概念。农民职业分化类型是按照一定的标准和方法，根据农民所从事的职业本身特点，把农民职业分化所采取的形式和过程分成若干种类，以解释农民职业分化过程中的特征和规律。而职业类型则指农民职业分化后具体从事的工作岗位，是具体的社会分工形式，以《中华人民共和国职业分类大典》作为划分依据。

因此，根据农民在农业部门和非农业部门参与程度，本书首先将农民按是否发生职业分化分为已分化和未分化，未分化农民是指仍以传统方式从事农业生产的农民，通常是在家庭承包的土地上进行小规模经营，或有小规模流转土地，但经营规模并不大，主要由家庭成员或以家庭分工形式经营，生产和收入水平有限，也就是通常所指的"小农户"。因此，未分化农民可以分为自给型小农户和商品型小农户。而对于已分化的农民来说，根据农民职业分化目的、过程、专业程度及结果的不同，农民职业分化又可以分为两种类型，即专业型职业分化和兼业型职业分化。农业职业分化类型划分如图 1-2 所示。

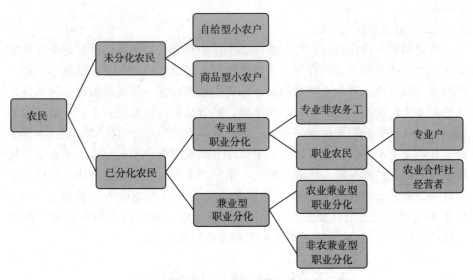

图 1-2 农民职业分化类型

（一）专业型职业分化

专业型职业分化是指农民建立在理性选择基础上，具有明确的职业分化目标和动因，以成为职业型非农劳动者或职业型农民为最终目的的分化趋势和行为过程，包括专业型非农职业分化和职业型全职农民。

专业型非农职业分化指农民具有较强分化意愿，完全从以土地为主要生产资料的农业生产经营活动中剥离出去，放弃土地承包权或经营权并最终完成职业彻底分化的过程。这类农民所从事的生产活动已经从传统的农业生产领域转移到其他非农产业，专业务工并持续稳定地从事第二、第三产业相关职业，并且其非农收入占全年可支配收入90％以上。

另一种类型是职业型全职农民，虽然也仍以农业为主要职业，但与未分化的"传统农民"（小农户）有着本质区别。通常职业型全职农民是指以经营现代农业为主要职业，掌握一定专业技能并具有一定农业生产比较优势，全职从事农业生产和经营，具有较大土地经营规模，获取较高收入，是未来现代农业经营的主导力量。职业型全职农民包括专业户和农业合作社经营者。专业户通常指具有一定人力资本优势，通过土地流转集中了一定土地，生产规模较大，进行了一定农业生产技术和要素投资，生产目的是获取利润而非满足家庭生活需要，是从事农业生产的"大户""农场主"。例如农业合作社经营者，通常拥有较大经营规模，以成员为主要服务对象，经营者通常年富力强，具有较高人力资本水平，是合作社实际经营管理人员。其生产技术和收入水平较高，以农机合作社、生产合作社等为经营内容，为农民提供农业生产经营有关技术、信息等服务。

（二）兼业型职业分化

兼业型职业分化是针对每个农民的个体来划分的，也可以针对每个农户家庭来划分。两者都是农民在保留土地承包权与经营权的前提下，既从事农业生产经营活动，也从事非农职业活动。前者是指农民在一年内阶段性或间歇性地从事农业生产经营活动和非农职业活动；后者是指通过家庭分工，一部分家庭成员专门从事非农职业活动，而另一部分从事农业生产经营活动。家庭内部的分工往往是不确定的，但多半是采取代际分工或夫妻分工的形式。兼业型农民所从事的职业游离在第一产业与第二、第三产业间，如农民工群体。根据国家统计局农业普查数据划分标准，全年农业经营收入占总收入比重超过50％、少于90％属于农业兼业型职业分化，全年从事非农职业所得收入占可支配收入比重超过50％、少于90％则属于非农兼业型职业分化。

第三节　研究的科学问题

由于农民职业分化具有区域性特征，本书从梳理农民职业分化的时空演变进程出发，比较各时间和空间分化的阶段性特征及其异质性，从经济、制度、人口等角度分析异质性形成的原因。对吉林省目前农民职业分化状态进行客观评价，分析影响农民职业分化的内外因素，总结吉林省农民职业分化规律并预判其发展趋势，最终客观提出科学引导策略。

问题1：农民职业分化的时空演变规律

与英国"圈地式"、美国"自由式"以及日本"跨越式"地开展农村人口彻底非农化转移不同，中国主要形成了兼业型农民职业分化并采取渐进式方式实现农业劳动力向非农产业转移。可见农民职业分化问题是中国社会变迁进程中的一类具有典型中国特征的现象。通过梳理中国农民职业分化的历史演进历程发现，中国农民职业分化发端于1983年在全国范围内开始实行的家庭联产承包责任制，职业分化的出现与当时经济与社会背景有密切的联系，因此研究农民职业分化各阶段进化时间节点和发掘促使各阶段跨越的应激因素对于总结农民职业分化规律、预测农民职业分化未来发展趋势具有重要意义。关注农民职业分化问题在农业大省更具有现实性，吉林省农民职业分化出现的时点与全国历史演进是否一致？由于吉林省的区域位置与资源禀赋、经济与体制背景特殊性，其农民职业分化与全国整体进程相比呈现怎样的异质性特征？回答这些问题对于梳理吉林省农民职业分化历史、科学预判未来分化规模具有借鉴价值。

问题2：农民职业分化后分布的产业与空间特征

吉林省地处中国东北部，又是重要的商品粮主产区，特殊的地理资源禀赋及分化主体拥有的社会资本差异使职业分化后的空间集中趋势也呈现差异化。应如何评价目前吉林省农民职业分化状态，其是否适合吉林省省情及经济发展进程？农民职业分化后的产业与空间分布特征如何？本书基于"配第-克拉克定理"，解释吉林省农民职业分化空间的分布特征及其机理，总结吉林省现阶段农民职业分化成效与不足之处，提出引导策略。

问题3：农民职业分化的类型分析

以往社会分工理论对农民职业分化的研究主要依据职业标准，结合使用生产资料方式和权利，甚至考虑群体利益用行政职务进行划分，导致划分标准多元化，既有职业标准，又有经济关系及所有制标准，分化类型划分依据多元而缺乏统一。由于吉林省农民个体及从业性质、结构的差异性，农民职业分化也体现出不同类型，科学合理划分农民职业分化类型并做分类指导显得尤为重要。因此必须在学理及实践基础上建立农民职业分化类型的科学划分依据和标准，引导边缘农民尽快明确职业化道路，针对不同分化类型特征进行科学定位，凸显农民在职业选择上的科学与理性。本书结合吉林省特殊的省情及社会发展背景，提出农民职业分化划分依据和原则，对不同类型农民职业分化进行清晰定位，最终提出策略以促进农民开展良性分化。

问题4：农民职业分化的影响因素及其程度

回顾吉林省农民职业分化的进程，一方面以工业化为目标的经济发展为农民职业分化提供了动因和可能；另一方面以城镇化为目标的社会发展为农民职业分化提供了制度支持和保障。从宏观层面分析哪些因素促进和制约农民职业分化。吉林省农民职业分化类型与结构不尽相同，个体间呈现不均衡性与差异性，有的完全实现职业分化，有的仍然兼业，甚至有些出现"去分化"现象回归到农业小散户状态。再从微观层面分析哪些因素促进和制约农民进行职业分化。本书以吉林省农户为样本，从理论与实证的双重角度，对农民职业分化的内外影响因素及其影响程度进行分析。

第四节　研究目标与内容

一、研究目标

本研究依据相关经济学理论和实地调查的吉林省农户样本数据，梳理中国农民职业分化产生和发展的制度、经济、人口背景，揭示吉林省农民职业分化的时空演变规律，构建专业型和兼业型两种农民职业分化类型划分依据和标准，总结农民职业分化的产业和空间分布特征，剖析吉林省农民职业分化存在的问题，并从宏观、微观两个维度厘清农民职业分化的影响因素，通过建立计量经济模型深入分析农民职业分化对吉林省经济发展、土地利用和农民收入产生的影响，以期正确认识吉林省农民职业分化水平、演进特征及其规律，为完善农民职业分化政策提供依据。

主要研究目的在于：

（1）探寻农民职业分化演进的多元化背景。

（2）揭示吉林省农民职业分化的时空演变规律，以及分化的阶段及其特征，剖析分化的规模、类型、结构及空间分布、产业分布特征。

（3）厘清农民职业分化的主要宏观影响因素，并通过实证分析确定不同微观因素的影响程度。

（4）在现有研究和统计数据基础上，建立计量经济模型测度农民职业分化产生的正负效应，进一步验证农民职业分化对吉林省经济增长、土地利用效率及农民收入结构变动等方面产生的影响。

二、研究内容

依据研究的科学问题与目标，确定以下研究内容：

第一部分，阐述农民职业分化的理论以及分化的背景。首先对本研究相关理论进行梳理，界定农民职业分化的概念，建立农民职业分化研究的理论框架。其次，运用社会分工理论、社会分层与流动理论、劳动力转移理论、发展经济学理论、城市化理论从学理上阐释农民职业分化内在机理。最后，在此基础上从多元视角分析农民职业分化产生和发展的制度背景、经济背景、人口背景。

第二部分，揭示吉林省农民职业分化的演变历程与逻辑。通过查找相关政策文件及国内文献，对改革开放以来吉林省农民职业分化的演变历程进行梳理，科学界定划分阶段，确定每个阶段的时间分界，分析导致阶段跨越的因素，总结归纳出不同阶段农民职业分化背景及其特征，把握吉林省农民职业分化时空演进内在规律。本书将吉林省农民职业分化演进历程划分为：萌芽酝酿期（1982—1992 年）、蓄势调整期（1992—2002 年）、提速扩容期（2002—2012 年）、纵深发展期（2012 年至今）四个阶段。

第三部分，吉林省农民职业分化形态、特征及面临问题。概括吉林省农民职业分化现状与规模特征，解析专业型与兼业型职业分化的形态与特征；结合相关统计资料、实地调查数据，运用比较分析方法从农民职业分化的产业与空间分布维度，对吉林省农民职业分化面临的问题进行提炼。

第四部分，吉林省农民职业分化的影响因素分析。首先，从农业现代化、工业化与城镇化、制度供给等角度对吉林省农民职业分化影响因素进行宏观分析。其次，利用吉林省农户调查数据，以个人特征、家庭特征、地理区位为自变量，通过 Stata 软件，运用多项 logit（mlogit）模型对影响农民职业分化的微观影响因素进行计量分析，得出不同因素的影响水平。

第五部分，吉林省农民职业分化的效应分析。主要运用面板数据和微观层面统计数据，运用 Chenery 资源配置效应计算方法实证分析吉林省农民职业分化通过劳动力资源再配置效应对经济增长形成的贡献；运用计量经济模型分析农民职业分化对于土地利用效率产生的影响；运用格兰杰因果检验方法解释职业分化对农民收入增长的影响机制。

第六部分，关于农民职业分化的政策导向研究。农民职业分化是历史的必然趋势，关乎民生就业与粮食安全，实现现代化必须推进农民职业分化。但现实中农民职业分化过程中也遇到种种困难和障碍，其中也包括当前政策和体制带来的障碍。推动农民职业分化离不开国家政策支持，有必要对职业分化、非农就业、农民工转移政策进行回顾、梳理和评价，探讨政策演变规律及功效，分析政策缺陷并提出未来农民职业分化政策完善和修正方向。

第五节　研究方法、数据来源与技术路线

一、研究方法

由于农民职业分化是一个经济学、管理学、社会学、人口学等多学科领域交叉的问题，本书将综合这些学科的基础理论，结合研究目标及内容，采用量

化分析与质性分析相结合的方法，构建农民职业分化理论框架，以实地调研数据为基础，对吉林省农民职业分化特征及影响因素进行系统分析，从实证分析到理论演绎，从一般到特殊，从表象到本质，探求农民职业分化的内在规律。具体方法如下。

（一）文献研究方法

借助 Web of Science、Elsevier（爱思唯尔）、中国知网（CNKI）等中外检索工具，借鉴国外关于农村劳动力转移相关研究，运用历史分析方法梳理中国农民职业分化演进历程，确定研究背景和理论框架，总结吉林省农民职业分化类型与规律。

（二）调查研究方法

本书采用调查研究中的问卷调查方法，以吉林省为区域样本，使用多阶段分层随机抽样的方法，以吉林省长春、吉林、四平、辽源、通化、白山、松原、白城、延边朝鲜族自治州 9 个区域为抽样单位，对所在地农村户籍居民进行调查，每个地区再按乡镇、村、队逐层抽样，随机发放调查问卷，经过前期问卷设计与试调查后进行正式调查。通过问卷调查了解吉林省农民职业分化现状、个人与家庭基本情况、就业与生活状况、经营性收入与工资性收入等数据，为开展相关定量分析与检验提供数据支撑。

（三）质性研究方法

农民职业分化的表现及分化结果、应对策略在个体农户身上是一个过程性的体现。若完全运用面板数据和量化数据很有可能会将其割裂成几个互不关联的因素，从而不利于探究分化的本质。而质性研究则对一定范围小样本进行调查，注重从当事人的角度找到某一社会现象的问题所在，运用开放的方式收集数据，了解当事人看问题的方法和角度，注重在自然情境下研究生活事件，分析数据时注意保存数据的文本性质，叙事方式接近一般人的生活，通过与研究对象互动对其行为建构获得解释性理解，对农民职业分化问题形成整体的描述和解释。

为进一步深入了解农民职业分化情况和过程，尤其是部分已经分化并定居城市的居民，以及职业分化较为普遍地区的农户，采取入户调查结合半结构性访谈或深度访谈的形式开展质性研究，细致探究他们的生活细节，挖掘职业分化影响因素的潜在性和特殊性，整理访谈资料形成案例，从而提高本书调查资料可信度和有效性，达到点面结合的效果。

（四）计量分析方法

农民职业分化现状及个人与家庭情况运用 SPSS 20.0 软件进行描述性统计分析，采用格兰杰因果检验方法对农民职业分化与城镇化进行因果关系确定，并运用 Eviews 8.0 软件对农民收入结构变动程度进行测算，运用 Deap 2.1

软件进行数据包络分析（DEA），测算土地利用效率以计入农民职业分化与土地利用效率的回归模型中；以个体特征、家庭特征、地理区位特征作为自变量，运用 Stata 16.0 统计软件对农民职业分化微观影响因素进行回归分析与检验。

二、数据来源

本研究时间维度从国家和吉林省两个层面考虑。研究国家层面农民职业分化确定的时间范围主要是从 1978 年至今。主要考虑 1978 年是中国改革开放元年，家庭联产承包责任制在国家层面正式开始实行，农业生产经营活动的单位从集体户回归到小农户。研究吉林省农民职业分化时间范围是从 1982 年至今，主要是因为吉林省家庭联产承包责任制推行较晚，1982 年才开始实施包产到户，而农民职业分化通常是以家庭联产承包责任制实施、农民开始理性选择从事非农工作为起点。本研究所采用的数据主要来自以下几个方面：

（1）实地调研。本书主要通过对农户开展实地调查获得一手数据。以吉林省行政区划为调查区域，运用多阶段分层随机抽样的方式，对农村户籍居民进行调查。

（2）公开发布的各类统计年鉴及数据报告。《中国统计年鉴》（1978—2020年）、历年《中国农业统计年鉴》、《中国农村统计年鉴》（1985—2020 年）、中国家庭追踪调查数据（CFPS 2010—2020 年）、《中国劳动统计年鉴》（1978—2019年）、《中国流动人口发展报告》（2011—2018 年）、《吉林统计年鉴》（1978—2021 年）、吉林省 50 个农村固定观察点动态数据、《民生视角话吉林——吉林调查队系统调查成果集（2020 卷）》。

（3）官方网站。CNKI、百度文库、中华人民共和国国家统计局网站、中国学术期刊网、中国优秀博硕论文网、Elsevier 等相关电子数据及研究成果。

（4）相关资料。文献资料、会议资料以及吉林省农业农村厅、吉林省人力资源和社会保障厅等相关部门提供的资料。

三、研究技术路线

本书研究技术路线如图 1-3 所示。

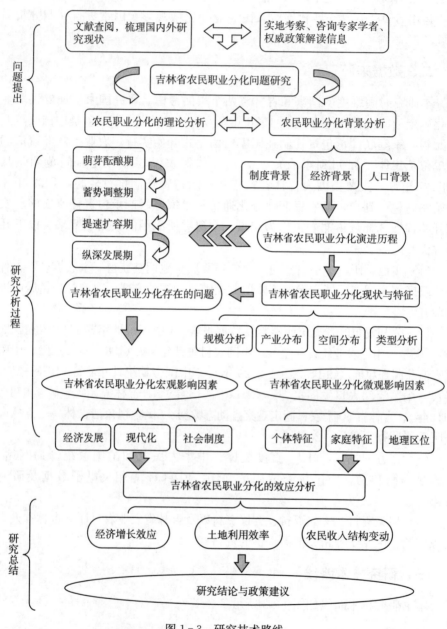

图 1-3 研究技术路线

第六节　学术贡献与研究不足

一、学术贡献

本书以农业经济学理论为支撑，充分借鉴和吸收社会分工、发展经济学、城市化理论等已有研究成果，从制度、经济、人口视角分析了农民职业分化产生和发展背景；结合吉林省农民职业分化状态，采取多项 logit（mlogit）模型分析农民职业分化的影响因素，实证分析农民职业分化与现代化、经济增长、农民收入和土地利用效率的关系，并在此基础上，就农民职业分化策略进行完善。研究过程中，在以下几个方面做出了学术贡献。

第一，给出了"二元身份下的农民职业分化"的概念框架并进行了解析。农民职业分化类型的划分必须反映中国农民职业分化的现状。以往研究对农民的职业分化类型划分主要依据社会分工及社会分层理论，结合使用生产资料方式和社会地位、权利，既有职业标准，又有经济关系及所有制标准，导致划分标准多元化而缺乏统一，甚至把职业分化类型与岗位职务类型混为一谈。本研究在进行专业型与兼业型分化分类的基础上，提出"二元身份下农民职业分化"的概念，主张从非农从业意愿、从业收入、从业时间、从业空间角度对专业型与兼业型职业分化的形态和特征进行分析，以呈现中国背景下农民职业分化的特有形态和演进规律，从学理层面明确了农民职业分化分类标准与原则，全面概括农民职业分化的复杂性与层次性，为后续相关研究提供了分析框架。

第二，从"资源二重性"视角对吉林省农民职业分化迟滞的原因给予了相应解释。既有文献通常从东北农村的"懒惰文化"角度，对吉林省农民职业分化迟滞的原因予以解释。本研究发现，这种解释完全忽略了资源禀赋对农民职业分化的影响。本研究认为，吉林省农村相对丰裕的资源，可以使农民比资源禀赋较差地区农民更早实现温饱有余的生活，同时也会延缓其向农业外拓展的意愿。这是"资源二重性"的效应。因此，本研究将"资源二重性"纳入农民职业分化的影响因素，以揭示影响农民职业分化的内在原因，并发现其分化的轨迹和规律。

第三，吉林省农民职业分化空间半径受地理区位和流动成本的影响。本研究发现中国较早和较多的农民跨省流动发生于靠近珠三角地区的四川和湖南等省份，他们较早地分享了工业化的外溢效应。至今吉林省农民的流入地也主要限于北方，这是吉林省位于东北边疆的地缘劣势所致。尽管珠三角和长三角是中国最大的两个农民工聚集地，但由于空间距离遥远，涉及较高的流动成本和风险，并未成为吉林省农民的首要选择。就省内流动轨迹而言，农民首选务工之地为附近城镇，其次为长春市这类大城市，形成一定"圈层格局"。本研认为，这是农民基于地理区位考虑转移流动成本及其风险做出的理性选择。远距离流动就业，除了会带来高额交通成本外，还会带来对留守家人及承包耕地照管的不便。从省际的空间视角看，由于吉林省地处边疆，农民外部就业也表现为流出方向的一维性，即除少数靠近黑龙江省县域的农民在哈尔滨市务工外，基本上都只向南一个方向，并以邻近辽宁省为主，其次为北京这类距吉林省相对较近的特大城市。这在客观上限制了农民职业分化的空间半径，吉林农民难以分享经济最发达地区的职业分化优势。

第四，家庭禀赋和个体特征对农民职业分化具有重要影响。农民的个人和家庭因素对职业分化的形成、分化程度、分化职业类型选择具有一定影响。个体特征方面，女性农民职业分化程度滞后于男性，越年轻的农民职业分化意愿越强烈，教育程度与农民职业分化水平呈正相关。受教育程度越高的农民，越有可能从事更高层次的工作，非农职业教育培训滞后会阻碍农民职业分化进程。婚姻具有"溢价"效应和"相夫"效应，对农民职业分化发挥一定积极作用。家庭特征方面，家庭耕地面积与农民职业分化程度呈负相关，良好土地资源禀赋对农民职业分化在一定时期内会产生迟滞效应。家庭劳动力数量丰富可以实现家庭内部劳动力资源配置最优化，促进家庭成员职业分化以实现家庭福利最大化。未成年子女因素对专业型职业分化的影响会因家庭角色分工而产生差异，对丈夫起到促进作用，对妻子起到阻碍作用。

二、研究不足

第一，受研究阶段性间隔影响，全部微观数据搜集用了三年时间，分三个时间段进行调查，未能收集同一时间节点的横截面数据。在部分抽样村镇也未能深入实地入户调研，只能采用简单随机抽样进行电话调查，数据所反映问题可能受到一定局限。民族地区和边境地区农民职业分化有其特殊性，其分化动因、分化形式、分化特征、分化产业空间分布也和其他地区具有一定异质性，今后将进一步重点对这类特殊地区和特殊类型的农民职业分化进行深入研究。

第二，本研究主要从经济学视角分析农民职业分化影响因素。因此解释变量选择更多与经济发展相关。而其他偏于社会心理领域因素由于难以进行量化而未能全部纳入，如文化观念、历史传统、心理因素等，另外社会网络理论中社会资本对农民职业分化也会产生一定影响，如社会网络可能帮助农民减少搜寻工作成本，政治资本（如党员干部身份）可能帮助农民获得特定职业类型的从业优势等。这些因素在将来的研究中可考虑进一步纳入综合量化模型加以深入分析。

第二章　研究文献回顾与理论基础

第一节　国内外研究文献回顾

现代化的过程就是一个农业劳动力不断减少、非农劳动力不断增加的分工分业的过程。因此，每个国家都客观地存在农民职业分化的历史现象，这是普遍存在的客观规律。但发达国家不存在城乡二元户籍制度，与之相比中国农民职业分化面临着不同的制度背景。西方发达国家农村剩余劳动力转移同工业化与城市化进程基本同步发生，这与中国实际情况显著不同，但这些成果所提供的研究方法具有明显的借鉴价值。少量西方学者也对中国农村剩余劳动力转移问题开展了研究，提供了可资参考的文献。

一、关于农民职业分化类型的研究

目前大多数学者将农业参与程度、非农收入作为农民职业分化的衡量标准，虽然不同学者的划分标准存在差异性，但是均能够从不同角度反映出中国农民在不同职业状态下的发展情况。

国外对农民职业分化的研究相对较早，美国人类学家 Eric R. Wolf 在 1966 年根据农民从事生产活动的动机将农民划分为职业农民和传统农民，对农民类型的划分标志着农民职业分化研究的兴起。随后 Gasson（1982）根据农民每周从事农业生产活动是否达到 40 小时测算，英国 1978 年兼职农民达到 27%。按这一标准，Elliott Parker（1999）对中国农村剩余劳动力比例进行了测算，得出中国剩余劳动力约占 40% 的结论。由于各国之间国情存在巨大差异，不同国家对农户的划分标准存在一定的差异，主要的划分标准一般有三种：第一种是将农产品销售和农户耕地面积作为农户类型的划分标准，日本按照此种方式对农户进行划分，将拥有 300 米^2 以上面积或者拥有土地年销售额超过 50 万日元的农户称为销售户，当农户在此标准水平以下时就被称为自给型农户。第二种分类方式是以农户家庭成员从事农业人口的比重作为农户分化的标准。如日本的农户家庭中若全部劳动力均为从事农业生产就被称为专业户，非所有家庭成员从事农业生产的农户被称为兼业户。兼业农户又分为兼业Ⅰ型农户和兼业Ⅱ型农户，根据家庭非农收入的比重进行划分。第三种是由非农收入比重和农业收入比重共同决定农户类别。例如德国，将户主及其配偶的农业经营收入占总收入90%以上，并且同时满足劳动力投入超过家庭全部劳动力50%的农户归为专业户；将户主及其配偶的农业经营收入超过总收入的50%，但是小于90%，并且劳动力投入超过家庭全部劳动力50%的农户家庭称为以农业为主的农户；除上述两种情况之外的农户则称为兼业农户。

国内学者对农户分化的研究起步较晚，改革开放以后中国关于农户分化的研究才逐渐增多。国内最早且较系统的关于农民分化的研究是中国著名社会学家陆学艺在1989年著的《重新认识农民问题——十年来中国农民的变化》。该研究认为农民分化是指农民在社会系统中由原来承担多种功能的单一社会地位发展为承担单一功能的多种不同社会地位的过程。将当时8亿多农民按照所从事的职业，同时参考其所拥有的生产资料及使用方式、收入等，划分为农业劳动者、农民工、雇工、农民知识分子、个体劳动者、私营企业主、乡镇企业管理者、农民管理者8个类别，这一划分学说在当时最具有代表性，也对后续农民职业分化研究产生深远影响。

随着学术界对农民问题的重视程度不断提升，农民的类型和职业状态研究逐渐丰富起来。姜海燕（1995）综合农民从业性质结构、从业地点环境，以"离土离乡程度"作为衡量农民分化标准，划分为专业类和兼业类两大类，其中专业类又包括离土离乡型、离土不离乡型、城乡各半型，兼业类又包括运输业、加工业、商贸业、建材业、养殖业、耕种服务业、管理服务业。除了根据农户家庭的劳动分工不同进行分类，还可以通过家庭土地经营规模进行划分。郭庆海（2000）认为农民分化依托承包型和自营型两种家庭经营形式展开，可分化为家庭农场主、产业工人劳动者、雇工经营者、私营企业主。陈春生（2007）基于农户资金特征和演化路径对农户分化展开研究，并将农户分为传统农户、非农户、种养专业户、经营服务型农户、半农半工农户5种类型。许恒周（2012）根据农户家庭成员的职业分化，对具有不同兼职程度的农户进行分类，包括自耕农户、兼业农户和城镇农户。此外，还有学者从农户的个人特征、生计类型和对非农活动的参与程度进行划分。罗明忠（2016）认为农户在进行非农生产活动时表现出的参与积极度有所区别，根据农民在非农部门的参与程度将农民分为纯务农农民（纯务农大户、纯务农散户）、兼业农民（农业兼业户、非农兼业户）、纯非农农民。

二、关于农民职业分化动因的研究

关于农民职业分化产生原因的研究主要集中在以下两个方面。

一是人力资本方面。国外学者 Rodgers（1994）在研究中发现人力资本是农民职业分化产生的主要因素，同时，农业发展水平不高、产业发展失衡等也是引起农民职业分化的重要原因。Chayanov（1996）同样在研究中发现人力资本因素对农民职业分化产生的重要影响，相对来说，市场和土地的影响作用不大。Brauw（1999）通过调查分析的方式研究了中国 200 个村的农户，发现随着受教育程度逐渐提升、非农技能水平不断提高，农民更愿意外出务工从事非农业生产活动，这是导致农民职业分化的直接原因。Brosig（2009）认为随着工业化进程不断推进，人们获得的就业机会和就业种类逐渐丰富，农民从单一化的农业生产经营向非农就业转变的机会逐渐增多，兼业经营成为农民获得经济收益的重要形式。此外，农民对土地信息的获取能力、经济发展状况同样也是影响农民职业分化的重要原因。Ackah（2013）主要分析了影响农民参与非农活动的因素，发现受教育程度能够直接影响农户从事非农活动，是农户进行非农行为的主要原因。Rahut（2015）在研究中发现，家庭的教育观念强、教育水平高能够促使农户通过非农就业获取更多的利益。

二是外部环境方面。国内学者戚斌（1995）通过对云南陆良县调研得出农民职业分化主要动因包括经济驱动、政策驱动以及不同的社会经济环境和劳动者素质的提高的结论。郭庆海（2000）认为农民职业分化动因分为主体和客体两个方面。主体动因包括农户商品经济意识、农民非农劳动技巧、农民科技水平；客体动因包括农业资源占有丰裕程度、政策资源占有程度、区域经济发展软环境、海外资本输入能力。董金松等（2006）对浙江省 3 个村庄开展实证研究，认为城镇化是农民职业分化主要动力，村庄大量土地被征用，无地可耕是村民非农化的主要原因之一。郭玉云（2010）分析了新疆农民职业分化状况，认为人地矛盾是职业分化主要原因，城市辐射作用起到推动作用。刘朝峰（2012）认为农民职业分化动力主要有生产力水平提升带来的产业分化、社会分工的推动、市场化改革和利益的驱动。安海燕等（2020）从农户家庭决策的视角出发，研究了农户产生职业分化的原因，并对农业认知、生计资本与农民职业分化之间的关系进行分析，发现生计资本与农民职业分化显著正相关，农业认知对农民职业分化的影响程度大于家庭生计资本。

三、关于农民职业分化特征的研究

国外学者 Nalini Mohabir（2017）认为在中国经济发展缓慢时期大量农村移民工人（migrant worker）为工业发展提供了稳定而廉价的劳动力，研究探讨了性别、年龄、归属感等对农民职业选择、进城或返乡决策过程的影响。Ervin Prifti（2018）指出中国当前属于发展中国家，未来会有越来越多农民去城镇从事非农职业，但要防止城市扩张速度过快加剧资源紧张和环境质量降低等社会问题。

在国内研究中，农业部农村固定观察点办公室 1992 年开展的调查发现，当时农民职业结构带有过渡性特征，农民职业身份不够稳定，兼业特点突出，经济发达地区非农产业较发达，乡村集体企业和私营企业、个体或合伙工商业户是农村剩余劳动力主要载体。董金松（2006）研究了浙江省城郊村农民职业分化现状，发现职业分化多元化、非农化程度高，且多以就地实现职业分化为主，第二、第三产业新兴阶层成为社会阶层主体。刘洪仁（2008）总结中国农民职业分化基本特征，认为中国农民职业分化的市场化趋势明显，主要表现为农民职业多元化，农民经济收入水平出现层级差别，各种经济和政治地位相互影响，日趋复杂。刘朝峰（2012）以浙江省为例，总结了改革开放以来农民职业分化呈现出规模大、速度快、职业多样化特点，第二、第三产业比重提升，制造业吸纳职业分化农民数量突出等现象。李逸波（2012）认为当前中国农民职业分化程度逐渐加大，分化呈多元化态势，受地区工业化和城镇化发展水平影响，地区差异明显，一方面体现为农民职业分化程度地区差异明显，另一方面体现为农民职业分化模式地区差异明显。同时，农民职业分化不彻底，兼业化现象明显。张俊霞（2013）对黑龙江农村劳动力非农就业问题进行研究发现，非农就业呈现出农民劳动力素质偏低，非农就业区域狭窄、就业服务组织化程度不高的特点。王宏英（2013）就中国西北地区农民职业分化现状进行分析，总结出西北地区农民职业分化整体就业结构不合理、农村劳动力市场发展缓慢、农民文化水平偏低、农民收入偏低等问题。陈中伟（2013）认为中国农民职业分化并不彻底，职业分化广度增加，但从非农就业时间和农业经营专业化程度看，职业分化深度并不够。

四、关于农民职业分化产生的社会影响研究

国外多数学者认为农民职业分化对农户生产活动产生积极影响。Popkin（1980）将加拿大农户作为研究样本，研究发现农民职业分化对提升农户收入水平具有显著的正向影响。Feder 等（1987）认为农民职业分化程度越高、农户从事非农生产活动程度越深，农户的土地利用效率、资源配置程度越高。Upton 等（1982）研究发现农民职业分化能够有效减缓区域人口向外流动的速度，提升农村整体的经济发展水平。Bowlus（2003）认为中国农村劳动力转移具有被迫性，并且其收入与职业具有不稳定性。Michael（2003）认为农村劳动力会越来越多向非农生产部门转移，从而使农业生产部门效率提高，促进农民收入增加。Norseman（2004）得出中国农民收入水平与非农就业呈正相关的结论。Sutton（2010）认为农户选择兼业活动有助于提升收入水平，同时能够进一步强化农户在村集体中的地位，随着现代化农业发展进程的不断加快，

农业现代化生产已经得到普及，未来很长一段时间内兼业农户的数量会不断增加，农业生产需要的劳动力数量会不断降低。Knight（2011）认为中国农村目前有大量潜在的流动劳动力，农民工工资水平正在不断上升，他们更愿意从事非农工作。此外，还有学者认为农民职业分化对农户的生活质量会产生负面影响。Giourga等（2006）认为农民职业分化需要国家相关政策制度作为支撑和保障，避免农户选择兼业过程中存在的风险，正确引导农户选择有效的兼业行业至关重要。Mittenzwei等（2017）研究发现，如果农户将精力全部投入农业生产活动或者非农生产活动，带来的家庭收入会远高于兼业获得的家庭收入，其认为农户兼业化程度提升并不会提升家庭整体的收入水平，不能实现农户收益最大化。

关于农民职业分化产生的影响，国内学者谢依林等（2021）通过对农民水平分化展开研究，发现农民职业分化有利于拓展农户资金的来源渠道，提升非农收入水平，能够有效降低农民水平分化对农业收入的依赖性，有效提升农户抵御不确定性风险的能力，并且有助于农户拥有更加稳定的生存能力。目前，农民职业分化程度逐渐提升，会不断推动工业化和城镇化的发展。李文明等（2013）研究发现拓展农地经营规模能够有效提升农地的生产效率，但是不同角度下农地生产效率表现出多元化特征。张建等（2017）对江苏省县域调查数据进行研究发现，农村劳动力在进行非农职业转变之后，农户自发流转农地对提升农地生产效率并不具有积极的促进作用。钱龙等（2015）研究发现农民职业分化与宅基地流转之间具有紧密联系。王团真等（2016）研究发现农民职业分化行为对农户林地转入行为表现出显著的负效应，但是对农户林地转出表现出显著的正向影响。冉陆荣等（2019）通过对辽宁省农户进行问卷调查，分析了职业分化对农户林地流转意愿的影响，发现农民职业分化程度越高，农户林地综合流转意愿越强，也越支持林地流出，农民职业分化与农户林地流转意愿之间表现出显著正相关关系。辛玥等（2020）通过建立三维农户分类体系"职业-收入-耕地规模"，对山东省农民职业分化及其耕地利用异质性进行分析，发现不同类型职业分化农民之间对耕地的利用行为存在差异。林超等（2020）通过研究土地承包延期政策对农户土地流转意愿影响，发现农民职业分化不利于农户土地流转，两者之间存在负相关关系。陈中伟（2020）研究农民职业分化、经营规模和农地生产效率之间的关系发现，非农比例增加对农地全要素生产率具有显著正向影响，农民职业分化的深度对农地全要素生产率、亩产产出和劳动平均产出表现出负相关关系。张光宏等（2021）基于农民职业分化研究了耕地利用行为和利用效率，发现农民职业分化对耕地利用行为和效率具有重要影响。

五、关于农民职业分化影响因素的研究

影响农民职业分化的因素多种多样，国外学者 Full（2000）总结分析了农户进行非农实践活动的目的主要是分散和规避农业生产经营风险和利用农业生产季节性间歇时段增加家庭收入。同时指出在外部农业资源条件较稳定时，一个地区农业条件与资源越有限，农民从事非农职业机会越多，农民从事非农职业现象就越普遍。

国内最早关于农民职业分化影响因素的研究定性分析较多，之后逐渐过渡到对农民职业分化的定量研究上。由于农民职业分化为常态社会现象，因此其影响因素既有内部的也有外部的，既有主观的也有客观的，既有一般的也有特殊的，既有宏观的也有微观的。涵盖政治、经济、文化、社会、历史、现实等多方面。宏观影响因素方面，牟少岩等（2007）认为地区经济发展水平、城乡收入差距、体制因素等对农民职业选择产生重要影响。微观影响因素方面，周瑾等（2018）研究发现农民在进行职业选择的过程中会受到从业年限、家庭人口数量和所在地区域特征等因素的影响。

中央政策研究室农村固定观察点办公室（1992）认为经济发展、政策调整、社会环境是影响农民职业分化的宏观因素，而自身素质是农民职业分化的决定性因素。刘洪仁等（2007）认为影响农民职业分化的因素主要包括个人自然因素、自获因素及社会制度、文化因素等。牟少岩（2008）认为农民职业分化宏观影响因素主要是经济发展和体制因素，微观因素包括农民自身特征、家庭因素、居住地因素等。钟昀陶（2016）通过对辽宁清原县开展样本调查，得出农民职业分化主要影响因素包括年龄、教育、性别，农地面积和县城距离对职业分化有制约作用。

第二节　文献研究评述

目前关于农民职业分化问题的宏观研究多，微观研究较少；定性研究较多，定量研究较少；全国范围研究较多，区域范围研究较少。国外学者从 19 世纪开始研究农村剩余劳动力转移问题，成果较为丰富，但大多集中在工业化背景下农村劳动力城乡转移以及迁移决策方面。也有一些国外学者关注中国现实，对中国过剩的农村人口转移趋势作出预测。但由于历史和现实的原因，只停留在农村人口城乡转移问题研究上，缺少对农民职业分化问题的深入分析。

由于中国农村社会转型相对滞后，国内关于农民职业分化问题的研究大多集中在改革开放以后，且最先是从社会学视角进入该领域研究，而后经济学发挥研究的主导作用。总体来看相关研究仍处在不断完善发展中。从现有研究

看，仍存在一定不足。

首先，从研究视角上看，较多关于农民职业分化的研究仍沿袭社会分层理论视角，研究视角较为单一，缺少一些主流经济学家的发声。社会学研究中过于微观的视角导致缺少对问题本质的揭示。少部分经济学者虽然介入了该研究领域，但较为分散的研究又往往忽视了农民职业分化深层次的社会现实动因，使研究过于宏观，仅能从单因素变化角度解释农民职业分化的原因，总体欠缺从综合性多学科视角对农民职业分化整体过程的深入剖析。

其次，从研究的内容上看，较多研究聚焦不同历史时期农民职业分化现状及分类，停留在对"笼统模糊的农民"界定上，且主流研究成果取得至今已30余年，缺少一些结合社会发展时代背景及数据统计分析的精准研究。对于农民职业分化类型划分缺少科学依据，对职业分化产生影响的评价缺少测算指标，对职业分化类型界定尚未形成清晰明确的概念和内涵，因此不同研究结论中实证分析测度结果之间存在较大差异。另外，现有研究多是以局部地区或某乡村为个案，缺少更大范围的调查与实证研究。

最后，从研究方法上看，现有研究中定性研究较多而定量研究不足，而在为数不多的定量研究中较多采用宏观面板数据分析农民职业分化影响因素，缺少运用微观层面调研数据的针对性研究。

基于以上文献，本研究将以吉林省区域为研究样本，在既有文献研究基础上，提出关于农民职业分化研究的科学问题和研究结论，为中国农民职业分化实践提供指导思路并为后续理论研究提供借鉴。

第三节 农民职业分化的理论基础

本书借鉴政治经济学、社会学、发展经济学相关理论，基于劳动力迁移理论和社会分工理论对农民职业分化问题进行分析。劳动力迁移理论更关注农民职业分化从农业向非农产业转化的过程，社会分工理论更注重分析农民职业分化的形成机理与发展趋势，两者互为补充，为本书研究提供理论基础。

一、社会分工理论

社会分工指人类从事各种劳动的社会分化及其独立化，是人类文明的标志和商品经济发展的基础。农民的职业分化本质上就是一种非农化，因此也是社会分工的一部分。分工与劳动总是联系在一起的，劳动具有社会性，所以分工也具有社会性。

（一）斯密-杨格定理

1776年亚当·斯密在《国富论》中最早全面系统地提出了分工理论。他指出分工是财富增加的源泉，在劳动力数量不变的情况下，劳动分工和专业化带来发明和创造，推动技术进步，提高劳动生产率，从而增加社会财富。同时亚当·斯密也提出分工的三大益处：第一，劳动者的技巧因专业而增加；第二，分工可以节约由一种工作转到另一种工作适应所需时间；第三，许多简化劳动和缩减劳动的机械的发明，使一个人能够做许多人的工作。1928年阿林·杨格（Allyn young）在《报酬递增与经济进步》一文中对斯密的理论做了重要拓展，指出分工取决于市场规模，而市场规模又取决于分工，经济进步的可能性就存在于上述条件之中。杨格定理开启了分工与经济进步之间的动态演化之路，阐明了分工与供求之间的关系。这一理论提出劳动分工对社会劳动生产率和经济增长具有正向作用，为本书具体分析农民职业分化对宏观经济影响提供了重要理论借鉴。

（二）马克思社会分工理论

马克思对社会分工论述并没有专门的论著，而是更多集中在《1844年经济学哲学手稿》当中，他将社会分工与异化劳动相联系，在《德意志意识形态》中进一步阐明了异化劳动是源于社会分工而不是源于私有财产。马克思对社会分工阐释主要集中在以下四种观点：其一，社会生产力的状况决定着社会分工的状况，社会分工与促进生产力发展是联系在一起的。其二，社会分工状况决定着社会交往形式。马克思指出，如果没有分工，无论这种分工是自然发生的还是历史的成果，也就没有交换。可见，马克思是把分工与劳动社会性的考察联系在一起的。其三，社会生产力和社会分工共同决定着生产关系的性质。生产关系在生活中的现实表现即为社会分工，生产关系的不同使不同性质的社会分工呈现出来，社会分工使每一个人在现实社会中有固定的生活方式和生产活动，人民在固定的生产资料基础上通过生产获得所需的新的生活资料，这体现了人作为个体的生活活动方式。个体在生活中的劳动成为社会总劳动的一部分，分工就成了生产关系的核心。马克思是把分工与所有制的考察联系在一起的。其四，马克思认为一切社会关系的形成都取决于社会分工的发展。不同种类的生产劳动通过社会分工的不断发展更加完善和专业化，生产劳动之间的关系也更加紧密，分工提高了劳动生产力，分工还可以提高人们的技术水平，加强人与人之间的联系。

综上所述，社会分工理论为解释农民职业分化提供了这样几条理论路径：第一，分工带来专业化，专业化实现劳动力资源配置最优化，促进技术水平的进步，推动经济增长；第二，分工在实现劳动生产率最大化的情况下，也可以促进产业链条的延伸，生产更多的中间产品，扩大市场规模，实现迂回生产所带来的就业增加，提高收入效应；第三，分工可以带来规模化生产，当从事专业化生产的人员无法满足自身的需求时，必须从市场交易中获得相关商品，交易行为的存在使得分工具有意义，分工演进必定带来市场交易行为的扩大。

二、社会分层与社会流动理论

分层（stratify）最初指地质的沉积成层现象。后来这个词被引入社会学形成社会分层（social stratification）概念，指社会成员因社会资源占有不同而产生分层或差异的现象。而社会流动（social mobility）是指人们的地位、位置的变化，即社会成员从某一种社会地位转移到另一种社会地位的现象。

（一）社会分层理论

社会分层理论主要存在两种截然不同的理论渊源：一个是经典的马克思的阶级理论，揭示社会冲突，批判资本主义制度；另一个是韦伯的"三位一体"分层理论，强调社会协调，维护资本主义制度。

马克思、恩格斯从经济角度探讨阶级划分，认为阶级并不是从来就有的，它是生产力发展到一定阶段的产物。社会分工是阶级产生的直接原因，划分阶级的根源不在于分配过程，而在于生产过程。阶级划分的标准是生产关系中的生产资料占有情况，这就澄清了最早古典经济学家亚当·斯密以工资、利润、地租为标准划分阶级的论断。在《共产党宣言》中，马克思、恩格斯明确指出，在过去的各个历史时代，我们几乎到处可以看到社会完全划分为各个不同的等级，看到社会地位分成多种多样的层次。把农民阶级划分为四个层次，分别是富裕农民、小自由农、封建佃农、农业工人，肯定了在一个社会中可能存在各种各样的分层。可见，阶层划分是以阶级划分为基础，发生阶级分化的同时必然发生阶层的分化。

除了马克思的阶级学说之外，韦伯的社会分层理论也普遍受到西方学者的重视。韦伯在《政治社会中的权利分化：阶级、身份和政党》中使用三项指标来划分社会层次结构，即财富、权力和声望。也就是说，韦伯把经济、社会和政治三方面标准综合起来划分社会成员的社会地位。经济标准又称财富标准，是指社会成员在经济市场中的机会，即个人能够占有商品或劳务的能力，简单地说，即经济收入和财富的多少。社会标准即声望，是一个人得自他人的肯定评价和社会承认，它取决于个人的身份、教育水平、生活方式等。政治标准又称权力标准，权力意味着在一种社会关系里哪怕是遇到反对也能贯彻自己意志的任何机会，不管这种机会是建立在什么基础之上。权力可以产生于对匮乏的供给和对生产资料的控制，可以产生于个人或群体在组织中的地位，还可以产生于法律和其他因素。同时韦伯认为三项标准是相互联系的，但又可以各自独立，他主张用这三项标准综合起来进行社会分层。

"三位一体"的分层模式对西方分层理论研究产生了深远的影响，今天依然具有旺盛生命力。例如，以英国牛津大学的高德索普教授为代表的新韦伯主义学派，强调从非经济资源的占有来划分社会阶层；还有以美国加州大学洛杉矶分校戴蒙为代表提出的职业分层理论。

（二）社会流动理论

美国社会学家索罗金（P. A. Sorokin）在《社会流动》一书中阐述了社会流动理论。他强调社会流动的定量研究，提出垂直流动和水平流动两种基本流动类型，并根据社会流动的密集程度将社会分层体系分为开放型和封闭型两大类，认为社会越开放，垂直流动越容易，社会越封闭，代内垂直流动就越难。而当社会流动被固化，阶级、阶层之间等级森严，界限十分清楚，几乎不可逾越，社会流动就几乎等于无，所以称之为封闭型社会。20世纪50年代中期，中国城乡二元户籍制度的安排导致城乡分割的二元社会结构，基本上限制了普通农民社会流动的可能。1953—1957年中国就实行了严格控制农村劳动力流动的政策，甚至国务院发布《关于防止农村人口盲目外流的指示》，严格到禁止城市部门私自向农村招工和私自录用盲目流入城市人员，将劳动力资源配置纳入行政性的计划调节中，最终农村户籍制度限制了农民的迁徙自由。在人类社会发展的历史进程中，社会流动一直呈不断增强的趋势。特别是随着生产力的发展，近代社会化大生产的出现，生产形式和产业结构经常发生变化，新的产业部门不断涌现，原有产业部门则被淘汰。在这种情况下，只有实现劳动力的流动，才能满足社会化大生产的要求。马克思指出，大工业的本性决定了劳动的交换、职能的变动和工人的全面流动性。1978年改革开放后国家政策的不断松动为农村剩余劳动力流动提供了政策空间，直到80年代中后期工业快速发展，中国经济发展重心转向城市，城市第二、第三产业发展需要大量劳动力，加上乡镇企业快速发展，才促进了更多农民自发分化与流动。

布劳和邓肯在1967年出版的《美国职业结构》中构建了多项回归分析框架模型解释社会流动，指出社会阶层现象包括先赋性和自致性两种因素，先赋性因素指与个人出身背景相关的各种因素，自致性因素则是后天靠个人努力和经历所获得的一些个人特征，主要是个人的教育水平。他们认为现代工业社会中职业地位获得的主要途径并非遗传，而是个人自身人力资本和努力。在工业社会中拥有一个职位或技能，便可以通过承担工作实现社会经济地位改变，工业社会的自致性因素比先赋性因素更为重要。

可见，社会分层与社会流动是社会分化的两个方面，两者密切相关：一个是指社会分成高低不同的层次，揭示的是社会结构基本特征；另一个是指人们怎样进入这种层次，实际上社会流动是社会分层的动态化。这些理论对于解释农民职业分化空间分布及产业分布规律具有重要指导意义，同时也为研究农民职业分化微观影响因素提供可借鉴的分类变量划分依据。

三、二元经济结构理论

二元经济结构是经济发展的必然产物，指发展中国家的现代化工业与技术落后的传统农业并存的经济结构，即优先建立了现代工业部门，在农业发展还比较落后的情况下，超前进行了工业化。大多数发展中国家都面临着严重的二元经济结构问题，这成为农民职业分化最重要的路径依赖。

（一）刘易斯模型

1954年，刘易斯（W. A. Lewis）发表的论文《劳动力无限供给条件下的经济发展》首次提出完整的二元经济发展模型。刘易斯将发展中国家经济发展分为两个阶段：第一阶段由于资本相对稀缺，工业工资不变情况下，劳动力是无限供给的；而到第二阶段，随着资本扩张，对劳动力需求不断上升，资本和劳动力要素都稀缺，工业工资逐渐上升，劳动力就逐渐从农业向工业转移，随着非农产业不断增长和农业劳动力向非农转移，最终剩余劳动力枯竭。从劳动力无限供给到出现劳动力短缺的转折点，即著名的"刘易斯拐点"。

中国1979年开展农村经济体制改革后，出现了"离土不离乡、进厂不进城"的农民工，到1985年城市经济体制改革，形成"离土又离乡，进厂又进城"的民工潮，直到21世纪初东南沿海地区出现"民工荒"现象，体现了刘易斯模型演化过程。刘易斯模型将发展中国家二元经济转换过程与剩余劳动力流动过程相联系，揭示了农村剩余劳动力的存在是发展中国家农业落后的主要原因，符合大多数发展中国家情况。刘易斯二元经济模型是本书重要理论基础，为分析农民职业分化历史进程中各阶段呈现的特征以及揭示农民职业分化在产业间的转移规律提供理论支撑和分析框架。

（二）拉尼斯-费景汉模型

拉尼斯-费景汉模型（Ranis–Fei model）是从动态角度研究农业和工业均衡增长的二元结构理论。1961年费景汉（John C. H. Fei）和拉尼斯（Gustav Ranis）对刘易斯模型进行了改进，他们认为刘易斯模型主要有以下缺陷：一是没有足够重视农业在促进工业增长中的作用；二是没有注意到农业由于生产率的提高而出现剩余产品应该是农业中的劳动力向工业流动的先决条件。两人对这两点做了补充并进行修正，认为农村剩余劳动力转移的速度取决于人口增长率、农业技术进步率、工业部门资本存量的增长，从而发展了刘易斯二元经济模型。

（三）乔根森模型

乔根森理论是美国经济学家戴尔·乔根森（D. W. Jogenson）于1967年在《过剩农业劳动力和两重经济发展》一文中提出的，认为农业是经济发展的基础。农业剩余规模越大，劳动力转移规模也越大，两者同比例增长，即不发达国家一般都存在以先进工业为代表的现代部门和以落后农业为代表的传统部门。该理论认为农村剩余劳动力转移的前提条件是存在农业剩余，当农业剩余等于零时，不存在农村剩余劳动力转移，农业总产出与人口增长相一致；在这种条件下，随着农业技术的不断发展，农业剩余的规模将不断扩大，更多的农村剩余劳动力将转移到工业部门。因此，农业剩余的规模决定着工业部门的发展和农村剩余劳动力转移的规模，但这一理论忽视了农业投资的重要性以及城市失业和粮食需求收入弹性假设等问题，乔根森内生了人口因素，借鉴了马尔萨斯人口论，认为人口增长是由经济增长决定的。

（四）托达罗模型

托达罗模型是美国发展经济学家托达罗（Michael P. Todaro）于 1970 年发表的《农村劳动力向城市迁移决策和就业概率劳动力流动行为模型》中提出的，又称三部门模型。托达罗假定农业劳动者迁入城市的动机主要取决于城乡预期收入差异，差异越大，流入城市的人口越多。托达罗认为，在任何时期，迁移者在城市现代部门找到工作的概率都与现代部门新创造的就业机会成正比、与城市失业人数成反比。托达罗认为对迁移成本的计算与预期是影响劳动力作出迁移与否决策的重要因素之一，但忽略了他们在城市里的生活成本。

四、产业结构理论

产业结构理论是经济发展过程中产业结构变化的经验性学说，也称配第-克拉克定理。早在 1691 年，西方经济学家威廉·配第（William Petty）就根据当时英国的实际情况明确指出，工业的利润往往比农业多得多，商业的利润又往往比工业多得多。因此劳动力必然由农转工，而后再由工转商。1940 年，英国经济学家科林·克拉克在威廉·配第研究成果基础上比较了就业人口在不同收入水平下三次产业中分布结构的变动。克拉克认为他的发现只是印证了配第在 1691 年提出的观点而已，故后人把克拉克的发现称为配第-克拉克定理。该定理把人类全部经济活动分为第一产业（农业）、第二产业（制造业、建筑业）和第三产业（广义的服务业）。经过经济大样本观察，配第与克拉克两位经济学家先后发现，随着人均国民收入水平的提高，劳动力首先从第一产业向第二产业转移，当人均国民收入水平进一步提高时，劳动力便向第三产业转移。

依据配第-克拉克定理，可以概括出中国农民职业分化的三个大致趋势方向：一是从农民收入趋势表现上看，从低收入向高收入发展变化；二是从农民所从事的产业结构上看，从农业向非农产业转化；三是从农民地域流动上看，从农村向城镇转移。可见，随着经济的发展、国民收入的增长、农民素质的提高，农民由农业向非农产业转移，从农村流向城镇是社会发展的必然趋势，该理论为揭示中国农民职业分化产生背景及产业分布规律的认识提供借鉴与思路。

五、劳动力迁移理论

(一) 推拉理论模型

推拉理论（push and pull theory）是英国经济学家拉文斯坦（Ravenstein）在19世纪80年代提出并解释社会群体转移原因及转移方向的一种理论。其提出的七条移民规律和"经济因素是影响人口迁移主要因素"观点被认为是人口转移理论渊源。七条移民规律包括：一是人口迁移主要方向既受城市经济发展状况影响又同时受迁移的地理距离限制；二是人口流动分阶段式流动，由城镇周边向城镇中心迁移；三是人口迁移方向都是由落后乡村向发达城市转移；四是与人口向城市流动迁移相对应的有逆城市化现象的存在；五是不受迁移距离影响的迁移大多数是向大都市或者经济发达地区迁移；六是城市人口迁移率远远低于农村居民的迁移率；七是男性劳动力迁移率低于女性劳动力。巴格内（D. J. Bagne）、李（E. S. Lee）又陆续丰富和发展了推拉理论。他们认为推力来自农村内部，包括人口过度增长、技术替代对劳动力的排挤、农村收入偏低、不合理土地制度及不利的农产品贸易条件等；拉力来自城市，包括就业机会较多、工种选择余地大、劳动报酬高、生活条件优越等。农业人口就是在农村内部挤压力与城市吸引力双重作用下进行非农转移的。由于中国国情的特殊性，推力和拉力的因素较多且关系复杂，因此很难从定量角度刻画人口迁移和这些推拉因素的关系。

(二) 舒尔茨和斯加斯塔德"成本-收益"模型

舒尔茨（Schultz）1961年从微观角度提出了人口转移的"成本-收益"模型。该理论模型认为"个人和家庭适应于变换就业机会的迁移"决策主要取决于迁移后的预期收益和迁移成本的比较，成本包括货币成本和非货币成本。货币成本包括交通、住宅、食物等方面的支出，非货币成本主要指心理成本和风险成本等。只要迁移后预期收入大于迁移前的平均收益和迁移成本总和，人们就会做出迁移决策，否则就不会迁移。斯加斯塔德（Sjaastad）在1962年又提出一种成本-收益理论，将流动决策视为一种能在时间上给劳动者同时带来收益和成本的投资战略。把收益分为货币收益和非货币收益，把成本也分为货币成本和非货币成本。货币收益是迁移者目的地工作带给他相对于原住地更高的收入；非货币收益是迁移带来的更高的个人效用，如更稳定的生活、风险更低的职业、对新居住地的心理满足感。成本是迁移带来的效用损失，其中货币成本包括交通费用、对家乡财产或土地的放弃、必要的教育和培训费用。非货币成本及心理成本，包括放弃熟悉的生活和工作环境、采纳新的生活习惯和社会习俗以及所有由地域间在文化和生活方式上的差异所造成的心理压力。

（三）新劳动力迁移经济理论

斯塔克（Stark）和布鲁姆（Bloom）20世纪80年代对托达罗模型进行了较大改进，提出新劳动力迁移理论。该理论认为劳动力最终做出迁移的决定是与家庭协商的结果，已迁移者会对家庭其他成员或邻居亲朋的迁移产生影响，从而形成潜在的"迁移关系网"，有助于减少迁移者的时间和信息成本，强调家庭和家庭决策在劳动力迁移决策中的重要性。该理论用投资组合理论和契约安排理论解释劳动力迁移行为与家庭决策的关系，从投资组合理论出发，认为因抵御农业生产自身波动和满足家庭成员长期平稳性消费偏好的需要，部分家庭劳动力选择外出务工维持家庭总收入稳定；从契约安排理论出发，认为"汇款"本身就是迁移者和其家庭成员之间不断进行着的一种契约安排。

劳动力迁移理论为分析农民职业分化与工业化及城镇化互动关系提供了重要理论解释。本书基于新劳动迁移理论，提出农民职业分化微观影响因素的分析框架，对于解释农民职业分化动因提供重要参考依据。

六、城市化理论

城市化最早是在1858年出现在马克思所著的《政治经济学批判》一书中。由于研究侧重角度不同，结合经济学、人口学、地理学、社会学理论，城市化内涵与外延也不尽相同。

马克思在分析城市化进程根本动力时强调城市不是从来就有的，是社会生产力发展到一定阶段的产物，指出某一民族内部的分工，首先引起工商业劳动和农业劳动的分离，从而也引起城乡的分离和城乡利益的对立。可见，城市是阶级对立的伴随物。"一切发达的、以商品交换为媒介的分工的基础，都是城乡的分离。"列宁也指出1918年的俄国城市人口占18%，农村人口占82%，农业生产是最落后的生产。迁移能给工人带来纯经济上的益处，因为他们所去的地方工资较高，在那里当雇工的情况较有利。

同时马克思提出城市是由农村产生的观点，认为工业城市首先是由农村地区的工厂慢慢发展起来的。他指出现在的历史是乡村城市化，而不像在古代那样，是城市乡村化，在农村中建立的每一个新工厂都含有工厂城市的萌芽，要使这些被排挤出农业的人不至于没有工作和不会被迫集结城市，必须使他们就在农村中从事工业劳动。恩格斯论述了城市化与劳动力转移的关系，以及为企业带来的外部经济性，城市越大，搬到里面就越有利，因为这里有铁路、有公路，可以挑选的熟练的工人越来越多；在这一切都很方便的地方，开办新的企业花费比较少的钱就行了，这里跟原料市场和成品销售市场有直接联系，这就决定了大工厂城市会惊人迅速地成长。马克思和恩格斯还预见无产阶级掌握政权后将逐步缩小城乡之间的差别，消灭城乡之间的对立，是社会统一的首要条件，将结合城市和乡村生活方式的优点而避免二者的偏颇和缺点。

另一种基于分工视角的城市化理论代表是新兴古典理论。该理论认为城市化是经济生产与社会活动在地域空间演变的过程，是专业化分工的结果。农村居民活动地域宽广、居住分散、交易效率相对较低，而城市居民居住集中，聚集效应使交易效率较高，城乡差异会随着交易效率提高而最终消失。

城市化理论为解释农民职业分化与城市化发展互动关系提供重要启示。城市化理论揭示了城乡一体化发展规律，对研究农民职业分化和市民化具有重要指导意义。

综上所述，根据社会分工理论，解释宏观因素对农民职业分化影响；根据社会分层与流动理论，解释微观因素对农民职业分化影响；根据二元经济理论和产业结构理论，解释农民职业分化产生的效应；根据劳动力迁移理论，解释农民职业分化空间流动规律；根据城市化理论，解释农民职业分化与城市化互动关系。基于此，构建本书的理论框架，如图2-1所示。

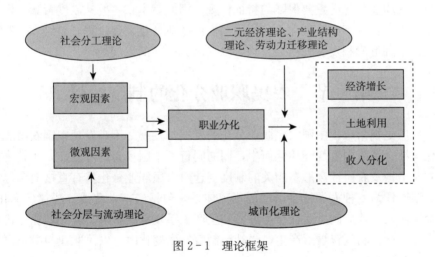

图 2-1　理论框架

第三章　中国农民职业分化产生和发展背景分析

农民职业分化作为一种复杂的社会现象，与一定时期经济和社会发展背景具有高度的相关性。中国农民职业分化以家庭联产承包责任制全面推广作为起点，中国社会制度变迁对农民职业分化具有直接而深远的影响，经济发展为农民职业分化创造良好外部环境，改革开放成为农民职业分化推动力，人口因素更是农民职业分化的重要保障与特征体现。因此，本章主要从制度背景、经济背景、人口背景三个维度深入分析中国农民职业分化发展进程，总结农民职业分化产生、形成和发展的社会背景，以揭示其内在的发展规律。

第一节　农民职业分化的制度背景

从历史视角审视中国农民职业分化的发端与发展，不难发现中国农民职业分化与社会经济制度变迁相伴而生，同向同行。中国社会制度变迁，尤其是涉及农业结构及农村社会形态相关的制度变迁对农民职业分化具有直接而深远影响。制度作为一种人类社会活动的规范体系，包括经济、政治、法律、文化、教育等体系。社会制度受社会生产力和生产关系发展的影响，农民职业分化也是在一定社会制度背景下产生，当社会制度发生变化时，农民职业与身份也相应发生变化。

一、家庭经营制度变迁与农民职业分化

中国农村家庭经营制度具体含义应包括三个方面，一是实行土地集体所有制，二是实行统分结合的双层经营体制，三是实行家庭承包制。中华人民共和国成立后，围绕土地制度改革，农村家庭经营体制也经历了三次重要变革。

一是从1950年开始的农村土地改革。在全国范围内实行以"耕者有其田"为目标的土地改革，把地主土地所有制改为农民土地所有制，实现了生产资料和劳动者的直接结合。1950年国家颁布《中华人民共和国土地改革法》，明确规定土地按人口统一分配，使农户成为农业基本生产单位，小农成了主要经济

形式。解放了长期束缚的农业生产力，激发了广大农民的生产积极性。

二是1953—1978年实行的土地集体化。土地归公，实行集体所有，统一经营，按劳分配。1956年国家通过了《农业生产合作社示范章程》，规定入社农民必须把所有私有土地、耕畜、大型农具转为合作社集体所有，经营权由个人经营变为集体共同经营，农民的土地经营权逐渐被剥夺，农民生产积极性受到挫伤。采取由国家控制农业生产资源的政策，农民被牢牢束缚在土地上，没有退社自由，更不能自由地向非农产业转移。

三是从20世纪70年代末开始的家庭承包责任制。其主要特点是土地所有权归集体，经营权归农户。1978年以后，家庭联产承包责任制逐步确立，终结了持续20多年的人民公社制度，农民从计划经济体制束缚中解放出来，获得了对自己劳动的支配权，使农业劳动更适应农业生产规律，农民根据农业生产季节性、分散性特点灵活安排劳动时间和劳动种类，也可以根据比较利益原则选择其他非农就业机会，这就为农民职业分化创造了条件。1983年1月中央发布《当前农村经济政策的若干问题》，标志着家庭联产承包责任制正式确立，实现了土地所有权和使用权分离，尤其是包干到户，确定了以家庭经营为主的农业生产经营模式。到1993年3月，全国人大第八届第一次会议通过《中华人民共和国宪法修正案》，以根本大法形式确立了家庭经营制度的法律地位。1998年10月中共中央十五届三中全会通过《关于农业和农村工作若干重大问题的决定》，正式用家庭承包经营取代家庭联产承包责任制。中国农民职业分化也正是伴随中国家庭经营制度变迁而不断发展。

以土地集体所有制为基础的农村家庭经营制度是农民职业分化的重要制度基础。舒尔茨认为农民是理性的经济人，对自身生产要素的配置具有效率性，尤其是农业生产作为一种经济再生产与自然再生产交织在一起的产业活动，与其他产业最大区别就在于生产的季节性、生产周期长、劳动监督困难。因此，农业劳动力和生产工具使用具有季节性，农户可以充分利用空闲的劳动时间，从事农业以外的劳动，以获取更多收入。农民职业分化是农户合理配置家庭生产要素的结果。家庭承包制确立了家庭经营的产权主体地位，家庭经营成为中国农业生产基本的组织形式。2003年《中华人民共和国农村土地承包经营法》颁布与实施赋予农民长期而有保障的土地使用权，为土地流转提供了法律依据。随着家庭经营制度改革不断深入，家庭农场、兼业经营等模式相继出现，农户充分利用家庭内部成员分工优势，通过增加非农收入使家庭收益最大化。

二、城乡二元体制与农民职业分化

城乡二元结构体制是研究农民职业分化问题的重要制度背景，其主要表现为城乡之间的户籍壁垒和不同资源配置制度。近半个多世纪的城乡二元体制已经生成了二元社会结构，并在二元户籍制度基础上衍生出二元社会保障制度，最终导致农民在职业分化过程中形成了二元身份特征。

第一，二元户籍制度将居民分为城镇居民和农民，农民作为一种身份，成为一种强制性的制度安排。1951 年公安部颁布《城市户口管理暂行条例》，是中国二元户籍制度的始点，由此拉开了二元体制的序幕。1955 年 6 月国务院正式颁布《关于建立经常的户口登记制度的指示》要求全户或个人迁入或迁出县级行政区时必须向县一级政府报告和领取迁移证。1958 年 1 月全国人大常委会通过《中华人民共和国户口登记条例》，正式明确将城乡居民区分为农业户口和非农业户口。1977 年国务院批准《公安部关于处理户口迁移的规定》将严格控制"农转非"，即使有些农民已经完成职业变迁，完全从事非农职业或成为产业工人，但如果没有得到国家对户籍转变的认可，也无法最终完成由农民向市民身份的转变。户籍制度关闭了农民向城市流动的大门，成为农民职业分化道路上最大障碍。

改革开放以后中国二元户籍制度逐渐开始松动，1984 年国务院发布《关于农民进入集镇落户问题的通知》，规定农民可以在集镇落常住户口，口粮自理。但这种落户，并没有真正的市民意义，还无法分享与市民同等的待遇。1998 年又进一步放宽农民落户城镇条件，但仅局限在城市搞实业、已购买商品房、拥有合法住所和职业、居住一定年限并达到相关规定的农业转移人口，覆盖范围非常有限。2013 年 11 月国务院提出，加快户籍制度改革，全面放开建制镇和小城市落户限制，有序放开中等城市落户限制，合理确定大城市落户条件。小城镇作为城市初级形态，是衔接城市与农村的桥梁，虽然引导农民在小城镇落户能在一定程度缓解大城市人口压力，但由于小城镇就业稳定性差，经济发展相对缓慢，就业岗位缺乏，公共服务质量也较差，对农民吸引力较低。而大城市落户采用"积分落户"制度，由于农民缺少足够的人力资本，很难通过积分获得转户的可能，因此由户籍制度形成的二元体制对于农民职业分化影响持续而深远。直到 2014 年国务院发布《关于进一步推进户籍制度改革的意见》，首次提出取消农业户口和非农业户口性质区分和由此衍生的蓝印户口等户口类型，统一登记为居民户口，体现户籍制度的人口登记管理功能，二元户籍制度正式退出历史舞台，标志着户籍制度深化改革进入全面实施阶段，户籍制度对于农民职业分化影响正在逐渐被消解。

第二，城乡二元制度也体现在各种社会福利保障政策和制度上。由于实行严格的户籍制度，长期以来中国社会保障体系也形成了二元格局。一是体现在劳动保险制度上。1951 年 2 月政务院颁布《中华人民共和国劳动保险条例》规定国营、公私合营、私营以及合作经营的工厂、矿山等实施劳动保险，这是第一个有关社会保障的法律，但只是以就业为中心形成的相对封闭的城镇社会保障体系，并未辐射到农村和从事非农职业的农民。二是体现在医疗保险制度上。到 1958 年虽然中国绝大部分农村地区实行了合作医疗制度，提高农民社会保障水平，但与城市职工医疗保险具有本质不同。进入 21 世纪中国探索新型农村合作医疗制度，但仍存在统筹层次较低问题，合作医疗报销部分比例有限，农民家庭保障负担仍较重，而异地报销机制也给流动性较强的务工农民带来一定的使用困难，他们须付出更多时间成本。三是体现在失业保险制度上。尽管《失业保险条例》把在城市从事非农职业农民纳入失业保险制度覆盖范围，但受到城乡二元体制影响，对进城务工农民和城镇职工仍进行了分割的制度安排。农民工领取失业补助的前提是连续工作满一年，并不适应农民工季节性及流动性的就业特点，而相对于城镇职工可以连续领取保险的待遇，农民工一次性领取生活补助的方式导致其本人及家庭欠缺失业保障，无法提升职业分化农民参保积极性。

截至 2023 年底，中国有近 3 亿农民在城市从事非农生产活动，虽然从事着又脏、又重、又累的工作，但是仍处于城市"边缘"状态，难以真正融入城市，更享受不到完善的社会福利体系保障，要改善进城务工农民生存环境，最根本是要改变城乡二元结构。面对城市中较高的生活风险和工作不确定性，农民只能更多依赖于土地保障，这也使大多数农民不愿彻底与土地分离。可见，由户籍制度衍生出来的一系列教育、医疗、福利等二元体制阻碍分化农民在城乡流动，难以实现彻底职业分化。

第二节　农民职业分化的经济背景

经济背景是农民职业分化最重要的发展背景。中国农民职业分化是经济发展和改革开放的必然结果，经济发展为农民职业分化创造良好条件，改革开放成为农民职业分化的推动力。分析农民职业分化经济背景对于系统认识农民职业分化发展规律具有重要意义。从中国经济发展顺序看，乡镇企业发展为农民职业分化提供初始分化条件，东部率先发展带动区域性农民职业分化，西部大开发、东北老工业基地振兴、中部崛起战略实施进一步拓宽了农民职业分化的地域空间和就业空间。

一、乡镇企业发展与农民职业分化

乡镇企业是中国农村在特殊背景下所产生的一种经济组织形式，对农村经济社会发展具有重要意义。其立基于乡土的经营形式为农民职业分化提供了初始分化条件。农业劳动力向非农产业转移，是产业分工和人口变迁的基本规律。在 20 世纪 80 年代初，不仅农村存在大量剩余劳动力，城市本身也存在大量隐性失业人口和待就业人口。在此背景下，中国农村以集体经济为基础，大力发展非农产业，形成了乡镇企业这一特殊的工业化组织形式，发挥了重要的消化吸收农村剩余劳动力的功能。家庭联产承包责任制实施后，农村劳动力逐步从土地的束缚中解放出来，"以工补农"的社队企业是乡镇企业的前身，为农民职业分化提供了最初的空间，其所需房屋、土地和最初发展所需资金主要由农业提供，所需原材料、劳动力均来自当地农村，成为农村劳动力转移重要"蓄水池"。改革开放以来中国乡镇企业发展历程十分曲折，主要经历了以下四个时期。

第一阶段是初始发展阶段（1978—1983年）。1978年国家把重点工作转移到以经济建设为中心，农村经济体系结构发生极大变化，农业从单一种植结构转变为多种经营，社队企业全面复苏，这一阶段的社队企业大多是由集体经济组织举办的，是典型的集体所有制经济。1983年中央1号文件指出社队企业发展了农村经济，调整农村就业结构，提高了农民收入，转移农村富余劳动力，为大规模农民职业分化开启创造条件。

第二阶段为崛起发展阶段（1984—1989年）。这段时期乡镇企业异军突起。1984年中央1号文件颁布是中国乡镇企业发展历史上重要里程碑，指出鼓励乡村工业发展突破社队的界限和"三就地"（就地取材、就地加工、就地销售）的限制，自主联合或者个体经商办企业，农村社队企业发展滞后局面得到改观。后来中央又将社队企业正式改名为乡镇企业，形成"四轮驱动"（乡、村、户、联户为乡镇企业举办主体）和"五业并举"（工业、建筑业、交通运输业、商业、服务业）模式，并要求地方各部门积极支持。到1987年中央1号文件继续放宽对乡镇企业的产业限制，当时兴起创办企业浪潮。这一时期乡镇企业发展所需经济、社会条件和政策环境基本成熟，各种形式的乡办、村办、镇办和合作办企业异军突起，使农村剩余劳动力大量转移出来。通过"离土不离乡，进厂不进城"，大量农民通过职业分化采取"亦工亦农"的劳动制度参与到乡镇企业发展中，但仍未改变其农民的身份。以天津大邱庄和江苏华西村为代表的帮扶发展模式，以集体企业发展为主的"苏南模式"以及家庭经济为主的"温州模式"最为典型。特别是珠三角、长三角及大中城市的郊区，乡镇企业就业成效较好。1988年中国乡镇企业数量达到1 888万个，这些乡镇企业总产值当年达到4 765亿元，吸纳农民就业达到9 545万人。但1989年国家开始对国民经济环境进行治理，乡镇企业发展受到很大冲击，集体所有制的乡镇企业基本消失了，就业人数减少，大量原乡镇企业职工又回流到农业，乡镇企业吸纳农村剩余劳动力人数首次出现比上一年下降3%左右。

第三阶段是调整提高阶段（1990—2000年）。国家针对乡镇企业发展区域不平衡问题，20世纪90年代初期通过建设工业小区和小城镇，引导乡镇企业连片集中发展，年均创下 49％的增长。1993 年乡镇企业职工人数首次超过国有企业职工人数，吸纳农村劳动力能力进一步增强。但中国乡镇企业发展经过80 年代增长期和 90 年代初期超常规高速增长之后，到 90 年代末期增速开始放缓。从 1996 年年均增长 21‰下降到 1998 年的 7.3％，就业增长也随之下降，1997 年乡镇企业就业人数减少了 2 800 万。尤其随着 1998 年亚洲金融危机爆发，一向依赖出口导向的乡镇企业发展面临困难，国内市场疲软，原有的政策优惠和市场环境优越等有利条件日渐丧失。同时这段时期政府对乡镇企业发展进行整顿，关停了一些高污染、高耗能的生产项目和企业。到 90 年代末乡镇企业已基本完成了向中心城市转移和改制，集体开办的乡镇企业大部分已经变成私营企业或股份制企业，乡镇企业已不是所有制的概念，而变成了地域的概念。

第四个阶段为改革发展阶段（2001 年至今）。这一时期乡镇企业采取可持续性发展策略。乡镇企业布局向小城镇集中，促进了城镇化发展，通过形成产业集群吸纳更多农村剩余劳动力。同时这段时期乡镇企业加快自身技术创新，进而提升了乡镇企业员工整体技能素质，使农民就业结构也得到优化。

乡镇企业发展为中国经济社会发展作出了重要历史贡献，为农民职业分化发展起到了积极推动作用。在特定的历史时期内乡镇企业的存在使农村剩余劳动力没有涌入城市，而是就地消化，既减少对城市资源环境带来的压力，又缓解了农村人多地少的矛盾。但随着社会经济发展，乡镇企业发展对农民职业分化局限性也在不断凸显。首先，乡镇企业分散发展导致空间集聚性低，分散布局缺乏积聚效应，减少了产业间的联系，因而弱化对非农劳动力吸纳能力。其次，乡镇企业改制调整后由劳动密集型向技术密集型转变，而技术创新必然导致对简单劳动力的排斥，不再像起步阶段对农村劳动力有大量需求。最后，乡镇企业从量到质的发展，使就业弹性越来越小，对农村劳动力吸纳能力逐渐减弱，最终阻碍农民职业分化比例的提高。

二、东部地区率先发展战略与农民职业分化

法国经济学家佩鲁认为国民经济不可能在每个行业和地区都以同样的速度增长，一些主导部门和创新能力强的行业聚集地区往往首先发展起来形成"发展极"，而优先发展可以带动周边地区快速发展。改革开放以来，中国实行区域非均衡发展战略。进入 21 世纪，国家在《十一五规划纲要》中提出了"鼓励东部地区率先发展"的区域发展总体战略。放弃原有区域均衡发展战略，将全国划分为西部、东北、中部、东部四大战略区域，确立新区域发展战略格局。其中以长三角、珠三角、京津冀为标志的东部地区 10 个省份（北京、天津、河北、上海、江苏、浙江、福建、山东、广东、海南）凭借优越地理位置

和资源禀赋,生产力得到极大发展,东部地区经济发展在全国范围领跑态势较为明显。1978 年东部地区生产总值为 1 514 亿元,到 2018 年,东部地区生产总值已经达到 449 681 亿元,年均增长达到 11.4%,每年创造的经济总量均占全国经济总量的半壁江山。"鼓励东部率先发展"战略作为区域发展总体战略重要组成部分,为农民职业分化提供了"引力"。

一方面,从产业结构上看,东部地区第一产业比重以每年 0.2% 比例平稳下降,第二产业比重也下降明显,而第三产业比重则逐年增加,尤其 2013 年东部地区率先实现第三产业比重首次超过第二产业,产业结构由"二、三、一"转变为"三、二、一"。东部地区第一产业下降比重明显高于其他地区,而第三产业贡献度明显提升,可以为农村剩余劳动力从第一产业流向第三产业提供条件。另一方面,从就业结构来看,东部地区第一产业就业人数比重稳步下降,2006 年占比 31.43% 下降到 2013 年的 23.02%;第三产业从业人数在 2009 年之前增速均大于第二产业,且受亚洲金融危机影响,2010 年后比重基本不变,并伴有一定滞后性。

刘易斯劳动力流动模型强调工业资本积累对于劳动力流动的重要作用,认为资本是经济发展启动机。地区经济发展态势明显必然会吸引农村剩余劳动力聚集,如图 3-1 所示,根据 2019 年国家统计局发布数据,东部地区是全国农民工输入量最多的地区,达到 1.57 亿,占农民工总量 54%,输入量是东北地区的 17.5 倍。可见,东部地区是全国最大的农民工集结地。东部地区优化了区域经济产业结构,从而为农民职业分化带来契机。东部地区率先发展对于劳动力吸纳作用明显,具有"拉力效应"。

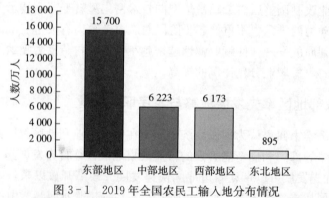

图 3-1 2019 年全国农民工输入地分布情况

数据来源:国家统计局,《2020 年农民工监测调查报告》。

三、西部大开发、东北振兴、中部崛起战略与农民职业分化

西部大开发是 21 世纪国家一项重大决策,2000 年 1 月,国务院成立了西

部地区开发领导小组，2006 年 12 月 8 日，国务院常务会议审议并原则通过《西部大开发"十一五"规划》，2020 年 5 月，《中共中央、国务院关于新时代推进西部大开发形成新格局的指导意见》印发实施，目的就是提高西部地区经济和社会发展水平，促进全国均衡发展。

西部地区土地资源丰富，占全国土地总面积 70％以上，人均占有土地是全国的 3.5 倍，而且还有大量宜农荒地可以开发。西部大开发的范围包括 12 个省、自治区、直辖市，3 个单列地级行政区，包括四川省、陕西省、甘肃省、青海省、云南省、贵州省、重庆市、广西壮族自治区、内蒙古自治区、宁夏回族自治区、新疆维吾尔自治区、西藏自治区、湖北省恩施土家族苗族自治州、湖南省湘西土家族苗族自治州、吉林省延边朝鲜族自治州。西部大开发战略实施，不仅对中西部地区的经济发展、基础设施建设、产业结构调整起到巨大推动作用，大量沿海地区、海外资本向西部地区投资，更为农民职业分化创造条件。随之而来就是劳动力需求巨大，西部地区具有劳动力价格比较优势，农村劳动力资源丰富，同时农业自然资源有限，农民难以通过农业生产增加收入，职业分化意愿强烈。西部大开发战略为西部各省份农村劳动力带来更多职业选择的机遇，农民可以就地就近从事非农工作，农民职业分化程度迅速提高。2019 年西部地区输出农村劳动力 8 051 万，其中 51.6％都选择省内流动。

东北老工业基地是对辽宁、吉林、黑龙江和内蒙古（呼伦贝尔市、兴安盟、通辽市、赤峰市和锡林郭勒盟等）东北地区的老工业基地的统称。20 世纪 90 年代以来，由于体制和结构性矛盾日益凸显，整个东北老工业基地发展面临严峻挑战。党的十六大以后，国家把加快东北老工业基地建设、促进东北振兴列入重要议程，2003 年 10 月，中共中央和国务院发布了《关于实施东北地区等老工业基地振兴战略的若干意见》，2014 年，国家再一次提出"东北经济振兴"的计划，而以农村剩余劳动力转移为核心的有效就业问题是矛盾的焦点。东北地区土地资源丰富，农民职业分化主动意愿不强，尤其东北经济缺乏足够的资本积累，又面临大量下岗职工，劳动力就业矛盾主要表现就是供大于求，就业岗位有限，供需结构性失衡，农民职业分化局面更为复杂，分化难度更大。但近些年随着东北投资和房地产经济拉动，东北地区越来越多的农民开始从农业中走出来，农民职业分化逐渐提速扩容，但与全国其他地区相比仍相对滞后。如图 3-2 所示，2019 年东北地区外出农民工只有 991 万人，远远低于全国其他地区，且绝大部分选择在省内就业。

中部地区（一般指山西、河南、湖北、安徽、江西、湖南六省）的面积占全国 10.6％，人口占全国 28.1％，地区生产总值占全国 23.5％。中部地区在中国经济社会发展中具有重要的战略地位。但从当前全国经济发展的速度来

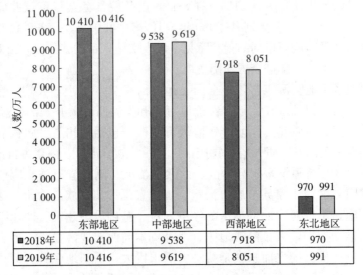

	东部地区	中部地区	西部地区	东北地区
■2018年	10 410	9 538	7 918	970
▢2019年	10 416	9 619	8 051	991

图 3-2 2019 年农民工输出地分布情况

数据来源：国家统计局，《2020 年农民工监测调查报告》。

看，中部地区经济增长态势还不够快。2006 年 4 月中共中央、国务院发布《关于促进中部地区崛起的若干意见》。经济发展放缓必然导致农民职业分化速度缓慢。中部地区农民职业分化较为缓慢主要原因归结为三个方面：一是非农产业结构比重较低，大量农民无法向第二、第三产业进行转移，农民职业分化空间有限；二是农村经济增长乏力，较为单一的农业产业结构使农业比较优势被进一步削弱，劳动力本地就业范围有限；三是农村劳动力严重过剩，在全国 10% 的国土面积上却生活着全国 28% 的农村人口。现代经济增长理论认为，经济增长来源于劳动和资本的投入，劳动力产业转移将促进地区居民收入水平，促进农村剩余劳动力转移是实现中部崛起的重要举措，中部地区省份虽然工业化程度低，但优势就在于劳动力资源丰富，大量农村剩余劳动力转移城市空间巨大。但这些地区农民分化并不能像东部地区一样在本省实现，而是更多通过向其他发达省份输出实现空间转移，2019 年中部地区流出农民工 9 600 万，其中 59.2% 都是选择跨省流动。

第三节　农民职业分化的人口背景

人口因素不仅是影响一个国家和地区经济增长和区域发展的重要因素，更是农民职业分化的重要保障与分化特征的体现。中国目前是世界第二大经济体，是经济发展速度较快国家之一，这离不开农村劳动力资源开发与利用。随着农民职业分化加剧，中国人力资源开发面临前所未有的发展机遇，农村劳动力流动规模和空间也都将发生巨大变化，分析人口规模、人口结构、人口素质变化对于正确认识农民职业分化规律具有重要意义。

一、人口分布与农民职业分化

人口分布是指一定时期内，一定地域空间里人口数量积聚和分散的状态，反映人口分布变化情况。2021 年 5 月国家统计局公布的第七次全国人口普查数据显示，截至 2020 年 11 月 1 日零时，全国人口共计 141 178 万人，比第六次全国人口普查人数增加 7 206 万人，增长 5.38%，占世界人口比例达到 18.82%，人口密度约为 143 人/千米²，约是世界人口密度的 3.3 倍，且人口分布很不均衡，东部沿海地区居住人口更为密集，如江苏省全省面积不超过 10 万千米²，居住人口达到 8 000 万人，人口密度达到 800 人/千米²。

人口发展规模发展不仅对社会、经济、资源、环境造成影响，更会对农民职业分化产生深远影响，主要体现在农民职业分化呈现区域不均衡分布上，而农民职业分化差异又会进一步加速地区间经济和社会发展不平衡。

1. 农民职业分化加速人口聚集效应

新中国成立初期，城镇常住人口只有农村人口的 1/5，且城乡二元户籍制度又限制农村人口流动。随着经济快速发展和城镇化加快推进，大量农民涌入城市，城镇人口不断增多。根据城市化理论，人口要素空间聚集会降低人均固定成本，形成资源再配置，带来规模效应，使其所在区域获得可持续的经济增长动力。以农民职业分化为基础的人口在空间上的集聚，也反映了工业化在空间上的集聚，同时也是资本在空间上的集聚，是东部沿海地区率先发展政策效应释放的结果，也是工业化发展的结果。农民职业分化有利于提高一定区域内人口聚集度和促进区域经济发展，具有重要经济和社会意义。而人口聚集度不足将阻碍经济集聚效应发挥，造成效率损失。只有加强农民职业分化，促进人口在城乡合理流动，才能促进经济可持续发展。

2. 人口分布空间不均衡是农民职业分化程度差异的体现

由于中国区域间发展差异较大，人口流动趋于从经济落后地区向经济发达地区流动。如图 3-3 所示，中国人口规模在总体上呈现出地区差异性，表现为东高西低、中部平稳的分布状态。其实质是人口分布与产业聚集不协同。东部地区常住人口数量最大，超过 5.8 亿且呈逐年增长态势；西部地区人口逐步减少，处在 3 亿左右的水平，而中部地区人口稳定在 4 亿左右，形成"东中西"梯度分布的人口格局。从人口分布区域看，人口相对集中地区，也是工业化和城镇化发展较快地区，同时也是第一产业人口分布较少地区，相对农民职业分化程度也较高，如广东、江苏人口规模已经达到 8 000 万人以上，农民从事非农生计比例已经超过80％。而中西部地区人口规模相对较低，经济发展速度较慢，从事农业人口比例仍在40％左右，职业分化程度较为缓慢。因此，只有加快欠发达地区工业化和城镇化进程，改善投资环境和经济发展条件，从而吸引更多农民就业，加速农民职业分化，才能更好优化人口空间分布，逐步缩小区域发展差距。

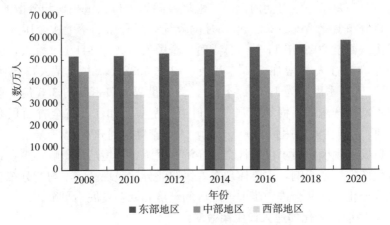

图3-3 2008—2020年中国人口数量分布

数据来源：根据历年《中国统计年鉴》计算。

3. 城市人口规模扩张有利于加速农民职业分化

城市人口规模扩张会为社会创造出新的就业机会。空间经济学认为，由于生产中存在报酬递增，消费者存在交通成本，厂商会选择在市场需求较大地区组织生产经营活动，从而带来人口规模聚集地区总体上更大生产规模和更高要素价格水平。因此，大中城市会有更高水平的工资，能吸引更多劳动力要素，增加农村劳动者就业机会。但不同技能劳动力获得就业机会概率可能并不相同，如低技能劳动者更多集中在低技能服务业。可见，人口规模扩大有利于农民职业分化，并且职业转移能够增强学习意愿，提升人力资本积累能力。中国农村人口规模庞大。农村剩余劳动力总量上在未来很长时间内依然保持较大规模。未来更多农业劳动者会处于不完全就业状态，这些农村劳动力都将完成职业分化以解决生计和增收问题。

二、人口结构与农民职业分化

农民职业分化与人口结构也密切相关，探讨人口结构对于认识农民职业分化具有重要意义。人口结构主要指在一定区域内、一定时段内，人口的内部结构及其比例关系。更为具体则是指一个国家或地区的总人口中，年龄、性别、教育、就业、迁移、城乡等人口特征的分布状况和关系状况。如图3-4所示，人口结构主要分为自然结构、社会结构、经济结构、地域结构，其中与农民职业分化关系最为密切的就是人口经济结构。人口经济结构主要按照一定经济指标来进行划分，包括人口产业结构和人口职业结构。

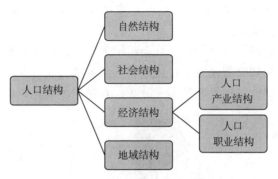

图 3-4　人口结构的内涵

人口产业结构主要是指以人口产业分布为依据来反映人口劳动力资源情况，研究人口产业结构目的就在于合理进行劳动力资源配置，为农民职业分化提供科学依据，人口产业结构主要体现为劳动力在一、二、三产业中分布情况。当就业人口主要集中在第一产业，则属于传统型分布结构；当第一产业就业人口为 50% 左右，第二产业增长则属于发展型分布结构；当第三产业就业人口比重超过 50%、第一产业在 15% 以下，则属于现代型分布结构。如表 3-1 所列，1952 年中国就业人员分布为第一产业 17 317 万人、第二产业 1 531 万人、第三产业 1 881 万人，分别占就业人口比例为 83.5%、7.4%、9.1%；到 2019 年就业人员分布达到第一产业 19 445 万人、第二产业 21 305 万人、第三产业 36 721 万人，占就业总人口比例分别为 25.1%、27.5%、47.4%。越来越多的人从事第三产业工作，第一产业就业人口比重持续下降。当前中国人口就业主要分布在第三产业，人口产业结构已经从传统型分布转变为现代型分布。

表 3-1　中国人口产业结构变化情况

年份	第一产业就业人口占比/%	第二产业就业人口占比/%	第三产业就业人口占比/%
1952	83.5	7.4	9.1
1982	68.1	18.4	13.5
2000	50.0	22.5	27.5
2010	36.7	28.7	34.6
2019	25.1	27.5	47.4

数据来源：根据历年《中国统计年鉴》统计。

从社会学视角看，职业往往是现代社会研究社会分层的主要途径，职业分化也是社会及其经济发展程度的重要标志。而人口职业结构则主要指经济活动人口在各种职业分布的状况和比例关系，反映社会分工发展趋势，是农民职业分化趋势的重要体现。如图 3-5 所示，农民工就业结构主要分布在制造业，占 27.4％；其次是建筑业，占 18.7％；批发和零售业占 12.2％；从事卫生和社会工作、公共管理、社会保障和社会组织工作比重也逐年增加。从人口职业结构看，大量农村剩余劳动力正在逐渐转移到城镇非农行业中，农民所从事的工作多种多样，职业结构类型呈多元分布，农民职业分化正在剧烈发生。

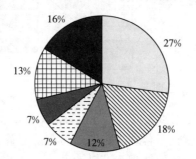

□ 制造业　▨ 建筑业　▨ 批发和零售业　▢ 交通运输仓储邮政
■ 住宿餐饮业　▣ 居民服务修理和其他服务业　■ 其他

图 3-5　2020 年中国农民工职业结构分布

数据来源：《2020 年农民工监测调查报告》。

三、人口素质与农民职业分化

人口素质主要是指人口的身体素质、科学文化素质以及思想道德素质，主要反映人口总体认识和改变世界的条件和能力（刘铮，1985）。其中身体素质体现了人的健康状况，是人口素质最基础的条件和保障；文化素质体现一个人的学习能力、认知状况和创新改造世界的能力，在人口素质中起到重要作用，思想道德素质体现一个人心底良知，是一种意识形态，在人口素质中起到支配作用。人口素质能够影响经济发展、提高社会生产力、优化产业结构、转变生产方式，农民素质状况对于职业分化具有重要意义。

首先，中国农村劳动力身体健康素质堪忧。中国农村劳动力健康状况调查发现，有 32.1％的农村劳动者认为目前身体健康状况一般，13％的劳动力认为自己身体状况不健康，尤其在农村地区农民普遍缺乏就医意愿，加之农业劳动环境恶劣和吸烟等不良生活习惯影响，造成健康状况堪忧。面对长时间、重体力劳动性质的工作岗位时，缺少良好身体素质就会限制其职业选择。

其次，人口文化素质对于农民职业分化产生影响更大。20 世纪 90 年代，中国农村劳动力文盲比例达到 11.23%，具有小学文化水平占 35.52%，初中文化水平占 48.82%，高中文化水平占 8.91%，大专及以上水平占 0.51%。经过 20 多年发展，根据第七次全国人口普查数据，中国人口整体受教育程度有所提升，具有大学文化水平人口 2.18 亿，每 10 万人中具有大学文化水平人口为 15 467 人，15 岁以上人口平均受教育年限为 9.91 年，文盲率下降至 2.67%。但农村人口整体文化素质仍不容乐观，如图 3-6 所示，在全部农民工群体中，未上过小学的占 1%，小学文化程度占 14.7%，初中文化程度占 55.4%，高中文化程度占 16.7%，大专及以上文化程度占 12.2%，农村人口文化素质偏低将影响农民职业分化程度。

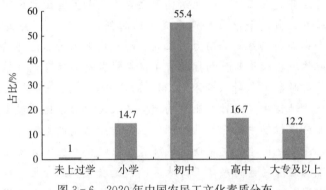

图 3-6 2020 年中国农民工文化素质分布

数据来源：《2020 年农民工监测调查报告》。

　　最后，农民从事农业以外的工作，需要具备一定职业技能。20 世纪 80 年代，中国处于劳动密集型产业发展时期，农村劳动力表现为无限供给的特征。沿海地区的率先开放，为廉价的体力型劳动力资源提供了就业市场，最初提供的是体力型、简单技能型的就业岗位。然而随着产业结构转型升级，市场开始向资本密集型和技术密集型产业转变，体力型劳动力就业空间开始缩小，各类就业岗位提高对劳动力素质要求。但农民素质提升没有跟得上时代要求，较低的文化素质限制了农民职业分化的范围和途径，更多农民只能从事技术能力和文化程度要求低的初级岗位工作。未来在相当长一段时期内，在农民职业分化过程中可能会出现劳动力过剩与劳动力短缺并存的现象，进而影响农民职业分化结构的合理性和层次的递进性。

本章小结

　　广义的社会环境包括政治、经济、文化、心理等范畴，对农民职业分化产生直接影响的社会背景主要包括制度背景、经济背景和人口背景。

首先，制度是社会最基本的行为规范和准则，而社会制度具有反映和维护一定社会形态和社会结构的功能，对社会群体具有极强的约束作用。从制度背景来看，农民职业分化行为都是在当时的社会制度背景下发生的，一定时期内社会制度发生变化，必然会对农民职业分化形态及程度产生相应的影响。家庭联产承包制的确立是农民职业分化的制度起点，也是农民职业分化的制度前提。随后一系列旨在解放农村生产力的政策相继出台为农民职业分化进一步深化创造了制度环境。

　　其次，社会经济发展对农民职业分化发展起到推动作用。克拉克早在1935年就在《物质进步的经济含义》中对经济增长与劳动力转移的关系进行了假设，认为经济发展必然使就业结构产生变化，而最突出的体现就是农村劳动力结构性转移，当一个产业生产率提高的时候，劳动力就会流入另一个产业，农业生产率提高必然使劳动力从农业中解脱出来进入其他部门，中国经济改革突出成就体现在改革开放初期约有1亿农村劳动力转移到乡镇企业，乡镇企业从业人员当时已占农村从业人员30％的比例，乡镇企业发展为农民职业分化起到积极推动作用。同时产业结构调整与农民职业分化呈现出互动演进关系。农民职业分化推动中国产业结构调整，而产业结构调整反过来又会加剧农民职业分化。东部地区率先发展使区域经济产业结构发生重大变化，大量农村剩余劳动力流向经济发达的东部沿海地区，加速农民职业分化进程。

　　最后，中国人口发展变化反映农民职业分化基本特征。人口规模、人口结构、人口素质的变化影响着农民职业分化规模、分化速度和分化质量。中国流动人口从1982年的675万增加到2020年的近3.8亿，农民职业分化一方面使人口结构得到进一步优化，越来越多农民从第一产业转移到第二、第三产业；另一方面农民职业分化使农村人口流动更加活跃，提高中国城镇化水平，加速分化农民市民化进程。

第四章　吉林省农民职业分化的演进历程

　　吉林省和全国一样，随着社会、经济、政治体制的发展变化，农民职业分化也经历了阶段性发展。根据不同时期表现特征与阶段跨越因素变化，本书把吉林省农民职业分化演进历程大致划分为萌芽酝酿期、蓄势调整期、提速扩容期、纵深发展期四个阶段。该阶段划分主要依据是：首先，吉林省农村改革相对较晚，直到 1982 年家庭联产承包责任制在吉林省全面推广实施才开启了农民职业分化的序幕，且这一时期发展相对缓慢，因此 1982—1992 年形成吉林省农民职业分化萌芽酝酿期。其次，1992 年确立了市场经济体制，吉林省大量非公有制经济和乡镇企业兴起点燃农民职业分化"星星之火"。1992—2002年吉林省面临传统产业结构转型升级，乡镇企业改制完成，农民逐渐开始跨区域流动，形成农民职业分化蓄势调整期。再次，2003 年国家实施东北老工业基地振兴战略，吉林省工业化和县域经济快速增长，推动了农民职业分化加速发展。2002—2012 年形成农民职业分化提速扩容阶段。最后，从 2012 年至今，吉林省经济结构调整初见成效，第三产业飞速发展，带动新一轮东北振兴，农民职业分化程度进一步加深，农民职业分化规模进一步扩大，形成向纵深发展的趋势。本章以农业经济学及发展经济学相关理论为指导，对吉林省农民职业分化演进历程、阶段特征和发展趋势进行全面分析。

第一节　吉林省农民职业分化萌芽酝酿期
（1982—1992 年）

一、本时期农民职业分化过程

　　中国改革始于农村，1978 年是中国改革的元年，安徽、四川等地农民率先自发在农村搞包产到户。在地方和中央政府的宽松政策下，包产到户逐步在其他省份扩展。吉林省是中国搞包产到户最晚的省份之一，1982 年才开始启动，但推广速度很快，到 1983 年全省已经基本落实家庭联产承包制。1983 年吉林省实行联产承包责任制的队数为 6.8 万个，占总队数的比例达到 95％，覆盖户数是 289.5 万户。农村家庭联产承包责任制实施极大调动农民的生产积极性，1983 年吉林省粮食增产幅度居于全国首位，粮食产量 136.5 亿千克，比上一年增长 30%，梨树和长岭等部分县市粮食产量翻番，增产达 50% 以上。家庭联产承包责任制提高了农业生产效率的同时也极大解放农业劳动生产力，吉林省农村剩余劳动力在 1992 年已经达到 195 万人。

1981 年 8 月，吉林省人民政府下发《关于发展城镇集体和个体商业、饮食、修理服务业若干问题的通知》，为农民职业分化创造了条件。1987 年吉林省乡镇企业产值占农村社会总产值比例上升 41.7%，乡镇企业发展对农民职业分化推动作用持续加强，农民收入也随之增加。根据《中国农村统计年鉴》，1983 年中国农民年均纯收入为 310 元，到 1992 年年均纯收入为 784 元。同时，这一时期新经济联合体、乡村两级企业发展速度加快，从 1983 年 1.75 万个增加到 1992 年的 49.7 万个，从业人数从 1983 年的 44.1 万人增加到 1992 年 168.3 万人，吉林省农村个体工商业发展也取得突破，1992 年达到 11.6 万户，实现总产值 10.3 亿元，乡镇企业发展吸纳吉林省农村剩余劳动力，促进农民职业分化加剧。这一时期农民逐渐开始从传统农业中分离出来从事多种非农职业并获得工资性收入，农民已处在向产业工人转变的进程中，但绝大多数农民还未能与农业和农村完全脱钩，仍是农民群体一部分，这一时期这些转移农民被称为"农民工"或简称"民工"。1987 年 3 月，吉林省通过了《关于吉林省 1987 年国民经济和社会发展计划的决议》，当年农民工群体才以正式身份走进城市，成为建筑业、服务业领域的重要劳动力。

这一时期吉林省农村经济仍以种植业为主，虽然农业结构不断调整，但步子不大，效果并不明显，加上吉林省的资金、人才、技术、信息、市场等诸多因素影响，第二、第三产业在吉林省仍很难快速发展，这直接影响了农民职业分化的外部环境。根据 1983 年《吉林统计年鉴》，吉林省乡村劳动者 415.02 万人，但其中绝大部分都是从事第一产业，主要分布在农林牧副渔业，只有极少数从事技术员、乡村教师及社队企业工人等非农职业，农民职业分化较为迟缓，农村劳动力资源没有被充分开发和利用。吉林省 1986 年农村劳动力资源为 706 万人，而实际参加生产劳动的只有 486 万，农村人口虽然大量步入劳动力年龄，但由于缺乏职业分化意愿与专业知识，很难向第二、第三产业转移。到 1992 年吉林省农村劳动力为 670.1 万人，如图 4-1 所示，从 1992 年吉林省农民非农职业从业结构分布看，其中从事农林牧副渔人数为 546.6 万人，有 123.5 万人已经开始从事非农产业。该阶段吉林省农民非农就业领域以农村工业为主，达到 24.6 万人，乡办、村办工业以及建筑业领域农民就业比例比较高，但第三产业吸纳农村劳动力能力十分有限。

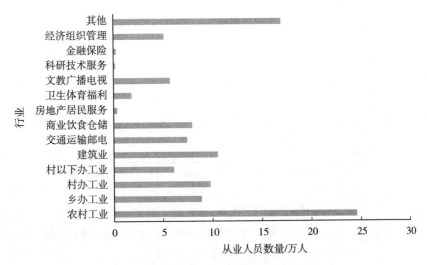

图 4-1　1992 年吉林省农民职业分化就业结构分布
数据来源:《中国农村统计年鉴》。

二、本时期吉林省农民职业分化基本特征

1. 农业收入高于全国平均水平，分化动力不足

吉林省农村改革相对滞后，家庭联产承包责任制直到 1983 年才在全省大部分地区落实。当时吉林省是传统计划经济占绝对地位的省份，经济结构基本是清一色的全民和集体所有的公有制经济，农业是吉林省经济主要产业，吉林省拥有得天独厚的黑土地自然资源禀赋，单纯依赖于农业的吉林省农民可以获得相对较高的收入，如图 4-2 所示，这一时期吉林省农民收入水平始终高于全国平均水平。1983 年农民人均纯收入达到 418.2 元，遥居各省之首，位列全国第四位，仅次于京津沪三个直辖市。当时全国农民平均年收入为 309.77元，超过全国平均水平的 35%，1990 年收入水平达到历史最高，吉林省农民人均纯收入达到 803.52 元，而全国平均水平只有 686.31 元，高于全国平均水平 17%。因此绝大部分吉林省农民满足于当时农业收入水平，家庭收入全部依赖于土地。而当时吉林省城镇居民人均可支配收入也只有 451.31 元，吉林省城乡收入差距此时也并不明显，"小农生活"较为安逸，因此缺少从事非农职业的欲望，这也是农民规避盲目向外流动产生风险的一种理性选择，农民职业分化缺少一定的"推力"。

2. 乡镇企业发展曲折，吸纳农民就业能力有待提升

虽然全国乡镇企业发展迅速，但吉林省乡镇企业起步较晚，并且未能追赶上全国乡镇企业发展的良好机遇，影响了农民职业分化的速度。这一时期吉林

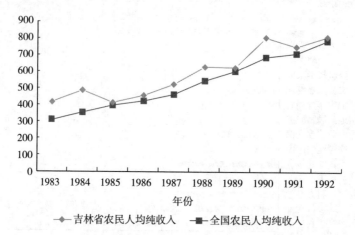

图 4-2　1983—1992 年农村家庭人均年收入水平吉林省与全国比较

数据来源：《中国农村统计年鉴》。

省乡镇企业发展主要经历 3 个迂回曲折发展阶段。第一阶段是发展起步阶段。1958 年在"人民公社必须大办工业"的精神指导下，全省组建 31 549 个社办企业，到 1959 年全省社队企业达到 14 088 个，从业人员 11 134 人。第二阶段是发展低潮阶段。由于连年自然灾害和农村商品经济发展限制政策，吉林省社队企业在 1962 年只剩下 637 个，从业人员 17 000 人，资金缺乏及技术落后使社队企业发展进一步受到冲击。第三阶段是迅速发展阶段。改革开放为吉林省乡镇企业创造良好发展环境。1980 年底吉林省乡镇企业数 1.77 万个，1988 年总产值达到 122 亿元，1991 年末企业数达到 46.8 万个，从业人员 159.04 万人。虽然 1992 年吉林省乡镇企业年均总产值以 36％的速度高速增长，但吉林省乡镇企业发展综合水平在全国处于中下游水平，其中增加值、净利润、固定资产原值、营业收入增长率、人均利税率等指标都处于全国排名 20 名左右。直到 1986 年，吉林省才提出了"乡办、村办、联户、个体"四轮驱动发展乡镇企业的战略。根据《中国乡镇企业年鉴》，吉林省 1990 年乡镇企业增长到 46.4 万个，增长率为 84％。

乡镇企业的数量和规模决定了其吸纳农民就业的能力。如表 4-1 所示，1985 年吉林省乡镇企业 25.2 万个，总量只有辽宁 2/3 左右，与其他发达省份乡镇企业发展水平差距明显。从业人员 97.4 万人，占全国从业人员比重只有 1.4％，对全国乡镇企业发展贡献度也很有限。到 1990 年吉林省乡镇企业 46.4 万个，虽然纵向比较有了较大提升，但横向与全国及其他省份相比仍差距明显，企业数量只占全国份额的 2.5％，从业人数达到 155.3 万人。但从业人数只占全国 1.6％。总产值只有全国的 1.2％，规模发展速度没有跟上全国乡镇企业扩张的速度。可见，吉林省乡镇企业在起步时期无论是企业数量、产值规模，还是从业人数都和其他地区差距明显，更远低于全国平均水平。说明吉林省乡镇企业发展规模呈现相对小、散特点，导致其吸纳农村剩余劳动力能力微弱，延缓了农民职业分化进程。

表 4-1　1985—1990 年吉林省乡镇企业数量及从业人数与全国比较情况

年份	吉林省			全国		
	企业数量/万个	从业人数/万人	总产值/亿元	企业数量/万个	从业人数/万人	总产值/亿元
1985	25.2	97.4	39.2	1 222.5	6 979.0	2 728.4
1989	47.7	162.1	126.5	1 868.6	9 366.8	7 428.3
1990	46.4	155.3	136.9	1 850.4	9 609.7	11 611.8

数据来源：《中国乡镇企业年鉴 1990》。

3. 农民收入结构发生变化，非农收入逐年增加

本时期吉林省农民收入水平大幅度提升，但家庭经营性收入仍是家庭收入主体部分，收入结构趋于多元化，获取集体收入和经济联合体收入，非农收入逐年增加，职业分化对农民收入结构变动效应初显。

这一时期吉林省农村居民收入结构逐渐发生变化，家庭经营性收入比重变化不大，农业收入仍占主体，但工资性收入比重有所增加。如表 4-2 所示，家庭经营性总收入从 1983 年 84.4% 增加到 1992 年 84.9%，未发生显著变化，说明农业实现增收的空间已经很有限。工资性收入从 1983 年的 8.2% 增加到 1992 年的 10.89%，提高了一定的比例。1992 年吉林省农村居民从第二产业获得的人均收入为 24 元，从第三产业获得收入为 133 元，和上一年相比，人均从第二、第三产业中获得的纯收入累计增加了 29 元，占增加总额的 38.3%，超过农业收入净增额，非农收入成为农村居民增加收入最主要的来源。

表 4-2　吉林省农民收入结构与全国比较

年份	吉林省			全国		
	家庭经营性收入占纯收入比重/%	农业收入占经营性收入比重/%	工资性收入占经营收入比重/%	家庭经营性收入占纯收入比重/%	农业收入占经营性收入比重/%	工资性收入占经营收入比重/%
1983	84.4	79.5	8.2	71.1	75.2	7.2
1985	84.6	78.8	9.1	74.4	48.2	18.0
1992	84.9	78.0	10.9	71.6	50.7	18.1

数据来源：根据《吉林统计年鉴》和《中国统计年鉴》整理所得。

与全国平均水平相比，这一时期吉林省农民收入结构虽然发生变化，但幅度并不明显。如表4-2所示，1992年全国农民收入结构中农业收入占总收入比重已经下降到50.7%，而吉林省仍维持在78%的水平上。吉林省农民工资性收入占总收入比重只有10.9%，而全国农民工资性收入占比平均水平已经达到18.1%。说明这期间吉林省农民仍以农业收入为主，农业收入占比始终处于高位，而工资性收入和农业收入比重是衡量一定时期农民发生职业分化重要依据，说明这一时期吉林省农民职业分化已经发生，但分化仍不剧烈，非农收入比重仍不高。

4. 非农就业结构相对固化，城镇就业岗位供给不足

非农就业结构主要指一定时期内从事第二、第三产业就业人员占社会总就业人员的比重。非农就业比重增加则反映一定时期内越来越多农民开始从农业转移出来从事非农职业，取得非农职业收入，农民职业分化加剧。

浙江省作为我国经济发达省份，也是农民职业分化较早的省份之一，与浙江省农民职业分化水平比较具有一定意义。如表4-3所示，吉林省在1982—1992年，第二、第三产业从业人员比重领先于全国平均水平，但劳动力未发生产业间的转移。这主要因为我国实行了优先发展重工业政策，吉林省作为东北老工业基地，大型国有制造企业需要大量产业工人，尤其是汽车制造业、石油化工等产业具有聚集效应，一定程度拉动第三产业发展。但由于户籍制度的限制，第一产业从业人员比重相对稳定，第一产业从业人员所占比重从48.5%下降到47.8%，10年间只下降了0.7个百分点。部分年份甚至还有增加的趋势，第三产业从业比重从21.2%增加到23.6%，10年只增加了2.4个百分点，第三产业发展缓慢，劳动力需求有限。农村劳动力未能在产业间进行自由流动，三大产业间从业人员比重变化不明显，非农就业结构相对固化，农民职业分化程度并不高。而反观同期浙江省和全国就业结构比重变化趋势都呈现出第一产业比重不断减少，第二、第三产业从业人员比重逐渐增加的趋势，尤其是全国三产从业人员比重变动较为明显，从1983年第一产业从业人员比重67.1%下降到1992年58.5%，第二产业人员比重从1983年18.7%增加到1992年21.7%，说明大量农民已经完成职业分化，且较为剧烈。而吉林省农民职业分化仍处于萌芽形成时期，大量农民滞留在第一产业中，劳动力大规模的产业间转移尚未形成。

表4-3 1983—1992年吉林省从业人员就业结构与浙江省及全国比较

年份	吉林省			浙江省			全国		
	第一产业人员比重/%	第二产业人员比重/%	第三产业人员比重/%	第一产业人员比重/%	第二产业人员比重/%	第三产业人员比重/%	第一产业人员比重/%	第二产业人员比重/%	第三产业人员比重/%
1983	48.5	30.3	21.2	—	—	—	67.1	18.7	14.2

（续）

年份	吉林省			浙江省			全国		
	第一产业人员比重/%	第二产业人员比重/%	第三产业人员比重/%	第一产业人员比重/%	第二产业人员比重/%	第三产业人员比重/%	第一产业人员比重/%	第二产业人员比重/%	第三产业人员比重/%
1984	46.2	29.9	23.9	—	—	—	68.1	19.8	12.1
1985	45.4	30.8	23.8	54.9	31.7	13.4	62.4	20.8	16.8
1986	43.8	30.6	25.6	53.4	32.1	14.5	60.9	21.9	17.2
1987	45.1	30.4	24.5	52.0	32.8	15.2	60.0	22.2	17.8
1988	46.2	29.4	24.4	51.2	32.1	16.7	59.3	22.4	18.3
1989	48.1	28.9	23.0	52.7	30.5	16.8	60.1	21.6	18.3
1990	48.3	28.6	23.1	53.2	29.8	17.0	60.1	21.4	18.5
1991	47.9	28.4	23.7	52.0	29.9	18.1	59.7	21.4	18.9
1992	47.8	28.6	23.6	52.0	29.6	18.4	58.5	21.7	19.8

数据来源：根据《吉林统计年鉴》《浙江统计年鉴》《中国统计年鉴》整理得到。

第二节　吉林省农民职业分化蓄势调整期
（1992—2002 年）

一、本时期农民职业分化过程

1992 年邓小平南方谈话进一步推动了中国的改革开放，1993 年党的十四大提出经济体制改革目标和基本原则，非公有制经济获得了宽松的发展环境，多元化的经济发展格局为农民职业分化提供了新的机遇，但农民跨区域流动的政策环境并不宽松。在《中共中央关于建立社会主义市场经济体制若干问题的决定》中提出发展乡镇企业和建设小城镇，鼓励和引导农村剩余劳动力逐步向非农产业转移和地区间有序流动。所谓有序流动在一定意义上是"限制流动"，例如当时农民外出打工要求出具当地政府签发的打工证才能购买火车票；上海、北京等大城市优先安排本市下岗职工就业，排斥外地农民工，形成就业保护主义；直到 1996 年这种限制才全面放开，农民外出限制被取消。随着中国东部沿海地区经济发展，就业机会增多，农村劳动力跨地区流动规模不断扩大。吉林省和全国一样，职业分化后的农民更多从原来在本地乡镇企业、乡村工业和其他乡村非农产业为主向省外拓展转移。"九五"期间，吉林省国有经济比重高达 80%，1996 年全省完成工业增加值达到 450.8 亿元，比上年增加10.3%，占国内生产总值的 1.8%，可见政府发展目标更多瞄准在建立现代企业制度和搞好国有大中型企业改革上，对非国有经济关注较少，乡镇企业发展萎缩导致就业容量逐年压缩，无法为农民职业分化提供更多岗位机会，导致民营经济对省内农民职业分化"拉力"不足。

1997 年中国继续深化国有企业改革，大量国有企业倒闭，1997 年国务院下发《全国企业兼并破产和职工再就业工作计划》（国发〔1997〕10 号），大批产业工人下岗。1998 年，全国国有企业在岗工人陡降至 1957 万人，吉林省作为东北老工业基地，国民经济结构仍以国有经济为主，尤其是以重工业为主，又处于工业化发展初级阶段，1997 年吉林省第二产业从业人员比前一年锐减 85.6 万人，从 1992 年到 2002 年吉林省第二产业从业人员从 352.6 万人减少到 219 万人，比重从 28.6% 减少到 18.5%。这一时期农业劳动生产率也大幅提高，吉林省农业高速增长并出现劳动力剩余，但第一产业从业人员 2002 年为 587.3 万，从业比重仍维持在 49.5%，与 1992 年第一产业从业人员 590.2 万相比，11 年间比重只下降了 2.3 个百分点。按照刘易斯二元经济理论所揭示的发展规律看，这一时期中国第一产业从业人员应持续下降，第二、第三产业从业人员比重应持续增加，但吉林省这段时期正处于国企改革的特殊时代背景下，社会经济发展受到剧烈冲击，单一产业结构无法满足多样化的就业需求，产业间劳动力流动特别少，城市极度缺少就业岗位，更难以为职业分化的农民提供更多就业机会。

这一时期吉林省乡镇企业也得到一定发展空间，到 2002 年吉林省乡镇企业总数达到 56.73 万家，其中交通运输仓储和批发零售业占比较高，分别占 11.2% 和 20.15%，共有 202.7 万从业人员，工业企业吸纳劳动力数量最多，达到 67.7 万人，其中绝大部分为农民工群体。吉林省第三产业得到一定程度发展，如表 4-4 所示，吉林省第三产业从业人员数量从 1992 年的 292.2 万增加到 2002 年 380.3 万人，比重从 23.7% 增加到 32%，增加 8.3 个百分点。人数增长一部分来源于城镇下岗职工，另一部分则来自农村劳动力，说明这一时期第三产业发展吸纳了一定数量的职业分化农民。但民营经济欠发达，整体发展水平仍低于全国平均水平，难以提供更多就业机会，对农民职业分化促进作用有限。

表 4-4　1992—2002 吉林省从业人员数量对比

年份	全部从业人员/万人	第一产业		第二产业		第三产业	
		从业人员/万人	比重/%	从业人员/万人	比重/%	从业人员/万人	比重/%
1992	1 235.0	590.2	47.8	352.6	28.5	292.2	23.7
1993	1 237.7	572.5	46.3	352.5	28.5	312.7	25.3
1994	1 250.2	570.7	45.6	343.3	27.5	336.2	26.9

（续）

年份	全部从业人员/万人	第一产业		第二产业		第三产业	
		从业人员/万人	比重/%	从业人员/万人	比重/%	从业人员/万人	比重/%
1995	1 270.7	572.1	45.0	339.2	26.7	359.4	28.3
1996	1 257.0	562.3	44.7	329.2	26.2	365.5	29.1
1997	1 237.7	551.0	44.5	315.5	25.5	371.2	30.0
1998	1 130.8	545.1	48.2	229.9	20.3	355.8	31.5
1999	1 120.0	551.1	49.2	224.0	20.0	344.9	30.8
2000	1 164.0	584.3	50.2	222.3	19.1	357.4	30.7
2001	1 158.4	585.8	50.6	216.0	18.5	356.6	30.5
2002	1 186.6	587.3	49.5	219.0	18.5	380.3	32.0

数据来源：历年《吉林统计年鉴》。

二、本时期吉林省农民职业分化基本特征

1. 农民职业分化动力增强，但分化程度不高

这一时期吉林省农民职业分化意愿增强，主要受两方面影响。一是农业劳动生产率提高使农村剩余劳动力增多问题较为突出。这一时期吉林省农业科技水平快速提升，农业机械化技术取得长足进步，技术的进步使农业生产所需劳动力总量不断降低。二是农业生产经营收入相对较高的比较优势正在逐渐缩小。这一时期吉林省农村居民收入水平出现下降，人均年纯收入从1983年418.2元全国第4名跌到2002年2 300.99元全国排名第16名。从1983年高于全国平均35%的水平下降到2002年低于全国平均8%水平。农业生产经营效益有下降趋势，根据《中国农村统计年鉴》数据计算，1992年平均每亩*粮食作物所获纯收入比1990年下降25%，百元生产费用获利减少19元。因此农民基于生计维系压力与理性选择，更愿意选择完全从事非农职业以增加家庭收入，或形成兼业经营并增加额外工资性收入，这段时期农民职业分化动力明显增强。

工资性收入水平是评价一定时期内农民职业分化程度的重要衡量要素，工资性收入比重占总收入比例越大说明职业分化程度越高。吉林省这一时期非农收入比重增幅仍不明显，如表4-5所示，从1992年到2002年，吉林省农村居民人均纯收入中工资性收入占总收入比例虽然逐年呈增加趋势，2002年达到16.5%，但从农民收入整体结构看，吉林省农民非农职业收入比重远不及

---

　　* 亩为非法定计量单位，1亩≈667米²。——编者注

农业收入，而同年浙江省农村居民人均纯收入中工资性收入占总收入比例已经达到 49.3%，吉林省农民职业分化程度仍然不高。

表 4-5　1992—2002 年吉林省农村居民人均工资性收入占纯收入比例变化

年份	纯收入/(元/人)	工资性收入/(元/人)	占比/%
1992	807.4	105.2	13.0
1993	891.6	97.1	10.9
1994	1 271.6	110.8	8.7
1995	1 609.6	165.6	10.3
1996	2 125.6	279.0	13.1
1997	2 186.3	268.0	12.3
1998	2 383.6	280.0	11.7
1999	2 260.6	283.1	12.5
2000	2 022.5	343.9	17.0
2001	2 182.2	328.5	15.1
2002	2 360.8	389.0	16.5

数据来源：《中国农村统计年鉴》。

2. 非农就业领域多元，部门间收入水平差异显著

这一时期吉林省农民职业分化扩张态势略有加强，以 2002 年为例，如图 4-3 所示，全省乡村就业人员达到 656 万人。其中，从事农林牧副渔业人员 509.1 万人，占比 78%，仍是乡村从业者的主体，但已有 22% 的农民从事非农职业，这一比例与上一阶段有明显提升，说明职业分化略有加强。尤其在非农职业选择上呈现多样性，建筑行业因其相对从业门槛低，产业对从业人员

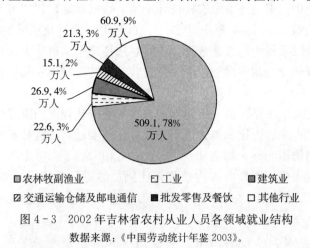

图 4-3　2002 年吉林省农村从业人员各领域就业结构

数据来源：《中国劳动统计年鉴 2003》。

需求量大，从业人数比例达到 26.9 万，占从业人数总量 4%；工业从业人数达到 22.6 万人，占比 3%；交通运输仓储及邮电通信、批发零售及餐饮行业也分别占 2% 和 3% 的比例；另外还有 9% 的农村劳动力因所从事的非农职业尚未统计在常规就业领域，但其非农职业分化已成事实，也体现出这一时期职业选择的多元化。

同时这一时期农业部门与非农业部门收入差异显著，如表 4-6 所示，从这一时期吉林省职工工资综合指标看，2002 年吉林省从事农林牧副渔业职工工资综合只有 7.2 亿元，但制造业职工工资综合达到 79.1 亿元，是农林牧副渔业的 10 倍多。建筑业职工工资综合总额达到 13.8 亿元。从职工平均工资看，制造业达到 10 195 元/年，交通运输仓储及邮电通信行业达到 10 662 元/年，社会服务业工资水平达到 10 071 元/年，从事制造业、交通运输仓储及邮电通信、社会服务等行业平均工资水平都是从事农林牧副渔业的 2 倍左右，部门之间收入水平差异进一步拉大城乡收入差距，比较利益的存在对农民职业分化形成一定激励作用，增强农民职业分化动机。

表 4-6　吉林省 2002 年分行业职工平均工资及总额工资

行业	职工工资总额/亿元	职工平均工资/(元/年)
农林牧副渔业	7.2	5 055
制造业	79.1	10 195
建筑业	13.8	7 481
交通运输仓储及邮电通信	24.1	10 662
批发零售及餐饮	12.2	5 977
社会服务业	3.4	10 071

数据来源：《中国统计年鉴 2003》。

3. 从"离土不离乡"到"离土又离乡"的有限流动

本时期吉林省逐渐形成以中部地区主要城市为中心的工业集聚区，1995 年吉林省长春市、四平市、辽源市三个城市第二产业比重总和占全省 56%，第三产业总和占 47.8%，占全省产业份额的一半左右。第二、第三产业相对分布在主要城市和交通沿线上，对当地农民的职业分化具有较强的辐射效应。

由于这一时期吉林省工业化发展带动城市化发展水平提高，同时乡镇企业改制调整，也实现向小城镇集中连片发展，使吉林省农民职业分化空间逐渐向外拓展。农村非农劳动力从原来在本地乡镇企业、乡村工业就业为主，逐渐向省内中心城市以及省外地区迁移，实现从"离土不离乡"向"离土又离乡"转变。根据 2000 年第五次人口普查资料，如图 4-4 所示，这一时期吉林省农村流动人口总数达到 355.7 万人，占当时吉林省总人口的 13.27％，与 1990 年第四次人口普查相比，农村流动人口增加 235.3 万人。其中，5 年间吉林省农村劳动力迁往外省的人数为 60.8 万人，占迁移人口总数的 17％。而山东省 1998 年农村转移劳动力数量就有 1 936.8 万人，跨省流动的农村劳动力人数达到 824.6 万人，是同期吉林省人数的 2 倍多①。可见，这一阶段吉林省农民职业分化速度虽比前一阶段有所提高，但与全国其他省份农民职业分化速度相比仍显缓慢，跨省流动规模有限。

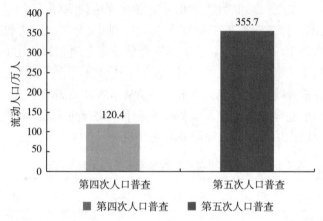

图 4 - 4   吉林省 1990—2000 年农村流动人口变化趋势

第三节   吉林省农民职业分化提速扩容期
（2002—2012 年）

一、本时期农民职业分化进程

进入 21 世纪以来，中国农村劳动力转移速度加快。2002—2012 年中国经济以年均 10.7％的速度高速增长，2011 年更是以国内生产总值超过 47 万亿跃居为世界第二大经济体，为农民职业分化提供了良好的外部经济环境。经济高速发展必然带来对劳动力的迫切需求，2003 年国务院办公厅《关于做好农民进城务工就业和管理工作的通知》指出，农民进城务工就业促进农民收入增加，促进农业和农村经济结构调整，初步取消农村劳动力进城务工就业的不合理限制，逐渐打破农民职业分化的制度壁垒。2006 年国务院办公厅出台《关于解决农民工问题的若干意见》，逐步放开对农民工子女入学限制，消除农民职业分化时家庭决策顾虑。

---

①   数据来源于《中国流动人口发展报告 1999》。

2003 年国务院提出全面振兴东北老工业基地战略，有力促进吉林省地区经济发展。国有企业改革调整基本完毕，截至 2002 年底，全省新增下岗职工只有 0.2 万人，增加了农村剩余劳动力转移的空间。2005 年以后，吉林省的县域经济进入快速发展期，2006 年吉林省民营经济也得到突飞猛进的发展，实现经济增加值占全省 GDP 的 40%，这些为吉林省农民职业分化创造了更多的本地就业机会。农业结构调整也初显成效，农业产业化经营迅速发展，农业生产率提高后释放大量农村劳动力。这一时期吉林省城市化进程也明显加快，如图 4-5 所示，从 2002 年开始，吉林省城镇化率领跑全国，这主要是源于吉林省国有经济贡献，大量国有企业在城市形成资源积聚效应。2009 年吉林省城镇化率首次突破 50% 并继续稳步提升，吉林省经济社会持续发展，农村劳动力资源得到有效配置，无论是户籍城镇化率还是常住人口城镇化率都显著提升。

图 4-5　全国城镇化水平与吉林省城镇化水平比较

数据来源：《中国 50 年统计资料汇编》。

　　吉林省农民职业分化进入大规模提速扩容阶段。吉林省农村劳动力 2004 年流出量为 60.87 万人，农村就业劳动力 670.9 万人，乡镇企业全省共有 1.4 万家，从业人员 197.9 万人[①]，均比上一阶段有显著提升。同时外出 5 个月以下短期劳务人员占转移劳动力总数的 60% 以上，可见兼业型职业分化趋势明显。根据《吉林统计年鉴》，2004 年吉林省农村劳动力为 670.94 万人，其中从事非农产业农村劳动力达到 174.25 万人。到 2009 年吉林省农村劳动力为 725.1 万人，从事非农产业的人口达到 229.3 万人，增加 32%，吉林省农民职业分化规模在这一时期逐渐扩大。

---

　　① 数据来源于《2005 年中国劳动力调研报告》。

二、本时期吉林省农民职业分化基本特征

1. 农民职业分化程度提高，分化速度加快

这一时期是吉林省第二、第三产业发展速度最快的一段时期。2012年全省第二产业总产值达到6 376.77亿元，第三产业总产值达到4 150.36亿元。以各产业增加值增量与地区生产总值增量相比计算各产业贡献率得知，这一时期第二产业和第三产业对经济拉动作用明显，第二产业和第三产业贡献率达到61.9%和32.5%。第二、第三产业飞速发展对农民职业分化具有较强的拉动作用。如图4-6所示，这一时期吉林省第一产业从业人员比例正逐渐下降，2012年降至557万人，第二、第三产业迅速发展吸纳更多农村剩余劳动力转移，2012年第二、第三产业从业人员均达到当时历史最高点，分别为515.8万人和283.1万人，第二、第三产业从业人员比重呈快速增长态势，吉林省农民职业分化规模进一步扩大，程度进一步提高，分化速度进一步加快。

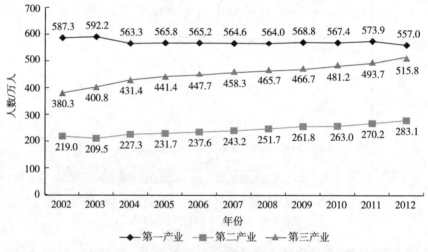

图4-6　2002—2012年吉林省三次产业从业人员变化趋势

数据来源：历年《吉林统计年鉴》。

2. 职业分化行为差异化，工资性收入增幅显著

本时期随着县域经济和民营经济的发展，农民非农就业机会增多，农民外出务工规模明显扩大。以2006年为例，吉林省农村劳动力外出数量达到84.5万，其中男性劳动力为58万人，占外出劳动力比例达到68.6%，比例远高于女性[1]，这是农民出于传统"男主外女主内"家庭劳动性别分工及产业工作性

---

[1]　数据来源于第二次全国农业普查。

质考虑，做出的理性选择。2012 年吉林省农村居民初中文化程度占比达到
55.8%，高中文化程度占比达到 6.6%，中专文化程度占比达到 1.4%，大专
及以上文化程度占比达到 1.8%。文化程度较高农民学习能力较强，能更好适
应非农产业就业需求，职业分化相对较为彻底。

　　同时，这一时期农民人均纯收入增幅较大。2000 年农村居民人均纯收入
只有 2 022.5 元/人，到 2012 年达到 8 598.2 元/人，其中，工资性收入增幅明
显，这与农民职业分化后从事非农职业收入增加密切相关。如图 4 - 7 所示，
2002 年吉林省农民工资性收入只有人均 388.99 元，占当年家庭经营纯收入比
例为 16.9%；2012 年吉林省农民工资性收入达到人均 1 792 元，占家庭经营
纯收入比例达到 31.9%，工资性收入占家庭经营纯收入的比例越来越高，也
是农民纯收入中增长速度最快的部分。随着工资性收入不断增加，农业经营性
收入逐渐降低，最终工资性收入完全替代农业经营性收入，完成从农民到产业
工人的转变。

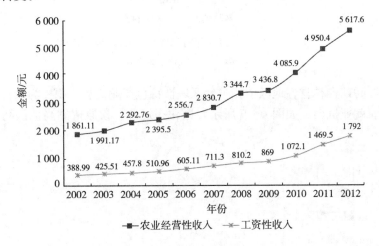

图 4 - 7　2002—2012 吉林省农村居民人均工资性收入与农业经营性收入变化情况
数据来源：历年《吉林统计年鉴》。

3. 城镇化率提高，农民职业分化呈现区域非均衡性

　　人口城市化水平在一定程度上反映农民职业分化水平。这一时期吉林省城
镇化始终处于较高发展水平上，可见这一时期吉林省农民职业分化较为活跃。
如图 4 - 8 所示：一方面吉林省城镇化率逐年提高，2000 年吉林省城镇人口为
1 331.8 万人，城镇化率为 49.66%，从 2009 年开始，吉林省城镇化率首次突
破 50% 并逐年提升；另一方面乡村人口比例也在不断减少，2000 年乡村人口
1 349.9 万人，占总人口比重 50.34%，到 2005 年乡村人口比重首次下降到 50%
以下，达到 47.48%，之后乡村人口比重持续下降，2012 年为 1 273.44 万，占

农民职业分化及其效应研究

总人口比重为 46.3%。同时，这一时期吉林省内各市州经济发展水平及产业结构存在差异，在一定程度上也决定了农民职业分化呈现区域的非均衡性特征。

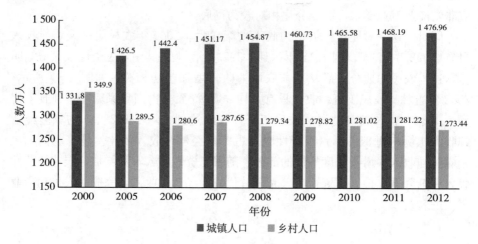

图 4 - 8 2000—2012 年吉林省城镇人口分布情况

数据来源：《吉林统计年鉴 2013》。

这一时期吉林省各地区依托当地区域性特色产业优势，积极为农村劳动力提供非农就业机会。如图 4 - 9 所示，通化、辽源、松原依靠当地医药、纺织

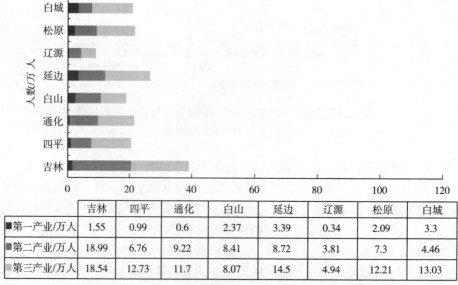

	吉林	四平	通化	白山	延边	辽源	松原	白城
■第一产业/万人	1.55	0.99	0.6	2.37	3.39	0.34	2.09	3.3
■第二产业/万人	18.99	6.76	9.22	8.41	8.72	3.81	7.3	4.46
▢第三产业/万人	18.54	12.73	11.7	8.07	14.5	4.94	12.21	13.03

图 4 - 9 2012 年吉林省代表性城市各产业结构从业人员分布

数据来源：《吉林统计年鉴 2013》。

62

等特色产业经济发展，第二、第三产业发展迅速，吸纳农村剩余劳动力速度较快，第一产业从业人员比重迅速下降，只有 0.34 万、0.6 万、2.09 万人。白城作为吉林省西部地区代表，是全省重要杂粮杂豆生产基地，农业比重大，但干旱自然条件影响农业发展，越来越多农民转移到第三产业发展当中，第三产业从业人数达到 13.03 万人，比重达到 62.7%。而延边、白山地处吉林省东部，土地肥沃，尤其这一时期长白山物产资源得到有效开发，从事农业生产人数较中西部地区高，职业分化呈现区域性发展态势。而长春市作为省会城市，第一产业从业人数比例只有 1.1%，第二产业从业人员比重为 39.6%，第三产业从业人员比重达到 59.2%，第二、第三产业发展优势明显，相对其他地区能提供更多的非农就业岗位，农民职业分化后具有更多就业选择。城市对农村劳动力吸纳能力更强，农民职业分化也最为显著。

第四节　吉林省农民职业分化纵深发展期
（2012 年至今）

一、本时期农民职业分化过程

这一时期吉林省农民职业分化持续向纵深发展。吉林省农村虽然具有人均耕地资源多于全国多数省份的优势，但并未摆脱人多地少的资源困境，单纯依靠种粮增加农民收入的空间有限，加速职业分化是农民增加收入的必由途径。国家新一轮东北老工业基地振兴和中部崛起战略的实施，为农民职业分化创造了良好外部条件。这一时期吉林省农民工资性收入增速较快，"十二五"时期年均增长 14%。吉林省政府财政每年投入 5 000 万元用于开展农民劳动技能培训，职业分化程度进一步提升。这一时期农民返乡回流比例持续增加，这些农民带资返乡开展个体经营活动对农民职业分化起到一定促进作用。吉林省人力资源和社会保障厅 2020 年发布数据，截止到 2019 年 7 月，全省农民工返乡开展经营活动人数累计达到 9.54 万人，占农民工总数 4.4%，由返乡农民创办的各类经济实体 5.63 万个，直接带动农民就业达到 40 多万人，有效推动了吉林省农民职业分化持续深入。这一时期，吉林省第三产业增加值从 2012 年 4 167.24 亿元增加到 2019 年 6 304.68 亿元，尤其是房地产业增加值增速明显，从 2012 年 447.08 亿元增加到 2019 年 778.83 亿元。第三产业飞速发展为这一时期农民职业分化提供良好经济环境。"十三五"时期吉林省农民分化已经进入一个新的阶段，2018 年，吉林省实现农村劳动力转移 383.13 万人，实现就业工资性总收入 255.59 亿元，尤其乡村振兴战略全面实施后，农村劳动力转移加快，吉林省农民职业分化进入持续稳定发展时期。

二、本时期吉林省农民职业分化基本特征

1. 非农就业结构不断优化，收入结构变化显著

这一时期，吉林省出台一系列相关政策措施保障外出务工农民权益，随着相关政策逐步落实，无论是职业分化农民数量，还是职业分化的速度都呈现明显增强态势。如图 4-10 所示，2019 年吉林省第一产业从业人员下降到 466.2 万人，从 2013 年到 2019 年下降速度较为明显，但由于这一时期产业资本开始向非制造业领域转移，加上第二产业转型升级步伐加快，吉林省第二产业吸纳农村剩余劳动力能力有所减弱，更多职业分化农民选择在第三产业就业。2019 年末吉林省第三产业从业人员达到 687.9 万，农村劳动力就业结构得到不断优化。2019 年吉林省农民工总量达到 225.8 万人，2016 年至 2019 年总量上实现四连增。

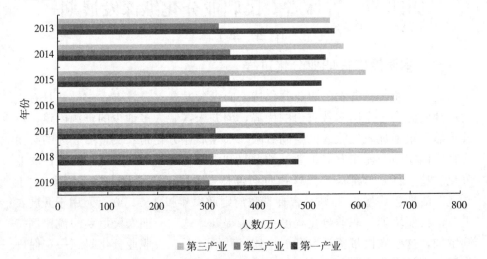

图 4-10 吉林省 2013—2019 年三产从业人员分布

数据来源：《吉林统计年鉴 2020》。

这一时期吉林省农民工资性收入增速较快，部分年份农民工资性收入增速高于人均可支配收入增速。如表 4-7 所示，2015—2019 年，农民工资性收入占人均可支配收入比重呈快速增长趋势，从 2014 年只有 9.8％，到 2019 年达到 26.8％，5 年增长了 1.7 倍。说明这一时期农民职业分化加剧，职业分化对农民增收效应明显。

2. 分化农民呈年轻化趋势，人力资本水平提升

这一时期新生代农民分化比例上升，甚至很多新生代农民本身就出生在城市，并没有务农经验，同土地与乡村生活联系弱化，尤其面对从事非农与农业

之间巨大收入比较利益差距，使其职业分化意愿更为强烈。特别是这一时期吉林省政府投入大量财政经费开展农民职业素质提升工程，使农民人力资本水平得到整体提高，促进新生代农民职业分化加速。

表4-7　吉林省农民工资性收入与人均可支配收入对比

年份	人均可支配收入/元	工资性收入/元	工资性收入占比/%
2013	9 621.21	1 813.23	18.8
2014	19 780.12	1 937.65	9.8
2015	11 326.17	2 097.32	18.5
2016	12 122.94	2 363.14	19.5
2017	12 950.44	3 018.33	23.3
2018	13 748.17	3 521.49	25.6
2019	14 936.05	3 933.16	26.3

数据来源：2014—2020年《吉林统计年鉴》。

2020年吉林省农民工总量218万人，如表4-8所示，其中文化程度为初中的占比达到50.3%，高中文化程度13.3%，大专及以上达到13.2%。高学历农民更倾向于"离乡离家"就业，而低学历农民更多在本地开展非农就业。同时，从平均年龄分布看，2020年吉林省外出务工农民平均年龄为39.4岁，40岁以下所占比重为51.9%。农民职业分化年轻化趋势非常明显，众多新生代农民凭借其较高文化程度和学习能力，具有更强的城市融入能力，更容易在城市找到非农工作。

表4-8　吉林省农民工文化程度分布（%）

文化程度	2020年	2019年
未上学	0.7	0.8
小学	22.5	22.3
初中	50.3	51.7
高中	13.3	12.8
大专及以上	13.2	12.4

数据来源：《2020年吉林省农民工监测报告》。

3. 分化农民流动范围扩大，但新冠疫情导致"返乡潮"

这一时期农民职业分化流动范围扩大，流向外省比例也有所提高。过去一段时期内吉林省农民更多依靠丰裕土地资源获得生计收入，不会轻易放弃农业，尤其一些兼业型农民更要考虑农业生产季节性因素和外出务工成本问题，较少选择背井离乡跨地域流动。而这一时期农民职业分化条件更为成熟，一方面，地区经济发展带来更强的吸引力，交通便利性降低农民职业分化的流动成本，使农民前往更远、更发达地区成为可能，扩大了农民职业分化流动的空间半径；另一方面，土地流转机制更为健全，部分农户保留土地承包权基础上，通过土地流转和托管，解决农民土地经营效率低下甚至弃耕的问题，使农民实现"离土离乡留权"，朝着专业型农民职业分化趋势发展。

如图 4-11 所示，这一时期吉林省农民工以外出农民工①为主，2015—2019 年外出农民工数量始终高于本地农民工数量，2019 年达到 166.1 万人，本地农民工人数为 59.7 万。但由于 2020 年国内突发新冠疫情，人员流动和出行受限等因素导致服务行业需求下滑，全球疫情又对出口加工业产生负面影响，农民工就业稳定性进一步恶化。受疫情影响较大的第二、第三产业又是农民工就业的主要领域，因此受疫情防控常态化影响，吉林省部分农民返乡，形成一定程度"返乡潮"。外出农民工数量也呈现断崖式下跌，2020 年吉林省外出农民工只有 52 万人，与上一年相比减少将近 2/3，出国打工人数更是明显减少，而更多农民选择就近就地从事非农职业，本地农民工达到 107.6 万人，与上一年比增加近一倍，本地农民工数量历史上首次超过外出农民工数量。

图 4-11 2015—2020 吉林省农民工数量及流动趋势
数据来源：2015—2020 年《吉林省农民工监测报告》。

本章小结

本章主要回顾了吉林省农民职业分化演进历程。从发展进程看，其发端于

---

① 外出农民工指在户籍所在地城镇范围外非农就业的农民。

1982年家庭联产承包责任制确立之后，发展于90年代，兴盛于21世纪初。按阶段特征与跨越因素变化划分为1982—1992年萌芽酝酿期、1992—2002年蓄势调整期、2002—2012年提速扩容期、2012至今纵深发展期。基本每10年作为一个发展阶段，本章分别对各时期吉林省农民职业分化过程进行了梳理，并对各阶段农民职业分化体现的特征进行了总结。吉林省农民职业分化演进历程与全国相比体现出一定的异质性。具体体现在以下几个方面。

第一，吉林省农民职业分化发端滞后于全国，发展缓慢。一是源于家庭联产承包责任制在吉林省推行迟滞。直到1983年才在吉林省全面推广，推行时间晚于全国其他地区。根据《中国农村统计年鉴》数据，1983年吉林全省推行生产队队数为6.8万队，实行户数是289.5万户，而同年四川省61.5万生产队已经实行，共有2 027.7万户实行家庭联产承包责任制。制度的约束必然会导致农村剩余劳动力释放的滞后，对农民职业分化速度造成一定影响。二是资源的二重性影响。吉林省得天独厚自然资源条件，人均耕地面积大于土地资源匮乏省份，使得农民在农业生产上的收入较稳定可观，生活安稳和收入满足导致大量农民滞留在农业，缺少职业分化动力，农民职业分化发展缓慢，这也是农民的理性选择，只有当农民的生存压力较大时，才会激发其向农业以外谋生的动机。

第二，吉林省农民职业分化程度远低于全国水平，职业分化对非农收入贡献率有限。无论是分化的深度，还是分化的广度，吉林省农民职业分化水平都低于全国平均水平，分化后从事非农职业所取得工资性收入对总收入提升的贡献率有限。究其原因，一方面吉林省乡镇企业发展起步较晚，对农民职业分化带动作用有限，而中国东部沿海地区乡镇企业发展早，甚至形成"村村点火、户户冒烟"的格局，农村工业化发展使东部地区农户较早实现"离土不离乡"的非农就业格局。另一方面吉林省产业结构失衡，第一产业比重偏大，农业生产与劳动力发展不同步；第二产业比重也偏高，受国有经济结构转型升级影响，吸纳劳动力能力逐步下降；而第三产业发展相对滞后，没能充分发挥吸纳农村剩余劳动力的拉动效应。

第三，吉林省农民职业分化潜力与全国水平相比发展空间巨大，兼业型职业分化与专业型职业分化趋势明显。一方面，与全国农民职业分化水平比较，吉林省农民职业分化发展仍不均衡，农业劳动力内卷现象仍很突出，农村剩余劳动力存量仍较多，农民职业分化仍有很大空间。但吉林省农民流动范围有限，流动半径小，多因兼顾农业生产和照顾家庭，因此兼业型职业分化较为普遍。另一方面，吉林省作为粮食主产区，年均农作物播种面积及粮食播种面积逐年扩大，农业生产基础好，尤其近些年随着吉林省农民文化素养及农业经营能力提升，部分农户积极开展土地转入，具有一定农业生产比较优势，并持续进行农业要素投入，形成了以家庭农场主、种植大户等高素质农民为主体的专业型职业农民分化，截至 2020 年末，吉林省家庭农场数量达到 14.6 万个，家庭农场虽然仍从事农业生产活动，但已区别于传统意义上的农民，这一分化形式在全国具有一定代表性。

第五章　农民职业分化的测度与现状分析

对于农民职业分化的程度，学者们利用各种指标进行测量和分析，包括非农就业人口数量、户主的职业性质、非农收入状况等。农民职业分化主要表现为农村人口的不同就业形式，在经济发展的不同阶段，人们对生活的追求不同与社会经济环境不同，因此会寻求不同的就业形式来获取更高的收入水平。因此，研究农民职业分化的测度需要结合社会经济发展背景。

第一节　农民职业分化的测度

中国关于农民职业分化的研究是在改革开放的背景下发展而来的，农民职业分化主要表现为以下两种类型：一种是根据农户家庭成员的职业分化类型进行分类，包括自耕农户、兼业农户和城镇农户等，主要是按照兼业程度的不同进行划分；第二种主要根据家庭土地经营规模的大小不同进行划分，由于农户拥有不同的土地经营规模，土地规模经营差异形成了农民职业分化特征。社会学在研究农民职业分化时，认为农民职业分化是在一定的社会系统结构中将原来进行单一农业生产活动、承担单一农业功能行为的社会地位特征演化成为具有多种不同社会分工地位的过程。近年来，随着经济发展水平的不断提升，农民的职业类型更加多样化，学术界对农民职业分化的关注程度不断提升，主要形成两个方面的研究重点：第一种是将社会转型作为研究基础，由于改革开放前后数据样本存在较大的跨度，社会生产方式发生巨大转变，因此将改革开放时期的数据样本作为研究对象，并不能真实反映社会发展的真实状况，不能直观地反映新型城镇化建设过程中农民职业分化表现出的特征。第二种将农民职业分化分为农民身份分化和经济分化两种类别。从现有研究中可以看出，大多数学者在对农民职业分化进行研究过程中，将农户与单个农民等同化，得到的农户决策模型以"家长"的形式存在，将家庭整体的目标作为每个家庭成员需要考虑的方向，基于此种假设，要求每一个家庭成员都要把纯粹的利他主义作为行为准则，这种评价方法明显存在模糊现象，并不能准确反映家庭中每一位成员的决策行为。即使在同一家庭中，每个人的效用函数存在差异，每个家庭成员的效用函数对农户家庭的整体生产决策同样产生重要影响。

中国关于农民职业分化的研究中，陆学艺等（1990）的研究具有代表性地将农民职业分化分为8种类型，成为学术界研究农民职业分化的主流。陈胜祥（2013）在陆学艺等的研究基础上进行了修正，将农民职业分化分为雇工、农业劳动者、农民技术工、个体工商户、农村知识分子、农村管理者、企业管理者、私营企业主8种类型。张光宏等（2018）将农村人口以户为对象进行划分，不仅考虑个人情况和特征，还将农民家庭的整体人口情况作为研究对象，采用分层测量的方法对农民职业分化展开研究，最终从农民职业分化的角度将农民分为纯农业劳动者、农民工、农民技术工、个体工商户、农村知识分子、农村管理者、企业管理者、私营企业主8种职业类型。陈中伟（2020）从农民职业分化的广度和深度两方面展开研究，将农村劳动力在从事非农就业的数量作为衡量农民职业分化广度的指标，将农村劳动力从事非农就业的专业化程度和时间长短、农村家庭居民非农收入占比作为衡量农业职业分化深度的指标。

农民职业分化是农民为实现自身效用最大化作出理性决策行为的过程。关于农民行为的研究主要集中在两种观点上。一种是以恰亚诺夫（Chayanov）为代表的组织生产学派。该学派认为，在商品化社会，农户决策行为与企业行为截然不同，农户生产行为是依靠自身劳动力或家庭内部劳动力，而非雇佣外部劳动力，并且农户生产的产品主要满足自身消费而非追求市场利润最大化，农户选择的是满足其消费需求和劳动辛苦之间的平衡，而不是成本和利润之间的平衡。另一种是以舒尔茨为代表的农户理性行为学派。该学派认为，农民作为理性经济人，和企业行为一样都是根据市场和资源追求利润最大化。农户缺乏进取心和努力是因为传统农业投资边际收益递减，很少有现代生产要素投入农业，农业生产增加都来自农业劳动力和传统要素增加。

由于本书研究方向为农民职业分化及其效应的影响，针对全国农民职业分化测度，本书首先考虑采用陆学艺（2010）对农民职业分化的测度分析方法，将农户的职业分化分成5类：农业劳动者、农业雇工、办事人员、城镇务工、个体私营。从CFPS数据库中选取2010—2016年家庭样本，首先筛选出农户，根据农户的不同从业形式进行分类，其中，农业劳动者为从事农业生产活动的人员；农业雇工表示通过农业打工的形式获取工资性收入，为别人打工干农活是其主要工作职能；办事人员为乡镇机关、公共单位的农民，此类农民拥有一定的农地；城镇务工为选择在城镇进行务工的农民；个体私营为个体商业户，在农村地区从事个体经营活动（表5-1）。

表 5-1　农民职业分化测度结果

类型	数量/人	特点
农业劳动者	7 164	专门从事农业生产活动，农业生产是其主要经济来源
农业雇工	12	通过农业打工的形式获取工资性收入，为别人打工干农活是其主要工作职能
办事人员	680	拥有土地，同时有自己的职业，表现出一定的兼业形式
城镇务工	108	主要经济来源为城镇务工，对土地的依赖程度低
个体私营	492	个体经营能够获得较高的收入，多数个体经营者会选择放弃土地或者将土地转出

第二节　调查样本描述性统计分析

吉林省作为中国东北老工业基地，背负着计划经济时代留下的诸多负面遗产，工业化进程步履蹒跚。同时，吉林省也是全国重要的粮食生产基地，在保障国家粮食安全方面承担着重任，农业在国民经济中占有相对较高的比重。吉林省地处中国东北地区中部，下辖长春市、吉林市、四平市、通化市、白山市、辽源市、白城市、松原市、延边州9个市州。东北老工业基地振兴战略实施以来，随着社会发展和经济结构发生变化，吉林省农民职业分化态势明显，并呈现出区域性特征。本章主要对吉林省农民职业分化规模、分化产业分布、分化空间分布、分化基本类型进行梳理分析，并结合吉林省普查统计数据及农民抽样调查数据，揭示农民职业分化的基本特征及存在问题。

本研究通过实地调研和考察，分析调查数据，研究样本农民基本情况及职业分化程度，以求找出其规律特征及存在问题。

一、调查区域选择及信度效度检验

1949年以来吉林省就一直是中国重要的工业生产基地，由于计划经济主导下形成的体制问题，重工业比重大，轻工业不足。2019年末地区生产总值为 11 726.82 万亿元，2001—2019 年地区生产总值平均增速为 8.2%。全省规模以上工业企业 3 042 家，全年利润总额为 743.99 亿元。由于东北历史上的工业基础及东北工业基地的背景，吉林省在改革开放前就具有较高的城镇化率，1978 年城镇化率 30.7%，远高于全国平均水平。这主要是国有企业和计划经济共同作用的结果，但 40 余年城镇化进程增速并不理想。截止到 2019 年吉林省共有 9 个市（州），60 个县（市、区），608 个乡镇、329 个街道。以长春市、吉林市为代表的特大城市 2 个，城镇化率达到 49.2%。根据第七次全国人口普查数据，吉林省常住人口 2 407 万，属于人口净流出省份。

吉林省地处连通东北三省的交通要道，自然资源丰富，地势平坦，土地肥沃，拥有世界著名的"黑土带"。吉林省土地总面积 18.74 万千米²，约占全国土地总面积的 2%，其中平原占全省总面积 30%。吉林省一直肩负维护国家粮食安全的重任。耕地 553.78 万公顷，占总面积的 28.98%，全省人均耕地面积是全国平均水平的 3 倍多。东部山区以林业为主，山区、半山区、水田较多，主要分布在江河两岸灌区；中部平原地区是商品粮主要基地，如梨树县、公主岭市、四平市、松原市、榆树市、伊通满族自治县等；西部是沙丘覆盖的冲积平原区。由于自然环境区域性差异，吉林省耕地分布存在空间差异性，耕地质量和利用水平也存在明显区别。吉林省土地利用类型多样化程度较高，农业用地所占比重较大，但分布相对不均衡，呈"东林西草"分布格局，即东部以林地为主，西部以草地为主，只有中部平原地区适宜大面积种植粮食作物。因此，选取样本范围充分考虑吉林省土地资源的分布特点及行政区位划分，以最大程度体现样本分布均衡性及代表性。

本研究于 2019 年 5 月至 2021 年 12 月，历时两年半时间完成研究的基础数据库构建。共分为 3 个时间段开展了农户及进城务工人员调查。调查覆盖吉林省 9 个行政市，涉及县级以上行政地区 18 个，从地域分布上覆盖吉林省东、中、西三个地区，在地貌特征上包括平原、丘陵和山地地区。共发放调查问卷 1 289 份，按照国家对就业年龄规定，去除掉 16 岁以下问卷 15 份，同时剔除存在缺失关键信息的问卷 194 份，共收集有效问卷 1 080 份，问卷有效率为 83.8%。

本书对调研数据进行了信度和效度检验。其中信度检验采用克朗巴哈 α 系数（Cronbach's α）[1] 作为检验标准，来观察问卷项目内部一致性，也是目前最常用的信度分析法。运用 SPSS 20.0 计算样本问卷数据克朗巴哈 α 系数为 0.863 超过 0.8，总体问卷设计内在信度是较高的。问卷中各个测量变量的共同度[2]都在 0.7 以上，都达到了标准，表明研究数据具有良好的结构效度水平。

本书在抽样时主要考虑以下三个因素：一是行政区域因素，考虑各地区经济社会发展差异，对全省行政区域进行覆盖，使样本更具有代表性；二是自然资源条件和农业机械化程度，吉林省资源分布差异明显，山地、丘陵、平原、台地分布不均衡，而土地资源是重要农业生产要素，农业机械化程度会对农民职业分化决策产生一定影响；三是根据分析目的确定具有农业经营种植大户和

---

① 通常 Cronbach's α 系数的值在 0 和 1 之间。
② 共同度反映由公因子解释原变量的有效程度。

进城务工人员特征的样本，这部分样本主要通过滚雪球抽样方式获取，而部分流动务工农民样本由其所在户籍地留守家庭成员填写完成并进行电话核实，若单个农户家庭有多人进行职业分化，调查中视为多个样本。

本次调查采用整群抽样和分层抽样方法进行，选定行政区域内的调查范围后，随机抽样 1～3 个乡镇，再选择 2～4 个自然村进行调查，以"计划生育信息登记表"和"外出务工人员信息登记表"作为抽样框，采取入户调查方式。对样本整理后得到有效样本分布情况为：东部地区 291 个，占样本比例 26.9％；中部地区 532 个，占样本比例 49.3％；西部地区 462 个，占样本比例 42.8％。调查区域经济社会发展情况如表 5-2 所示。

表 5-2　样本调查区域经济社会发展情况

调查区域	涉及行政区域	涉及地区	地区机耕面积/万公顷	农村居民人均收入/元
东部地区	通化	通化县、梅河口	19.89	14 523
	延边	珲春、延吉	30.45	13 585
	白山	白山、长白	3.96	12 993
中部地区	长春	长春、九台、榆树	119.03	16 636
	吉林	吉林、永吉	66.38	16 035
	辽源	辽源、东丰	23.54	15 552
西部地区	白城	白城、洮南	65.28	12 205
	松原	松原	98.93	13 766
	四平	四平、公主岭	32.04	15 890

数据来源：《吉林统计年鉴 2021》。

表 5-3 反映调查区域样本分布情况，主要利用大学生暑期社会实践组织 6 个调查队共百余人次，分三个集中时间段奔赴吉林省农村地区，以求所选样本能较好反映吉林省各地经济发展水平及农民职业分化现状。

表 5-3　调查区域样本分布数量情况

	调查区域	调查时间区间	样本分布数量/个	占比/%
通化	通化县、梅河口	2019 年 5—7 月	153	14.2
延边	珲春、延吉	2019 年 5—7 月	85	7.9
白山	白山、长白	2019 年 6—7 月	44	4.1
长春	长春、九台、榆树	2020 年 7—9 月	185	17.1
吉林	吉林、永吉	2020 年 7—9 月	125	11.6

(续)

调查区域		调查时间区间	样本分布数量/个	占比/%
辽源	辽源、东丰	2020 年 7—9 月	122	11.3
白城	白城、洮南	2021 年 7—8 月	97	9.0
松原	松原	2021 年 7—8 月	99	9.2
四平	四平、公主岭	2021 年 7—8 月	170	15.7
合计			1 080	100

二、样本农民基本情况

如表 5-4 所示,在样本农民分布中,男性样本 569 人,占样本总数比例为 52.7%,女性样本 511 人,占样本总数比例为 47.3%,男性比例略高于女性。样本年龄分布偏大,受访者平均年龄为 54 岁,其中年龄最大为 75 岁,年龄最小 18 岁。20 岁及以下年龄段人数 43 人,占样本总数 4%,绝大部分年龄分布在 41～50 岁,有 331 人,占比 30.6%。样本文化程度偏低,主要分布在小学和初中,其中小学文化程度为 515 人,占样本 47.7%;初中文化程度 382 人,占样本 45.4%。受访者家庭年收入主要为 3 万～4 万元,共有 287 个样本,所占比例 26.6%。以上基本情况分布与吉林省农民整体特征基本一致,样本代表性较强。

表 5-4 样本农民基本情况分布

项目	类别	样本数/个	比重/%
性别	男性	569	52.7
	女性	511	47.3
年龄	20 岁及以下	43	4.0
	21～30 岁	158	14.6
	31～40 岁	181	16.8
	41～50 岁	331	30.6
	51 岁及以上	367	34.0
文化程度	未上小学	17	1.6
	小学	515	47.7
	初中	382	35.4
	高中或中专	119	11.0
	大专及以上	47	4.4

（续）

项目	类别	样本数/个	比重/%
家庭平均年收入	1 万元以下	23	2.1
	1 万～2 万元	177	16.4
	2 万～3 万元	215	19.9
	3 万～4 万元	287	26.6
	4 万～5 万元	245	22.7
	5 万元以上	133	12.3

三、样本农民职业分化程度

根据前文对农民职业分化内涵解析及农民职业分化类型的概念框架，本书将农民职业分化程度分为未分化、部分分化、完全分化三种情况。农民未发生职业分化的依据为：分化意愿不强烈，仍从事传统农业生产经营活动，不存在兼业行为，且未发生土地转入或转出，年收入全部由农业经营获得；部分分化依据为具有分化意愿，既从事农业生产活动，又从事非农生产活动，未完全与土地生产活动分离，年收入由农业收入和非农收入累积所得；完全发生职业分化依据为：分化意愿强烈，存在非农生产活动并取得非农收入，已经完全脱离与土地相关生产活动。调查样本未发生、部分发生或已发生职业分化，等同于该农户也发生相应情况。

如表 5-5 所示，吉林省农民职业分化程度地区差异明显。总样本数为 1 080 个，其中：尚未分化为 558 个，占 51.7%；部分分化为 296 个，占 27.4%；完全分化为 226 个，占 20.9%。尚未分化比例占样本总数比例较高，同时部分分化占已分化的比例较高，也基本符合吉林省农民整体职业分化情况。

表 5-5　样本农民职业分化情况

单位：个

调查区域		样本分布数量	未分化	部分分化（兼业型分化）	完全分化（专业型分化）
通化市	通化县、梅河口	153	91	58	4
延边州	珲春、延吉	85	42	28	15
白山市	白山、长白	44	25	19	0
长春市	长春、九台、榆树	185	76	65	44
吉林市	吉林、永吉	125	88	37	0
辽源市	辽源、东丰	122	52	35	35
白城市	白城、洮南	97	28	18	51

（续）

调查区域		样本分布数量	未分化	部分分化 （兼业型分化）	完全分化 （专业型分化）
松原市	松原	99	37	18	44
四平市	四平、公主岭	170	119	18	33
	合　计	1 080	558	296	226

由于各区域自然资源与社会经济发展水平差异，农民职业分化程度表现出一定差异性，形成一定的圈层格局，中心城市对分化农民接收能力强于外围市县。在一些工业较为发达、城市发展较快地区，如长春、吉林地区农民职业分化比例较高，在一些工业化和城市化进程较慢地区农民职业分化程度也较低。其中白城地区完全分化人数最多，白山和吉林地区完全分化农民比例为零。绝大部分地区农民仍以部分分化为主，部分分化样本数量占分化样本数量比重为56.7%。

第三节　吉林省农民职业分化的现状

截止到 2019 年年底，吉林省总人口为 2 601.7 万人，从 1978 年有统计记录以来，总量增长了 452.4 万人，增量不大，增速趋缓。如图 5-1 所示，人口总量高峰发生在 2000—2010 年，2010 年总人口为 2 746.2 万人，之后人口规模逐年递减，人口流失加剧。根据第六、七次全国人口普查统计，如表 5-6 所示，吉林省人口流失率位列全国第二，净流失人口 338 万，流失率为 13%，是全国人口流失较为严重省份之一。

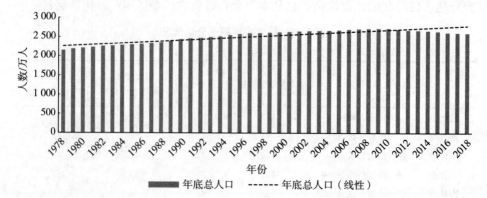

图 5-1　吉林省历年人口变化趋势

数据来源：《吉林统计年鉴 2020》。

表 5-6　吉林省人口流失情况统计

项目	2010 年第六次人口普查/万人	2020 年第七次人口普查/万人	人口净流失/万人	人口流失率/%
人口	2 746.2	2 407.3	338	13

　　吉林省各主要城市人口分布不均衡，中心城市人口集中趋势明显，其中长春市人口达到 753.8 万人，吉林市人口 411.61 万人，两座城市人口总和占全省总人口 44.8%，几乎占全省人口一半。人口总数超过 200 万的地区还有四平、通化、松原、延边州。

　　根据《吉林统计年鉴》统计，如图 5-2 所示，1978 年吉林省总人口数量为 2 140 万，2000 年吉林省总人口 2 681.7 万人，2019 年末全省总人口 2 690.73 万人。吉林省人口比重增长主要在城镇。城镇人口从 2000 年的 1 331.8 万人增加到 2019 年 1 567.93 万，年均增长 23.6 万人。但是从劳动力城乡分布看，2019 年吉林省乡村人口 1 122.80 万人，仍占总人口的 41.73%，20 年间乡村人口降低 8.6 个百分点，说明吉林省整体农业人口比重仍较高，吉林省劳动力分布主要集中于农村地区，农民职业分化仍有较大空间。

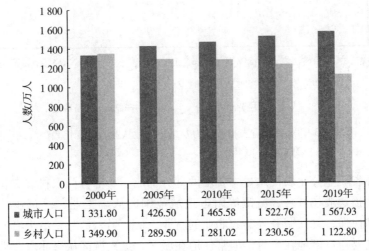

图 5-2　吉林省人口城乡分布

一、吉林省农民职业分化规模分析

　　改革开放 40 多年来，中国产业结构发生了巨大变化，第二、第三产业已经占据国民经济的主体地位，为农民职业分化创造了巨大空间。从全国范围看，农民职业分化程度和规模愈益拓展，从原来单一从事农业向从事多种非农职业转移，就业分布于第二、第三产业的不同领域和方向。如图 5-3 所示，从吉林省 1978—2019 年农村劳动力变化和第一产业从业人员数量变化趋势看，20 世纪 80 年代吉林省农村劳动力数量和第一产业从业人员数量基本一致，说明当时绝大多数吉林省农民仍以农业为主，从事非农产业农民人数极少，农民职业状态稳定在农业上，同质性强。从 90 年代开始吉林省农村劳动力就业人数始终大于第一产业从业人数，意味着这一时期农民已经逐渐脱离农业，部分农民开始从事非农产业。2000 年以后这一差距逐渐扩大，虽然农村劳动力人口逐渐增加，但从事第一产业人数逐渐下降，2010—2019 年这一差距逐渐拉大，说明越来越多乡村劳动力从事第二、第三产业。2019 年吉林省农村劳动力 715.17 万人，从事第一产业人员数量 466.2 万人，说明这一时期从事非农就业农民数量还在持续增加。

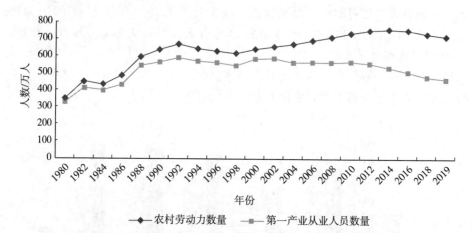

图 5-3　吉林省农村劳动力及第一产业从业人员变化趋势

数据来源：《吉林统计年鉴》《中国农村统计年鉴》。

吉林省职业分化农民总量主要由两部分构成，一部分为农村非农就业劳动力，主要指一般在城乡、城镇等附近地域范围内从事工业、建筑业、交通运输、仓储快递、餐饮服务等非农职业的就业人员；另一部分是由进城务工人员构成，主要指户籍地在乡村，但常住地在城区，进入城区从事非农劳动时间每年 6 个月以上。为便于统计，从业领域通常按照《国民经济行业分类》（GB/4754—2017）和《三次产业划分规定》划分。如图 5-4 所示，2020 年吉林省农民工总量为 159.6 万人，受 2020 年新冠疫情影响，总量比 2019 年减少66.2 万人。但近些年吉林省进城务工人员数量总体上仍呈增长趋势，2015—2019 年总量分布逐年上涨，2019 年达到历史最高的 225.8 万人。说明吉林省农民职业分化仍很活跃，农民职业分化规模正在逐步扩大。

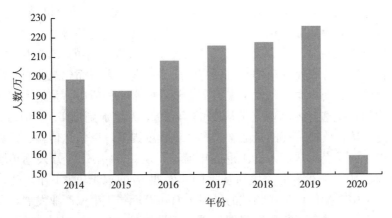

图 5 - 4　吉林省 2014—2020 年进城务工人员总量变化

数据来源：《吉林省农民工监测报告》。

二、吉林省农民职业分化产业分布

1978 年，中国有 82.1% 的人口居住在乡村，全国就业人口中有 70.5% 从事第一产业，而第二产业从业人员占 17.3%，第三产业从业人员仅占 12.2%，就业结构极不协调，大量劳动力配置在第一产业部门造成劳动力资源极大浪费。在传统农业社会，农民固守在农村，依靠农业谋生，农业在国民经济结构中占有重要地位，农业对经济增长贡献主要以扩大耕种面积和增加要素投入来实现。但是随着现代化社会发展，相对于工业和服务业，农业生产效益有限，比较优势不明显，迫切需要调整经济产业结构，促进就业结构优化，从而加速和推动农民职业分化的进程，使大量农村劳动力向制造业、服务业为代表的第二、第三产业转移，发挥劳动力要素在三次产业间资源再配置效应。这主要是因为：一方面，第二、第三产业生产率远远高于第一产业，农民职业分化后进入第二、第三产业可以提高全社会劳动生产率；另一方面，根据美国经济学家阿罗"干中学"模型理论，从事生产的人获得知识的过程内生于模型，在生产过程中能够引起劳动生产率的提高和技术外溢。分化农民在从事制造业和服务业过程中体现了"干中学"效应，加强农民技能提升，有利于提高农民自身人力资本积累，实现农民从"体能"到"技能"再到"智能"的转变，为选择收入更高的非农就业岗位奠定基础。

从表 5 - 7 反映的吉林省 2003—2010 年农民就业结构分布情况看，首先，吉林省农村劳动力逐年递增，8 年间净增长了 64.8 万人，农村劳动力转移规模扩大趋势明显。其次，农林牧副渔业从业人数占乡村劳动力比重始终处于较高水平，这也体现了吉林省以农业为主的劳动力分布特征，2010 年吉林省第一产业从业人数占乡村劳动力比例为 68.4%，大量农村劳动力仍滞留于农业。最后，吉林省农民职业分化后就业领域呈现出多元化发展趋势。其中，工业领域就业比重增长明显，从 2003 年 25.2 万人增长到 2010 年的 45.3 万人，增长将近一倍，这部分农民逐渐摆脱农民身份成为产业工人。而建筑业由于从业门槛低，以体力劳动为主，与农民人力资本较低的水平相适应，是绝大部分农民职业分化的首要选择，从业人员从 2003 年 29.3 万增加到 2010 年 61.7 万人，增长超过 1 倍。值得一提的是随着农民文化程度提高，以信息传输、计算机服务和软件业为代表的从业人员比重逐年增长，从 2004 年 1.6 万人逐年增加到 2010 年 3.2 万人。少部分农民所从事的非农职业也向知识性工作转变，改变以往始终集中在操作性工作领域的局限。而随着近些年第三产业发展，以住宅和餐饮业为代表的服务行业发展催生更多就业岗位，农民从业人数从 2004 年 12.3 万人增加到 2010 年 19.7 万人，而且从业人数持续增长。

表 5-7   2003—2010 年吉林省农民职业分化就业结构分布情况

单位：万人

年份	乡村劳动力	农林牧副渔业	工业	建筑业	交通运输仓储邮电业	批发与零售业	住宅和餐饮业	信息传输、计算机服务和软件业
2003	669.0	502.5	25.2	29.3	16.9	22.5	—	—
2004	670.9	496.7	28.5	33.9	17.3	22.1	12.3	1.6
2005	685.2	502.1	30.8	40.4	17.6	23.6	13.6	1.7
2006	691.9	499.8	33.6	45.2	17.9	24.0	15.1	1.9
2007	700.9	492.2	37.4	51.7	19.0	25.7	17.8	2.2
2008	711.5	491.1	40.4	56.9	19.8	27.5	19.0	2.6
2009	723.2	495.8	43.1	58.9	21.0	29.1	19.3	2.8
2010	733.8	501.9	45.3	61.7	21.5	29.9	19.7	3.2

数据来源：《吉林统计年鉴》。

综上所述，吉林省农民职业分化产业分布特征主要体现在：一是农民就业主要处于初级岗位和城市竞争性行业，分布主要集中在第二、第三产业。二是产业分布仍以工业、建筑业等劳动密集型行业为主。以 2010 年为例，如图 5-5 所示，从事第二产业就业的农民占所有从事非农产业农民比例达到 59%，其中从事工业比例占 25%，从事建筑业占 34%。从事第三产业的农民占已分化农民比例的 41%，其中以从事批发与零售业等行业占比最高，达到 29.9 万人，从事交通运输和仓储邮电行业人数达到 12.5 万人。三是职业分化农民产业分布呈现不稳定性。随着经济发展方式转变，农民现有个人禀赋资源难以适应工作岗位需求，农民就业结构性矛盾仍较为突出。从调查样本数据统计来看也是如此，近3年在同一岗位未调换工作的比例只有33.5%，绝大部分非农务工农民都会频繁调整工作，非农就业具有一定程度的不稳定性。

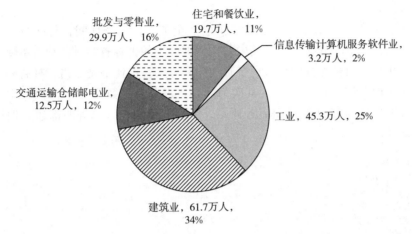

图5-5 2010年吉林省农民非农就业结构分布

数据来源：《吉林统计年鉴2011》。

三、吉林省农民职业分化空间分布

农民职业分化空间分布是指在一定时间内，农民职业分化后，所从事的非农就业在区域间的分布状况。19世纪末英国人口学家拉文斯坦提出推拉理论以解释人口空间转移的机制。该理论认为人的迁移行为是理性选择的结果，迁移者对迁出地和迁入地有某种程度的了解，在迁出地的推力和迁入地的拉力共同作用下，人们做出迁移的决定而产生迁移行为。农村推力包括农村劳动力剩余、农业机械化和农业科技水平提高，农村就业机会相对少、农村家庭支出增加、经济压力增大，农村生活环境竞争力下降；城市拉力包括城市基础设施完善，具备较完善的社会福利、丰富的休闲娱乐设施、更多的发展机会和较高的城市管理水平等。

吉林省地理区位特征决定吉林省农民职业分化空间分布与其他地区相比具有显著性差异。一是吉林省与中国经济发达地区空间距离远，难以分享经济最发达地区的职业分化优势。如长三角、珠三角、京津冀、粤港澳大湾区是中国农民工流动的主要集中地，资本要素集中，对周边省份发展具有极强辐射带动效应，但难以形成对吉林省发展的辐射，吸纳吉林省农村剩余劳动力数量很有限。二是吉林省的区位特点决定了农民职业分化空间流动方向的"一维性"。吉林省地处东北，东临边界，农村劳动力向周边地区拓展流动的空间十分有限，流动方向只能选择南下，较为单一。而这一点远不如中部地区省份，如河南省地处中部地区，农民流动方向可以呈放射状和多维性，有更多流动方向和城市选择。因此，吉林省地理区位特征限制了吉林省农民职业分化空间分布与流动方向。

从空间分布看，图 5-6 反映了第七次全国人口普查期间吉林省流出省外农民非农就业空间分布情况，其中前往省外务工的吉林省农村劳动力主要流入辽宁、北京、山东。其中流入辽宁省 30.00 万人，占比最高，占吉林省外出务工农村劳动力数量的 21.9%；其次为北京，占总流出数量的 15.6%；山东省占总流出数量的 13.6%；而流入西藏、宁夏、贵州、青海等西部边远地区比例非常低。

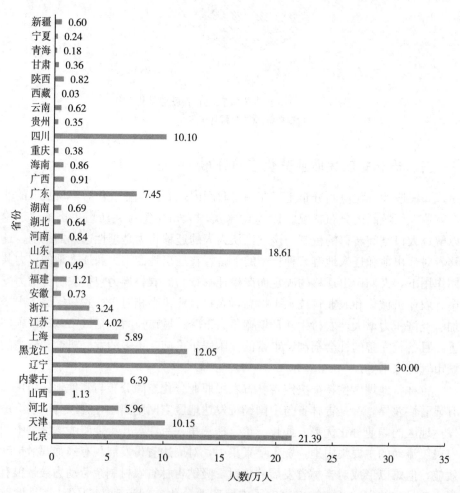

图 5-6 吉林省流出省外农民非农就业空间分布

数据来源：国家统计局第七次全国人口普查数据。

这一空间分布主要体现了"人口流动高位移动规律"。人口学理论认为劳动力流动总是由低层次向高层次、由生存条件差向生存条件好、由劳动收益低向劳动收益高的区位流动。新古典经济学理论主要从经济学中供给与需求关系解释劳动力区域选择，认为劳动力供给与需求的区域差异引起不同区域之间劳动力配置调整。蔡昉（2001）认为过去 20 年大规模劳动力转移是经济快速增长的结果，城乡居民收入差距助长了省际移动，但空间距离又消除了这种移民倾向，跨省移民与本省城市增长水平成反比。结合上述分析，吉林省农民职业分化的空间分布主要呈现以下特征规律。

　　一是趋于流向省会城市及直辖市。根据《2020 年吉林省农民工监测报告》，约有 1/3 吉林省进城务工人员流入省会城市及直辖市，其次是地级市和小城镇。长春作为吉林省省会城市，成为本地农民主要流向的城市，长春产业基础好，近些年着力打造各种产业集群并积极兴建产业园区，长春经济圈能够为周边农民提供大量非农就业岗位。而吉林省内其他边远和欠发达地区产业发展相对落后，导致劳动力市场发育程度低，难以提供更多劳动岗位和较高薪酬工资，无法吸引更多农民就业。北京作为中国政治经济文化中心，是国家中心城市和超大城市，2019 年实现地区生产总值 35 371.3 亿元，第七次全国人口普查期间吸引吉林省农村劳动力总计 21.39 万人，占吉林省流出农村劳动力比例的 15.6%。北京城镇化发展拉力效应突出，能够为农民提供更多的就业岗位和更高的劳动收入，而吉林省年轻一代农民相比其父辈们拥有更高文化程度，前往北京更容易找到合适的工作机会，考虑北方生活习惯相似性及流动成本不高，北京成为吉林省农民流入比重较大的城市之一。

　　二是趋于流向相邻省份，流动半径小、流动距离短对吉林省农民职业分化空间选择决策具有一定影响。Ziipf（1949）提出人口迁移引力模型，提出迁移人口规模与两地之间距离成反比。从业空间距离是农民职业分化决策时所考虑的重要影响因素，一般来说，空间距离越远，迁移的货币成本（交通费、住宿费）、时间成本和心理成本（文化、语言、生活习惯）就越高，距离遥远还可能导致就业信息不充分、流动风险增大，增加当地工作与收入的不确定性。新疆、宁夏、青海、甘肃、西藏、贵州、云南这 7 个地区第七次全国人口普查期间流入的吉林省农村劳动力总和只有 3.21 万人，仅是辽宁省的人口流入量的 1/10。这类地区对于农民来说除非有极为匹配的就业信息或是投奔亲属和熟人关系，否则难以成为吉林省农村劳动力主要流入地。而辽宁省与吉林省同为东北老工业基地，与吉林省具有相同的地域文化，农民生活习惯一致，作为吉林省邻近省份空间地缘上具有一定优势，且经济发展相对较快，在相邻省份中经济发展最好，又属于沿海省份，具有良好的区位和开发优势，薪资水平较为理想，流动成本也较低，尤其适合吉林省兼业型农民选择，成为吉林省农民职业分化省外流动的首选省份。

三是趋于流向对外开放程度高、经济发展活跃地区。山东、四川、广东、上海等省份外向型经济较为发达，尤其一些东部沿海地区，经济发展基础好，东部率先发展战略使其形成一定区位发展优势，能够为农村劳动力提供大量就业岗位。第七次全国人口普查期间山东省吸纳吉林省农村劳动力 18.61 万人，四川省吸纳 10.1 万人，广东省吸纳 7.45 万人，上海吸纳 5.89 万人。农民为追求更多的就业机会、更高的劳动报酬、更好的发展空间选择职业分化和流动。巨大收入比较差异成为农民职业分化和迁移的动力。以 2019 年为例，吉林省农村居民家庭人均可支配收入是 14 936 元，工资性收入 3 933 元。而浙江省农村居民人均可支配收入是 29 876 元，工资性收入 18 480 元，人均可支配收入是吉林省农民收入水平的 2 倍，工资性收入是吉林省农民的 4.7 倍，这种省际收支巨大差异和地区吸引力使农民产生强烈的分化动力。以上因素成为农民职业分化空间流动选择的决策依据。

2020 年受新冠疫情影响，吉林省农民外出务工数量总体减少，在地域空间分布与流动上，务工农民以本省流动为主，2020 年吉林省共有 107.6 万农民在本省务工，占外出务工农民总数的 67.4%。其中，以在户籍所在县外省内范围就业为主，有 72.3 万人，占 45.3%；县内乡外就业人数为 35.3 万人，占 22.1%（表 5-8）。可见，就近择业成为新常态下越来越多农民的非农就业选择，因此农民的流动半径非常有限。

表 5-8　2020 年吉林省务工农民空间地域分布

指　标	2020 年		2019 年	
	总量/万人	占比/%	总量/万人	占比/%
务工农民流动	159.6	100.0	166.1	100.0
1. 本省	107.6	67.4	115.8	69.7
（1）乡外县内	35.3	22.1	35.5	21.4
（2）县外省内	72.3	45.3	80.2	48.3
2. 省外	52.0	32.6	50.3	30.3
（1）东部地区	30.5	19.1	25.2	15.2
（2）中部地区	3.8	2.4	3.2	1.9
（3）西部地区	4.6	2.9	5.5	3.3
（4）东北地区	9.7	6.1	11.1	6.7
（5）港澳台及国外	3.4	2.1	5.3	3.2

数据来源：《2020 年吉林省农民工监测报告》。

从省外分布来看，吉林省 2020 年共有 52 万农民跨省流动，从地域空间分布来看，大部分农民更倾向于东部地区就业，有 30.5 万人选择前往东部地区，占省外农民总量的 58.7%，也比 2019 年人数增加 5.3 万人，说明在疫情防控背景下，东部地区较早实现复工复产对职业分化农民流动产生积极影响。流入东北地区人数逐渐减少，主要原因是近些年东北地区经济振兴较为缓慢，所提供的就业岗位有限，对农民吸引力不足。2020 年吉林省农民前往东北地区就业人数为 9.7 万，比 2019 年人数减少 1.4 万人。另外由于吉林省延边是中国朝鲜族最大聚居区，与韩国相邻，当地居民有着天然的语言优势，国外工资标准远高于国内，外出务工农民平均每月在韩国收入近 17 000 元人民币，是延边当地农民非农工资收入水平的 10 余倍，这也使韩国成为延边劳务输出最大目的地。据延边就业局统计，目前延边农村地区有 1/3 人口在韩务工。但 2020 年受国外疫情影响吉林省农民出国务工人员急剧减少，只有 3.4 万人，比 2019 年减少 1.9 万人。

四、吉林省农民职业分化类型分析

在传统的农业社会，农民之间的差别属于自然差别，农民具有很高的同质性。而随着社会经济体制变迁，产业结构和人口结构都发生巨大变化，农民在根本利益、基本态度、行为倾向等方面就存在较大差异。社会分化是由社会差别引起的，社会差别是指根据某种社会属性划分的各类社会成员在社会情况等方面的差异，包括水平分化和垂直分化两种类型。农民分化也是社会分化，也可以分为以职业分化特征的水平分化和以收入分化为特征的垂直分化，而职业分化是收入分化的基础。农民群体异质性根源就在于职业的分化，农民职业分化是农村社会经济和城乡协调发展的必然结果。从中国农民的职业演变特征来看，农民职业分化的过程主要包括两个阶段，第一阶段是农民从传统的农业生产活动向其他非农产业转移，第二阶段是农村劳动力在发生职业转移之后，在非农职业中产生职业分工。

关于农民职业分化类型，目前主要存在以下几种划分方式。

一是借鉴社会分层理论，以职业类型、使用生产资料方式和对所用生产资料权利三个因素划分。陆学艺和张厚义在 1990 年提出了"中国农民分化"的理论，根据农民职业类型的不同，发现由于农户自身条件和追求的差异性导致了农民职业分化，农民职业分化导致了农户收入水平的差距，这些差距又进一步将农户划分为农业劳动生产者、农民工、雇工、农民知识分子、个体工商户、私营农民企业家、乡镇企业管理者、农村管理者 8 个不同阶层。这种农民职业划分方式当时获得了多数学者的认可。

二是根据农户经营方式和所取得的非农收入水平进行划分。林坚（2006）

依据农民不同职业收入水平大致分为上层、中上层、中下层和下层。贺雪峰（2009）根据农户收入情况不同将农户分为纯农户、农业兼业户、非农兼业户和社会工商户。许恒周等（2012）对具有不同兼职程度的农户进行分类，包括自耕农户、兼业农户和城镇农户等类型。苏群（2016）参照农户家庭农业收入比重将农户分为纯农户、一兼业户、二兼业户和非农户 4 种类型。

三是根据农户个人特征、生计类型、要素配置和对非农活动的参与程度进行划分。周迪（2016）认为农户的生计方式存在差异，农户可以分为缺失型、基本型、自然型和人力资产型。罗明忠（2016）认为农户在进行非农生产活动时表现出的参与度有所区别，根据农户在非农部门的参与程度分为纯务农户、兼业农户和纯非农户。牛荣等（2021）通过研究农户分化类型，发现农户存在明显的分化特征，认为 5 种农户类型呈现出 3 个不同的向度：一是农业人力资源贫困型和关系贫困型农户，二是非农负债发展型和富裕型农户，三是均衡发展型农户。

虽然上述学者对农民职业分化类型划分依据进行了界定，但目前多数学者对于农民职业分化分类的研究都是静态研究，更多局限在分化的职业结果上，缺少对于职业分化动态过程及各分化类型特征的描述和比较。依据之前章节中对农民职业分化类型概念框架的构建，本章试图通过对农民职业分化类型的观察，从非农从业意愿、非农从业收入、非农从业时间及非农从业空间特征角度，提出专业型职业分化和兼业型职业分化两种形态，并对这两种职业分化形态进行比较，以更为全面和详细了解农民职业分化目的、过程和结果。考虑到本书研究区域为吉林省，吉林省农户以粮食生产为主，因此本书所涉农业生产均为农户所从事的粮食生产。

（一）专业型职业分化

按照农民职业分化的专业化程度分为专业型职业分化和兼业型职业分化。专业型职业分化是指农民建立在理性选择基础上，具有明确的职业分化目标和动因，以成为职业型非农劳动者或职业型农民为最终目的的分化趋势和行为过程。这一类型又包括以下两种分化形态。

1. 职业型非农劳动者

职业型非农劳动者指完全从以土地为主要生产力资料的农业生产经营活动中剥离出去，保留或放弃土地承包权和经营权并最终完成职业彻底分化的过程。依据其从业性质与结构，所从事的生产活动已经从传统的农业生产领域转移到其他非农产业，持续稳定从事第二、第三产业职业的状态，并且其非农收入占全年农户家庭总收入的 90% 以上。根据其与土地的关系又可分为"离乡不离权型"和"弃土又弃权型"两种情况。其中，"离乡不离权型"分化最大特点是已经实现离乡、跨地区从事持续而稳定的非农劳动，把土地经营权通过流转让渡给其他个人或组织，但保留土地承包权，这部分群体仍然保留农民身份以及农村土地承包权，但其所从事的职业主要为城市部门建筑业、制造业、服务业，已经分化为有土地承包权的"产业工人"，所从事的工作种类仍以体力劳动为主。"弃土又弃权型"分化是指离农农民已经完全割裂与土地的关系，放弃土地承包权以及由此衍生的经营权，并把土地重新交回所在农村集体重新配置，主要通过在城市创业或从事智力劳动形成稳定就业并获得较高经济收入，具有较强的城市融入能力，从居住空间到户籍实现彻底市民化。

根据此次调查统计，职业型非农劳动者人数总计201人，占总样本人数的18.6%，从事非农工作超过12个月的人数比例达到98.6%，家庭收入中工资性收入比重达到93.1%，财产性收入比重达到5%。具有强烈职业分化意愿，并常年居住在打工地，其中在户籍地以外居住时间超过12个月的农民比例达到93.2%，甚至很多都是举家迁移，农村土地交由亲戚打理或者流转，目的就是发挥土地保障功能，把土地作为一种社会福利和生存保险。甚至个别"农村精英"在城市已经做到企业高管，拥有几处城市房产，但依然对农村土地承包权难以割舍。"弃土又弃权型"分化形式在现实中仍难得一见，这些群体即使已融入城市生活，也难以做出完全放弃农民身份的抉择，体现了职业分化的不彻底性。

2. 职业型全职农民

职业型全职农民是指仍以农业为主要职业，并实际进行农业生产经营活动，但具有一定农业生产比较优势，往往会获得较高农业收入。这类农户区别于传统农户，更善于对劳动力、土地、资本等要素进行整合，通常会通过土地流入的方式获取其他农户的土地而使农业生产经营扩大，通过专业化的农业经营，获取与外出务工相当甚至高于兼业型农户的经济收益。在调查样本分布中，这一类型比重较小，只有25户，占比2.3%。主要是家庭农场主，通过季节性、临时性雇佣短期工，土地流转面积较大，年均家庭收入超过10万元，且全部由农业生产经营获得。

（二）兼业型职业分化

兼业型职业分化可以每个农民个体来划分，也可以每个农户家庭来划分。两者都是在农民保留土地承包权与经营权的前提下，既从事农业生产经营活动，也从事非农职业活动。根据其参与非农程度及获取收入等情况又可以区分为农业兼业型职业分化和非农兼业型职业分化。在调查样本分布中，兼业型职业分化共有295人，占调查样本总数比例为27.3%。

1. 农业兼业型职业分化

指农民在一年内阶段性或间歇性地从事农业生产经营活动和非农职业活动，全年累计从事农业生产经营时间超过6个月，从事非农工作时间累计小于

3 个月①。全年家庭农业经营收入占家庭总收入比重超过 50％且少于 90％的属于农业兼业型；从调查统计结果看，本书调查样本中农业兼业型职业分化农民数量为 175 人，占兼业型职业分化比重 59.1％，可见，吉林省因以粮食生产为主，农业兼业型职业分化比重略高，也基本符合农民理性决策。

2. 非农兼业型职业分化

指通过家庭分工，一部分家庭成员专门从事非农职业活动，而另一部分从事农业生产经营活动。家庭内部的分工往往是不确定的，但多半是采取代际分工或夫妻分工的形式。兼业型农民所从事的职业游离于第一产业与第二、第三产业间，具有"半工半耕""亦工亦农"的特征。全年累计从事非农职业时间超过 6 个月，从事农业生产经营时间累计小于 3 个月。全年从事非农职业所得收入占家庭可支配收入比重超过 50％，少于 90％则属于非农兼业型。

综合以上农民职业分化类型，划分结构如图 5-7 和表 5-9 所示。

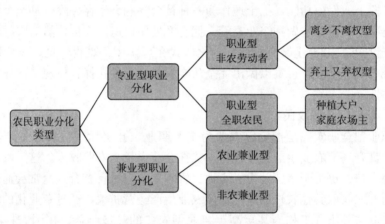

图 5-7　农民职业分化类型结构划分

表 5-9　基于从业意愿、从业收入、从业时间、从业空间基准划分
　　　　　农民职业分化不同类型

分化类型	分化形态	从业意愿	从业收入	从业时间	从业空间
专业型 分化	职业型 非农劳动者	分化意愿强烈	非农收入 超过 90％	非农从业 时间 12 个月	离乡离土
	职业型 全职农民	分化意愿强烈	农业收入 超过 90％	农业从业 时间 12 个月	不离乡不离土

---

① 时间界定依据为国家统计局 2004 年制定的农村住户调查方案规定。

（续）

分化类型	分化形态	从业意愿	从业收入	从业时间	从业空间
兼业型分化	农业兼业型	分化意愿较强烈	农业收入超过50%	农业从业时间超过6个月	离乡不离土
	非农兼业型	分化意愿较强烈	非农收入超过50%	非农从业时间超过6个月	离乡不离土

如表 5‑10 所示，在样本调查中，总计样本数量 1 080 人，其中 558 人仍是传统农民尚未进行职业分化，所占比例为 51.7%。而在已经分化的 522 个样本中，仍以兼业型职业分化为主，数量为 296 人，占已分化样本比例为56.7%，尤以农业兼业型职业分化比例最高，也说明吉林省农民职业分化更体现农业兼业特征，农民职业分化形态丰富，分化类型呈多元化发展。

表 5‑10　调查样本农民职业分化类型分布

类型	数量/人	占已分化样本比例/%	分化形态	数量/人	占已分化样本比例/%
专业型分化	226	43.3	职业型非农劳动者	201	38.5
			职业型全职农民	25	4.8
兼业型分化	296	56.7	农业兼业型	175	33.5
			非农兼业型	121	23.2
总数	522	100.0		522	100.0

为更详细了解农民职业分化后的职业选择差异以及更具体分析不同职业选择的影响因素，本书对农民所从事以下非农职业特征进行界定。

（1）工厂工人。属于职业型非农劳动类型，具有农村户籍并持续稳定在工厂或企业里工作，主要从事生产工业产品的劳动。因已完全与土地经营脱离，此类型的农民特征最弱。

（2）建筑工人。属于职业型或兼业型非农劳动类型，具有农村户籍，从事建筑工作，工作地点包括桥梁、铁路、房屋等建筑现场，具有一定体力和技术从业要求。

（3）个体经营者。通常指具有农村户籍和集体经济组织成员身份，以个人或家庭劳动为主，依法取得经营资格，主要包括个体商业经营、企业经营、非农自雇，此类农户活动范围较为广泛，并且具有较为灵活的工作时间，能够获得一定可观收入。

（4）服务行业人员。采用专业型或兼业型职业分化，就业通常以第三产业为主，具有农村户籍并在城市长期从事生活服务行业，如餐饮、销售、健康、教育、保安、销售等服务行业。

（5）办事人员。主要将具有农村户籍并在乡镇机关单位、非营利性机构、事业单位等工作人员归为办事人员，此类人员较少，平时工作主要在机关事业单位，但是在农忙时间也会从事农业生产活动，此类型农民特征较弱。

（6）村务工作者。指具有农村户籍在农村服务于农村基层的干部或者从事农村相关事务工作，行使公共权利，管理公共事务，提供公共服务，享受一定政治、经济待遇的工作人员。

（7）专技人员。主要指具有农村户籍，掌握一定专业技术，在农业推广、教育、卫生、法律、金融等领域具有一定从业资质及专业经验的人员。

（8）其他。未包括在上述所列职业分类中的农村新兴职业，如农村电商销售、无人机驾驶员、农业经理人等。

如表 5-11 所示，此次调查样本中已分化农民共有 522 人，从职业类型分布看，服务行业和建筑行业人数分布最多，分别占 33% 和 20.1%。其次是工厂工人从业人数 90 人，占分化总数 17.2%。而个体经营、职业农民、办事人员、专技人员和村务工作者比例相对较少。

表 5-11　样本中已分化农民职业类型分布情况

就业分布	从业人数/人	占已分化人数比重/%
职业农民	25	4.8
工厂工人	90	17.2
建筑工人	105	20.1
个体经营者	20	3.8
服务行业人员	172	33.0
办事人员	26	5.0
村务工作者	31	5.9
专技人员	24	4.6
其他	29	5.6
总计	522	100.0

第四节　吉林省农民职业分化面临的问题

吉林省农民职业分化问题不可避免影响着全省农业投资、农业生产要素配置、土地规模化经营及乡村振兴战略全面实施，最终影响农民增收与农村社会整体发展。吉林省农民职业分化目前所面临的问题主要包括如下几方面。

一、未分化农民存量较大，分化程度不高

吉林省与东部经济发达省份相比，第一产业从业人口众多，仍有大量农村剩余劳动力滞留农业。此次调研统计结果显示，有一半以上调查样本仍从事传统农业，未完成职业分化农民为 558 人，占调查样本总数为 51.7%。其中以吉林省西部地区分布居多。四平、公主岭地区未分化农民比例高达 70%。这部分群体仍采取一家一户传统分散经营为主，依赖土地维持生计。样本情况基本与全省农民职业分化情况相一致。

2020 年底吉林省农村就业人数为 532.99 万人，其中从事第一产业人数为 471.99 万人，从事农业生产人口基数仍较大，随着农业生产率提高，这些农村富余劳动力未来都需要通过职业分化解决生计和增收问题。面对庞大的未分化群体规模，吉林省农民实现充分而彻底的职业分化具有一定的难度，全部转移和分化任务艰巨，且需要相当长的一段时间，绝非一蹴而就的事情。而已分化农民中大部分仍处在初级分化阶段，以部分分化和兼业型分化为主，部分分化农民为 296 人，占总人数比重为 27.4%，完全分化比例只有 20.9%，职业分化程度仍需继续深化。

二、人力资本与社会资本弱化阻碍农民职业分化

促进农民职业分化，从事各种非农工作，就需要具备一定人力资本与社会资本，掌握一定职业技能和具有一定社会关系网络。吉林省农民整体文化素质偏低，劳动力资源优势不明显。近些年政府对农村职业教育投入经费有限，导致农村人力资源开发并不充分。从调查样本数据看，绝大部分农民文化层次介于小学和初中之间，小学和初中学历占样本总数 80% 以上，具有大专以上文化层次的样本只占总数的 4.4%。农民受教育年限低，技能培训时间短，人力资本禀赋较差，限制分化农民向更高收入职业转移，导致农民职业分化层次只能在低水平徘徊。同时，社会资本积累不足，吉林省农民绝大部分非农工作获取渠道都是通过"三缘"（即血缘、人缘、地缘）实现，依赖于这些渠道就会导致分化后择业地域和职业选择受到很大限制，农民缺少社会就业服务体系支持，导致获取就业信息不充分。随着吉林省经济结构调整，从劳动密集型向资本密集型和高新技术产业转变，对于农村劳动力具有更高素质要求，一些职业分化农民素质没能与时俱进满足岗位需求，导致就业空间变得狭窄，限制农民职业分化就业范围和途径，降低农民职业分化质量，甚至发生已分化后又重新务农回流到未分化状态。

三、"二元身份"影响农业现代化水平及市民化进程

当前吉林省农民职业分化兼业性特征明显，根据调查统计结果，在已分化的样本群体中，有56.7%的比例都属于兼业型职业分化，这些农民都具有"二元身份"，农闲时进城当工人，农忙时返乡当农民，两种职业角色都难以全身心投入其中，这种城乡"二元身份"形成一定的职业角色模糊。这部分农民群体虽然已发生职业分化，但就业岗位和就业时间都不稳定，尤其面临城市过高的生活成本和社会保障尚未健全的环境，游离于农业与非农业之间。一方面，"二元身份"下的农民除保留土地承包权外已完全不以农为生，更难以对农业生产形成持续和稳定的要素投入，不利于耕地利用和土地生产效率提高，影响农业现代化发展及国家粮食安全。另一方面，"二元身份"下的农民无法彻底退出土地经营权，也使农民无法获得农村土地的财产性收益，宅基地上建造的房屋又难以出售，仅靠城市打工获取的工资性收入农民难以跨越向市民化转化的经济成本门槛，阻碍分化农民市民化进程。

四、低层次就业影响农民职业分化稳定与持续

一方面，当前吉林省农民职业分化后就业岗位大多集中在以体力劳动为主的建筑行业和服务业等初阶岗位上，这些工作岗位性质可替代性较强，技术含量低，就业门槛低。如图5-8所示，2020年吉林省农民从业结构以服务业和建筑业、制造业为主，分别占18.3%、16.1%、12.6%，这些岗位难以形成较高社会地位和经济地位，城市高额的房价及生活成本压缩了农民收支剩余，使农民难以积累融入城市的社会资本，影响农民深度分化。另一方面，分化农

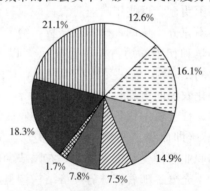

图5-8 2020年吉林省农民非农从业结构分布

数据来源：《2020年吉林省农民工监测报告》。

民从事非农工作稳定性较差，往往呈现阶段性特征。调查统计显示，有66.5％已经发生职业分化农民都有3年内都更换过工作的经历，非农就业难以形成持续而稳定的职业方向和从业时间。绝大部分分化农民处于"有工则打工，无工则回乡"的状态，兼顾农业生产的需要，一年中往往选择阶段性从事非农工作，不利于工作技能学习与积累，影响职业稳定性，这些都会限制农民职业分化的进一步深化。

本 章 小 结

本章主要基于吉林省农村劳动力资源分布视角，从吉林省农民职业分化规模分布、产业分布、空间分布、类型结构四个维度，分析吉林省农民职业分化现状与特征。吉林省农村劳动力在总量分布上整体仍然呈现上升趋势，虽然研究期内新冠疫情对农民职业分化造成局部影响，但吉林省农村剩余劳动力总体存量较大，农民职业分化潜力仍然存在。在分化产业分布上，农民主要从事第二、第三产业，第二产业以建筑业从业人数较多，第三产业以从事批发与零售业人员居多。在空间分布上，吉林省农民以就近就业为主，省内从业人员比重较高，主要以本乡、本县、本省范围作为职业分化地域选择。而外省就业地域分布中又以东北地区为主，北京、山东等中部地区也作为地域选择，而西部地区相对流动较少，流动方向具有"一维性"特征。本章对吉林省农民职业分化类型结构进行了分析，从从业意愿、从业收入、从业时间、从业空间等角度对专业型和兼业型职业分化进行了详细比较。并对调查样本职业分化现状进行了描述性统计分析，整体分化比例并不高，以兼业型部分分化为主要形态，分化呈区域性不均衡分布，职业分化形态与当地自然资源、社会经济发展水平高度相关。

吉林省农民职业分化呈现出以下特点：一是分化规模不断扩大，分化程度不断加深；二是分化的产业分布较为多元，但大多处于初级岗位，且就业具有不稳定性；三是分化趋于向中心城市、向流动半径小、向开放性高地区流动；四是分化形态多样化，呈多元化态势发展；五是农民职业分化具有地区差异性，呈现"圈层格局"，受工业化和城镇化影响，中心城市农民职业分化程度强于外围市县；六是分化具有不彻底性，吉林省农民仍以兼业型职业分化为主要类型；七是职业分化呈现阶段性特征，绝大部分非农劳动者进行阶段性非农就业。

第六章　农民职业分化宏观影响因素分析

农民职业分化是一个复杂的社会变迁过程，是经济与社会发展等多种因素共同作用的结果。经济发展表现为经济总量增长、经济结构调整和经济增长方式变化。经济因素是农民职业分化的基础性因素。40多年来中国经济发展的过程，就是一个从传统社会向现代社会演变的过程。现代化水平决定和影响农民职业分化的程度与速度。农业现代化形成农民职业分化的"推力"，工业化和城镇化形成农民职业分化的"拉力"，制度作为经济与社会发展的一个重要变量，在农民职业分化进程中进行着相应变迁，并持续影响着社会经济的发展。本章主要围绕吉林省社会经济发展现实情况，梳理并解析农民职业分化宏观影响因素，对其影响方式、作用方向、影响程度进行阐述分析。

第一节　经济发展对农民职业分化的影响

评价一个地区经济发展水平，主要通过该地区经济增长速度、经济结构优化程度及经济增长方式等指标来衡量。经济发展制约着农民职业分化质量、结构和效益。经济增长速度与水平决定农民职业分化的空间和规模，经济结构决定农民职业分化的产业分布，经济增长方式决定着农民职业分化的方向和层次。

一、吉林省经济增长速度对农民职业分化影响

经济发展水平决定农民职业分化的空间。一个地区经济发展水平越快，所需要劳动力资源越多，越能够创造出更多的就业岗位，农民越可能从农业中转移出去。

1880年，拉文斯坦基于英国人口迁移特点，提出人口迁移的主要法则：认为大多数人口迁移主要基于经济因素。劳动力向非农产业转移也主要是工业化发展必然结果，而工业部门扩张又以不断吸纳剩余劳动力为前提。因此，劳动力从农业部门向工业部门转移是经济发展的必然趋势，而要保证劳动力转移，必然要实现农民职业分化，最根本条件就是经济增长。

改革开放 40 多年，吉林省经济发展无论从速度上还是水平上都发生了翻天覆地变化。1978 年长春 GDP 仅为 26 亿元，而到 2008 年跃升至 2 561.9 亿元，2017 年更是达到了 6 530 亿元，增长了 250 倍①。如图 6-1 所示，1988 年吉林省地区生产总值为 368.67 亿元，2008 年达到 4 834.68 亿元，全省国内生产总值增长 12.1 倍。尤其进入 21 世纪以来，东北老工业基地振兴促进新一轮经济增长，到 2020 年末吉林省地区生产总值达到 12 311.32 亿元，达到历史高点。尤其吉林省依靠汽车、医药等优势工业企业，实现经济稳定增长，2021 年吉林省全年 GDP 增长 6.6%，固定资产投资同比增长 11%，居全国第四位。一、二、三产业总产值均呈上升态势，三次产业对地区生产总值增长的拉动分别为 0.2%、2.1%、0.1%。相比较第三产业增长速度更快，2020 年吉林省第三产业增加值为 6 432.10 亿元。从各地级市来看，长春、吉林地区生产总值领先，分别为 6 638.03 亿元和 1 452.55 亿元。良好的经济发展环境和较高的经济发展速度为吉林省农民职业分化提供有利条件，使农民在省内就可以获得更多非农就业机会，这也是近些年吉林省农民更多选择省内就业原因之一，减少了农民跨省流动的成本。省内经济发展也为吉林省农民职业分化带来更多就业机会。可见，经济发展水平和速度决定农民职业分化的程度，地区经济越发展，所需劳动力数量越多，农民越有可能从第一产业转移而实现职业分

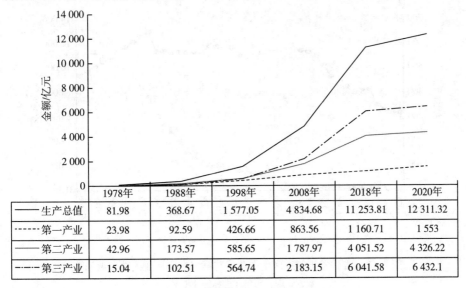

	1978年	1988年	1998年	2008年	2018年	2020年
—— 生产总值	81.98	368.67	1 577.05	4 834.68	11 253.81	12 311.32
---- 第一产业	23.98	92.59	426.66	863.56	1 160.71	1 553
—— 第二产业	42.96	173.57	585.65	1 787.97	4 051.52	4 326.22
-·-· 第三产业	15.04	102.51	564.74	2 183.15	6 041.58	6 432.1

图 6-1　吉林省生产总值发展速度统计

数据来源：历年《吉林统计年鉴》。

---

① 数据来源于《吉林统计年鉴》，GDP 总量按现价计算，增速按不变价格计算。

化，经济增长与农民职业分化存在着正相关性。

从 40 余年吉林省地区生产总值与第一产业从业人员变动关系看，地区生产总值增长速度与第一产业从业人数变化具有相关性。如图 6-2 所示，二者互动关系变化主要分为三个阶段。第一个阶段为 1978—1990 年，这一时期吉林省经济发展趋缓，地区生产总值年度变动趋于稳定，但第一产业从业人数呈现增长趋势，这一时期大部分农民仍把农业作为生活依赖，农业收入较为稳定，仍是绝大部分农村家庭收入主要来源，农民职业分化比例很低。第二阶段是 1991—2010 年，这一时期吉林省地区生产总值逐年增长，但增幅较为缓慢，第一产业从业人数变化也呈波动状态，经济上行，第一产业从业人员减少，农民职业分化速度加快。经济下行，第一产业从业人员小幅增加，职业分化速度放缓，说明农民职业分化速度与方向同地区生产总值增长率基本保持一致。第三阶段是 2011 年至今，这段时期吉林省地区生产总值增幅明显，以年均 8% 增速增长，2011 年吉林省 GDP 总量更是突破万亿元大关，此后吉林省经济总量进入万亿元时期，经济发展进入新的发展阶段。这一时期吉林省经济快速增长也得益于全国经济大环境发展和中国经济高速增长的带动。第一产业从业人员快速减少，从 2011 年 573.9 万人减少到 2020 年 471.99 万人，以年均 10 万人速度锐减，说明这一阶段随着吉林省经济快速增长，农民职业分化速度加快。

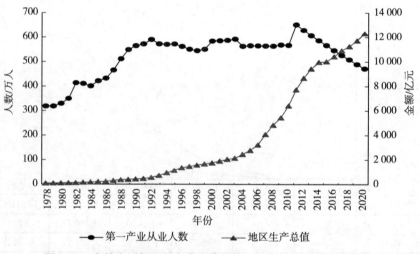

图 6-2 吉林省历年地区生产总值与第一产业从业人数发展趋势

数据来源：历年《吉林统计年鉴》。

二、产业结构调整对吉林省农民职业分化的影响

产业结构是指各产业之间的联系和比例关系。经济增长是吉林省农民职业

分化的根本动因，产业结构调整必然引发劳动力在不同部门之间的重新配置，形成就业结构变化。产业结构调整优化的过程，往往是产业在新的层次上扩展的过程，因此，可为农民职业分化提供更多就业空间，在工业化前期和中期阶段较为明显。但是，产业结构的变化，有时也会产生对劳动力的排斥作用，主要是资本密集型产业替代了劳动密集型产业。现阶段与 20 世纪 80—90 年代相比，每一百万元投资所吸纳的劳动力已经显著下降。根据现代产业理论，产业发展应符合"三、二、一"的升级规律，但长久以来，吉林省作为东北老工业基地，经济结构单一制约经济整体发展水平。2020 年吉林省地区生产总值12 311 亿元排名全国第 26 位，经济增速 2.4%，排名全国第 20 位。吉林省经济增长水平长期落后于全国平均水平，主要由于过去东北重工业优先发展赶超战略下形成的扭曲型产业结构，能源、装备制造行业在经济结构中比重大，当经济下行时，地区产业结构问题就充分暴露出来。一方面重工业日趋没落缺少自主更新能力，另一方面也使具有潜在比较优势的劳动密集型轻工业发展受到抑制。近 10 年来，吉林省纺织服装、家电与消费电子等轻工业产品产量几乎一片空白，严重出现内部结构的断层缺位。吉林省缺少劳动密集型轻工业发展，而这一产业又具有极强的劳动力吸纳能力。可见，经济结构不合理影响农民职业分化速度。

但吉林省主导产业优势明显，吉林省汽车、石化、农产品加工、医药产业具有一定优势，特别是长春市拥有较好制造业基础，在汽车和轨道客车领域具有产业优势，吉林市具有良好石化产业基础，这些优势产业发展对其他相关产业具有较强辐射带动作用，为农民职业分化提供了良好外部环境。但如果经济发展对某一产业过度依赖，一旦外部经济环境受到冲击，就会对整个经济带来较大影响，因此有效调整吉林省经济产业结构对于稳定非农就业具有重要意义。由图 6-3 可见，吉林省相当长一段时期都是第二产业占主导，工业结构相对失衡，结构调整较为滞后。

目前吉林省产业结构已经基本形成"三、二、一"格局，符合产业升级基本规律，但对产业结构与就业结构关系进行协调和匹配才是关键。对 1978—2020 年吉林省三次产业从业人员就业结构变化情况进行统计发现，如图 6-4 所示，吉林省目前第三产业就业比重逐渐上升，第二产业就业比重逐渐被压缩，第一产业变动幅度不大。结合图 6-3 所示三次产业产值变化趋势可以发现，吉林省第一产业就业人数比重下降速度明显低于第一产业产值比重下降速度，就业结构升级严重滞后于产业结构升级，这说明仍有大量农村剩余劳动力未能实现职业分化，农业部门存在隐性失业现象，大量农民仍滞留于农业未能实现转移，这也是对吉林省农民职业分化迟缓原因的重要解释。而吉林省第二产业产值比重较大，但就业结构比重最低，说明其产业结构与就业结构也存在结构失衡和发展不协调问题，形成产业结构与就业结构之间的偏离，导致其吸纳农村剩余劳动力能力不足，未能有效拉动就业。这主要因为随着第二产业生产率不断提高，技术更新加速，对农村劳动力技能要求不断提升，而现有农村劳动力无法满足岗位要求导致结构性失业现象，形成企业用工难与农民就业难的"两难境地"。因此应提升农民人力资本水平和职业素养，更好促进农民职业分化深入。吉林省第三产业产值比重与就业结构相对较为均衡，也得益于近些年吉林省大力发展现代服务业，为农民非农就业提供更多岗位，使得第三产业吸纳

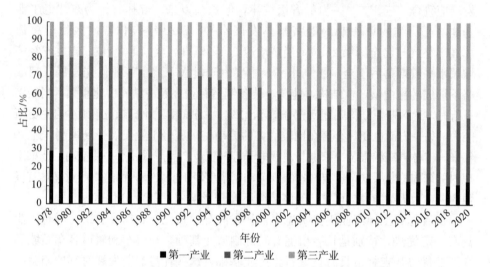

图 6-3　1978—2020 年吉林省三次产业产值结构变动情况

数据来源：1978—2020 年《吉林统计年鉴》。

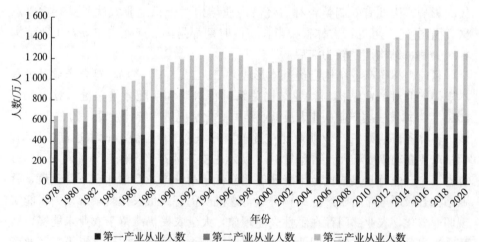

图 6-4　1978—2020 年吉林省三次产业从业人员就业结构变动情况

数据来源：历年《吉林统计年鉴》。

农村剩余劳动力能力不断提升，为农民职业分化和提速扩容奠定基础。

三、经济增长方式转变对农民职业分化影响

经济增长方式转变对农民职业分化也具有重要影响。经济增长方式通常指决定经济增长的各种要素的组合方式以及各种要素资源配置效应，是经济体由一个增长的实现路径向另一个实现路径转移的动态化过程。根据经济要素在经济结构中的地位和作用、经济主体和经济客体的关系，分为外延扩张型和内涵开发型两种增长方式。外延型经济增长主要以工业部门劳动人数增加为基础，依靠对要素、资源的投入来增加产品的数量，推动经济增长。而内涵型经济增长主要以技术进步和提高劳动生产率为基础，通过提高劳动者素质来增加产品数量和提高产品质量，从而推动经济增长。集约型经济增长逐渐会排挤初级劳动力，对劳动力需求会出现停滞或下降，这就会对农民职业分化在某种程度上起到抑制作用。而吉林省作为东北老工业基地，国有企业经济效益低下、发展负担重，传统发展模式下打造的重工业基地，不可避免具有高消耗、高能耗、高污染的产业特征，资源开发与利用的粗放，造成吉林经济结构性矛盾比其他省份更为突出，尤其 1998—2002 年吉林国有企业改革进程中，大量国有企业职工通过"买断工龄"等方式下岗，根据《中国劳动统计年鉴 2005》数据统计，2000 年吉林省国有企业下岗职工人数达到 41.9 万人（表 6-1）。工业结构性调整及国企改革使城市本身就分离出大量劳动力，城市富余就业岗位要消化下岗职工，农民更难以在城市获得额外的就业机会。在这段时期城市下岗工人影响城市现代经济部门对农业剩余劳动力吸纳能力，从而不利于农民职业分化。

表 6-1 1998—2002 年"下岗潮"期间吉林省国企下岗职工人数

单位：万人

项目	1998 年	1999 年	2000 年	2001 年	2002 年
国企下岗职工人数	34.0	34.4	41.9	27.4	19.3

数据来源：《中国劳动统计年鉴 2005》。

近些年，面对日新月异的科学技术发展和以创新与技术升级为主要特征的环境，吉林省也把加快经济结构调整作为经济增长的主要方式。2020 年吉林省研究与实验发展经费支出 159.5 亿元，比 2019 年增加 11.1 亿元，经费支出占地区生产总值的比重达到 1.3%，规模以上工业企业研究与实验发展经费支出 77.6 亿元，规模以上工业企业新产品开发项目数 3 741 个，新产品开发经费支出达到 178.89 亿元①。但高新技术产业发展对吉林省农民职业分化产生

---

① 数据来源于吉林省统计局《2021 年吉林省科技经费投入统计公报》。

了消极影响：一是农村剩余劳动力受教育程度低，难以融入高新技术产业发展中；二是高新技术进步一定程度减少对初级劳动力的需求，更难以向社会提供更多劳动密集型岗位，从而减弱现代产业对农民职业分化的促进作用。因此应不断提高农民职业技能培训，尽快适应科技创新要求和经济增长方式转变，提高农民所从事的非农职业层次，实现职业分化不断深化。

四、城乡收入差距对农民职业分化的影响

托达罗"预期收入"模型认为，农村劳动力向城市转移的决策是根据"预期收入"最大化的目标做出的，而这一目标设定主要依据就是城乡实际工资差距。城乡巨大收入差距是导致农民职业分化最直接的动因。农民之所以从农业流向非农就业，在一定经济和政策前提下，主要就是取决于所从事农业的预期收入和从事非农预期收入二者之间的比较。当外出务工经济效益高于本地农业生产经营效益，农民就会选择在农业外部就业，从而加速职业分化。改革开放以来，长期的城乡二元制度导致城乡二元发展模式，形成了巨大的城乡收入差距。吉林省农民职业分化呈现阶段性的特点，与城乡收入差距变化趋势具有一定必然联系。如图 6-5 所示，吉林省城乡收入差距改革开放后一段时期并不明显，这与全国情况基本相同。1983 年吉林省城乡收入差距表现为农村人均纯收入略高于城镇居民人均可支配收入，城乡居民收入比为 0.98：1，农民能够在农业中获得较高的收入，因此从事非农工作动力不强，农民职业分化趋势

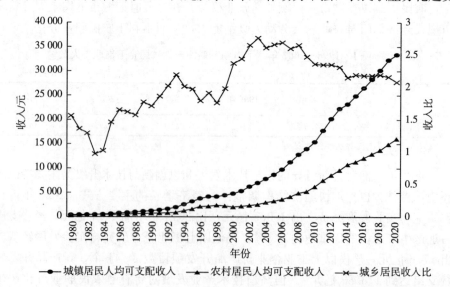

图 6-5　1980—2020 年吉林省城乡居民收入差距趋势

数据来源：历年《吉林统计年鉴》。

并不明显。随着吉林省城镇化和工业化发展，城乡居民收入差距被迅速拉大，2003 年达到历史最高，城乡居民收入比达到 2.77∶1。这段时期也是吉林省农民职业分化最为活跃的一段时期。而这种显性的城乡差距仅仅体现在人均可支配收入上，如果将二元制度造成的各种城乡福利待遇所产生的隐性收入也考虑进去，真实的城乡收入差距可能会更大。农民清楚地认识到在农村务农收入与在城市非农收入之间差距，农民纷纷涌向城市从事非农工作，这种城乡收入比较利益驱使农民做出职业分化的理性决策。

第二节 现代化对农民职业分化的影响

现代化进程影响着农民职业分化的速度和水平，农民职业分化与现代化有着必然的联系，农业和工业发展为城镇化提供动力，城镇化又加速农业现代化和工业化进程，农民职业分化是现代化的结果。农业机械化提高了农业劳动生产率，减少了农业对劳动力的需求，为农民职业分化提供了"推力"。工业化、城镇化发展又为农民职业分化提供"拉力"。

一、农业机械化对农民职业分化的影响

农业机械化是一个综合性很强的技术改造过程。核心内容是：全面应用现代农业科学技术，并用现代工业装备武装农业，通过机械逐渐替代人力的劳动过程，改造农业生产技术以达到发展农业经济的目标。舒尔茨 1964 年在《改造传统农业》把农业划分为传统农业、现代农业和过渡农业。传统农业是指世代使用各种生产要素为基础的农业，技术变化对于提高农民收入水平具有积极作用，而现代农业往往从供给角度优化生产要素在农业生产中的配置以提高农业现代化水平。因此，农民职业分化与农业现代化和机械化存在必然的联系。

（一）农民职业分化促进农业现代化实现

随着现代农业不断发展，中国经过 40 多年农村劳动力持续转移，农业劳动力成本上升已是不争的事实，根据速水佑次郎提出的诱致性技术进步理论，劳动力成本上升将促进诱致节约劳动技术的形成和发展。从规模经济角度看，在科技水平不变情况下，随着生产规模扩大，单位产品生产成本降低，使长期生产成本不断下降，即可以通过扩大生产规模来降低成本，提高利润水平。农业规模化经营生产是农业现代化必由之路，随着农民职业分化，越来越多的土地会流转到善于农业经营的人手中，这些职业农民耕作面积就会越来越大，机械化作业才成为可能，才能形成农业规模效应。但目前吉林省农业现代化发展也面临一些挑战。一是农业劳动力素质较低成为推广农业技术重要障碍，其生

产技能和科学水平难以适应现代化农业生产。二是剩余劳动力比例高，降低了农业比较收益和农民收入，根据调研数据得知，吉林省样本未分化比重达到51.7%，说明这部分群体仍以从事传统农业为主，农业收入仍是家庭中主要收入来源。三是土地分散经营流转程度低。农户对土地保障功能过于依赖，大量剩余人口滞留在农村，加之近些年土地租金大幅上涨，农民更不愿放弃土地，造成土地分散经营，土地流转程度较低。以上问题都涉及农业现代化进程中的农业劳动者因素，而如果能加速农业现代化进程，促进农民职业分化，这些挑战将会逐一破解。

（二）农业机械化是农民职业分化重要外推力

农业机械化是农业现代化重要标志。机械化作为一种典型的劳动节约型技术进步，可以有效减小劳动强度，提高劳动效率，增加作物产量，尤其当人口红利消失和劳动力价格刚性上升情况下，机械化可以有效降低农业生产成本。形成了对农业劳动力直接的替代作用，机械化极大解放农业劳动力，为农民职业分化创造条件。祝华军（2005）通过模型分析验证农业机械化与农村劳动力转移的协调性，发现全国农机总净值每增加 1 亿元，可以促进4.35 万劳动力转移至非农产业。吉林省作为农业大省又是全国粮食主产区，农业机械化迅速发展，从 1985 年 476.3 万千瓦增加到 2020 年 3 896.9 千瓦，农业机械化耕种面积已经达到 469.22 万公顷，机播面积 559.94 万公顷，机收面积为 504.80 万公顷。吉林省农业机械化水平是贯穿全部农业生产环节的，为农业现代化打下良好基础，农业生产率水平也不断提升。尤其是经济作物和蔬菜园艺机械化比粮食生产创造出更多的就业机会。吉林省松原市大洼镇开展"工厂化"农业，吸纳当地 130 多名农民就业，采用"工厂化"设施大棚种植蔬菜，同等面积上所需劳动力是露天蔬菜生产的 3 倍左右，"工厂化"农业是劳动密集型生产方式，提高了农民劳动时间的均匀性和持久性，为农民非农就业创造条件。

随着吉林省农业总产值和农业生产率逐年提高，农业从业者比重越来越小，非农化比重越来越大，说明农业机械化水平与农民职业分化同步进行。农业机械化发展水平越高，农业生产率越高，对农业剩余劳动力排斥会越来越明显，用机械替代劳动成为农民理性选择。

二、工业化对农民职业分化的影响

近现代以来，发达国家所经历的工业化进程都伴随着农村剩余劳动力的转移和劳动力身份的转变，这是现代化进程人口变迁的规律。中国工业化进程也必然遵循这一规律。农民职业分化是工业化的需求，也是工业化的结果。

最早关于农村劳动力转移问题与工业发展的研究源于 1691 年威廉配第，他根据当时英国经济发展现实指出，从事工业往往比农业获得更多利润，从事商业往往比工业获得更多利润，因此劳动力必然由农业转移到工业，而后由工业转移到商业。1935 年克拉克在《物质进步的经济含义》中进一步验证了产业结构与劳动力转移二者之间关系，揭示了劳动力在三次产业中分布结构的演变规律，被后人称为"配第-克拉克定理"。该定理指出劳动力分布结构变化动因是产业间相对收入的差异，实现工业化的过程就是农业劳动力在农业中就业比重下降的过程。中国作为世界上农业人口较多的国家之一，农村人口数量多、比重高是基本国情。第七次全国人口普查数据显示中国乡村农业人口仍有 5 亿多，由于农业隐性就业及劳动力过剩存在，大量农民需要分化并选择其他职业，必然引起农村劳动力资源重新配置，从而使其他要素资源得以重新平衡，最终实现与一、二、三产业结构同步调整。可见，工业化发展与农民职业分化必然相行相伴。

在 20 世纪 50 年代以后，学术界出现了刘易斯二元经济模型、拉尼斯-费景汉模式、乔根森模式人口流动模型等，这些模型在一定程度上对发展中国家农村劳动力转移问题进行了一定的解释。刘易斯模型认为农村剩余劳动力向非农产业转移取决于农业技术进步、工业资本积累扩张等因素，说明工业化发展对于农民职业分化起到推动作用。拉尼斯-费景汉模式认为只要城市工业部门收入高于农村农业部门，农村劳动力就会源源不断向城市转移。这三种模式都是典型的劳动力同步转移模式，即产业转移与劳动力转移是同步的。而托达罗针对拉丁美洲一些发展中国家城镇化超前于工业化现象进行研究，发现劳动力供给丰富而资本供给不足时，就会使劳动力要素相对价格形成高低差，而这些国家采取经济政策扭曲劳动力要素相对价格而不能真正反映要素实际稀缺性，减少了对劳动力的吸收。

国内学者也对工业化与农民职业分化的关系进行了实证分析。景普秋（2004）认为中国工业化、产业结构变迁有其独特的趋势与特征，工业化发展的不同阶段劳动力转移数量、结构、速度以及转移模式上都有差异。工业化国家一般都经历了起步期、成长期、成熟期三个阶段。起步期主导产业一般以劳动密集型为代表的轻纺工业为主，能够吸纳大量农村劳动力，对农民职业分化拉力效应明显。进入成长期后工业化发展以资本密集型为代表的重化工业为主，随着资本积累与分工深化，资本开始排斥劳动，工业对劳动力吸纳能力开始减弱。进入成熟期后工业化发展以技术密集型为代表的重加工业为主，对劳动力吸纳能力进一步减弱，知识密集型产业对劳动力技能要求越来越高，工业化对农民职业分化促进作用将逐渐弱化。

综合以上理论分析发现，首先，农民职业分化是国家工业化发展的必然结果。经济结构变革与各部门劳动生产率提高必然使农民从第一产业向第二、第三产业转移。其次，以劳动密集型产业为主的轻工业对农民职业分化作用突出。这主要是因为从要素稀缺性角度出发，鼓励发展劳动密集型轻工业目的就在于更好吸纳劳动力资源。该产业对劳动力基本素质和专业技能要求不高，便于农业劳动力非农转化。最后，工业化发展对农民职业分化规模和数量的影响也并非线性的，而是随着工业化不同发展阶段呈现波动性，工业化发展阶段越高，对体力型职业分化农民吸纳越有限。农民职业分化为工业化不同阶段发展提供劳动力要素资源，有力促进工业化不断发展。

吉林省作为东北老工业基地，其工业化发展阶段特征在全国具有一定代表性，更能反映出工业化对农民职业分化影响程度。表6-2和图6-6主要反映吉林省工业发展水平与农民职业分化程度的关系。按照钱纳里、配第-克拉克和库兹涅茨相关理论，衡量工业化通常采用人均国内生产总值、工业增加值比重和非农化率指标。本书采用工业产值占国民生产总值的比例来反映一个国家（地区）在一定时期内所生产和提供的全部产品总值对国内生产总值的贡献。该比例也是衡量工业企业生产成果的重要指标，在国民经济核算中具有重要意义。非农化率是指不以农业为主要收入来源的人口，以第二、三产业人口占总就业人口的比例来表示，非农化率越高，说明农民职业分化速度越快。以第一产业从业人数与乡村劳动者比重代表农民职业分化情况，比重越大，说明职业分化越不明显；比重越小，说明农民职业分化程度越高。从图6-2可见，吉林省2020年工业总产值为3 501.19亿元，依据钱纳里经典工业化发展理论，衡量工业化水平标准为经济发展水平、产业结构、工业结构、就业结构与空间结构。结合李永才（2015）关于吉林省工业化发展阶段测度分析，根据人均GDP、三次产业产值结构、制造业增加值占总商品增加值比重、人口城镇化率、第一产业就业人员比重，综合判定目前吉林省工业化发展整体处于工业化后期阶段，但总体呈逐渐增强的趋势。其中，长春工业化基础扎实，水平比较高，处于工业化发展高级阶段，对农民职业分化具有较强带动作用。而吉林省非农化率从1982年51.3%提高到2020年62.6%，也呈逐年提高趋势，但变动幅度缓慢。农业从业者占农村劳动力比重逐年下降，1982年比重为96.1%，说明当时农民的同质性强，农村劳动力以从事农业生产活动为主，职业分化不明显。最低比例为2010年77.3%，说明越来越多农民从事非农工作，农民职业呈现多元分化趋势。同时，吉林省农民职业分化也并非仅仅受到本省工业化发展影响，也会受到邻近区域工业化和全国工业化影响。正是工业化创造出的新就业岗位，使农民可以不受地域限制开展跨区域流动，并且往往向工业化发展水平高的地区流动。

表 6-2 吉林省工业化发展相关指标与农民职业分化程度相关数据

年份	地区生产总值/亿元	工业生产总值/亿元	工业生产总值占地区生产总值比重/%	非农化率/%	农业从业者占乡村劳动者比重/%
1982	121.67	54.21	44.6	51.3	96.1
1983	150.14	58.75	39.1	51.5	98.9
1984	174.39	72.10	41.3	53.8	97.6
1985	200.44	85.29	42.6	54.6	93.8
1986	227.15	91.28	40.2	56.2	88.9
1987	297.49	123.49	41.5	54.9	86.0
1988	368.67	155.12	42.1	53.8	90.0
1989	391.65	164.09	41.9	51.9	92.3
1990	425.28	163.82	38.5	51.7	92.0
1991	463.47	181.71	39.2	52.1	92.2
1992	558.06	227.17	40.7	52.2	91.3
1993	718.58	308.10	42.9	53.7	90.0
1994	937.73	354.70	37.8	54.3	88.7
1995	1 137.23	413.85	36.4	55.0	88.3
1996	1 346.79	471.34	35.0	55.3	89.4
1997	1 464.34	295.10	20.2	55.3	89.4
1998	1 577.05	504.12	32.0	51.8	88.5
1999	1 672.96	552.34	33.0	50.8	87.8
2000	1 751.35	565.52	32.3	49.8	91.2
2001	1 900.85	624.73	32.9	49.8	91.5
2002	2 043.09	653.53	32.0	50.5	89.5
2003	2 141.03	660.12	30.8	50.8	88.5
2004	2 455.21	735.13	29.9	53.9	83.9
2005	2 776.53	819.82	29.5	54.3	82.6
2006	3 226.47	904.40	28.0	54.8	81.7
2007	4 080.34	1 255.08	30.8	55.4	80.6
2008	4 834.68	1 474.79	30.5	56.0	79.3
2009	5 434.84	1 705.03	31.4	56.2	78.7
2010	6 410.48	2 029.61	31.7	56.7	77.3
2011	7 734.64	2 375.99	30.7	57.3	78.3
2012	8 678.02	2 649.66	30.5	57.8	79.3

（续）

年份	地区生产总值/ 亿元	工业生产总值/ 亿元	工业生产总值占地区 生产总值比重/%	非农化率/ %	农业从业者占乡村 劳动者比重/%
2013	9 427.89	2 852.74	30.3	58.3	80.4
2014	9 966.54	3 065.01	30.8	58.9	81.4
2015	10 018.00	3 090.70	30.9	59.5	82.5
2016	10 427.00	3 148.21	30.2	60.1	83.7
2017	10 922.00	3 235.24	29.6	60.7	84.9
2019	11 726.82	3 347.82	28.5	61.9	87.3
2020	12 311.32	3 501.19	28.4	62.6	88.6

数据来源：根据历年《吉林统计年鉴》计算。

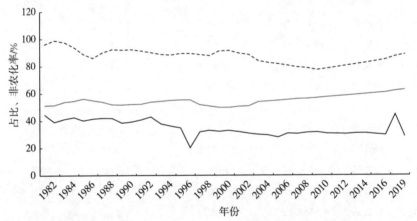

图 6-6　吉林省工业化发展水平与农民职业分化发展趋势

数据来源：历年《吉林统计年鉴》。

三、城市化对农民职业分化的影响

城市化水平是衡量国家现代化的重要标志，农村劳动力在工业化演进过程中实现产业转移和空间转移是城市化的本质特征。因此，研究农民职业分化问题也不可避免要与城市化问题研究联系起来。1858 年马克思在《政治经济学批判》中最早提出城市化，指出某一民族内部的分工，首先引起工商业劳动和农业劳动的分离，从而也引起城乡的分离和城乡利益的对立。城市化虽然是由众多要素共同影响，但人口作为最重要的社会生产要素，更是城市化的主体。城市化是社会生产力发展到一定程度，由产业结构的非农化而引起的生产要素发生在空间流动的一种现象或实践过程，农民职业分化所形成的劳动力流动也必将推动一个地区城市化发展。根据国际发展经验，城市化率与非农化率增长是同步的。国内部分学者也对城市化推动劳动力转移机制进行了大量研究。景普秋等（2004）认为农村劳动力就业动力一方面来自农村排斥力，另一方面来自城市推动力。城市规模和数量增加，城市外延不断扩大，城市拉力效应明显，加速农民向城市迁移。颜咏华（2016）用数理模型验证劳动力转移对中国城市化水平提高具有显著正向影响，且中西部地区城市化影响要大于东部地区。邓智团（2005）认为城市化对农村劳动力吸纳能力提升依赖于产业现代化和城市化相互配合，城市化发展水平很大程度也决定了城市吸纳农村劳动力的能力。以上理论和观点为研究城市化对农民职业分化影响提供理论借鉴，城市化与农民职业分化呈现怎样的关系？本节将从理论与实证两个层面进行论证。

（一）城市化与农民职业分化关系的理论解释

1. 城市化促进农民职业分化

这一促进作用主要是通过城市化聚集效应和扩散效应实现的。

首先，城市化具有聚集效应。一方面城市化推动产业空间聚集，现代产业组织高度发展带来生产企业规模化和上下游产业链的组织聚集，产生更多劳动力需求为农民带来就业机会。另一方面城市化推动人口空间聚集，人口集中会形成对产品和服务的消费需求，内生性地创造更多就业岗位，促进农村劳动力在城市就业增长。

其次，城市化具有扩散效应。一方面中心城市经济发展会对腹地范围内区域经济产生辐射带动作用，促进其产业发展和就业增长，形成新的聚集。长春作为吉林省省会城市，是中国重要汽车产业城市，根据专业化分工，把汽车零部件加工产业分工链条延伸至城市群周边地区，形成以四平、公主岭等周边地区的汽车零部件供应产业，加强了与中心城市间联系，显示出中心城市作为区域经济增长极具有正外部效应，促进辐射地农民就业增长。另一方面城市基础设施改善增加了农村劳动力就业机会的可达性，促进就业机会信息的传播，交通条件改善有利于城市化空间扩展，也促进劳动密集型生产环节向周边地区转移，实现农民就地就近就业。同时，城市化实现产业和人口聚集，会产生更高的经济和社会效益，促进公共设施完善，使生活于城市的农民形成新的思想观点和生活方式，在此基础上产生城市文明，使农民追求并向往。可见，城市化是农民职业分化"拉力"。

2. 农民职业分化是城市化发展的重要途径

农民职业分化通过空间迁移和产业转移推动城市化发展（图6-7）。按照刘易斯二元经济模型，发展中国家存在二元经济，即农村传统部门和城市现代部门，由于两部门经济结构不同导致收入差异，使农村剩余劳动力不断流入城市。城市化主要是指工业化革命以后，在一国社会经济结构上发生的人口聚集和非农产业聚集同时进行的过程，而工业化也为城市化发展带来动力。任何一个国家都不可避免要经历从传统农业社会转变为现代工业社会的城市化过程。从美国、法国、日本等发达国家城市化发展经验来看，都经历了工业化部门逐渐扩大、农业部门随之缩小、农业劳动力向非农部门转移、农村人口向城市迁移的过程。曾湘全（2013）认为农村劳动力转移所形成的地域转移就是指农村剩余劳动力由乡村向城镇转移，主要体现为城市数量增加、城市带形成和城市化率的提高。衡量农村劳动力向城市转移的速度和规模主要使用城市化率和城市人口年均增长率，美国用了130年时间完成73%的城市化水平，而日本则用50年的时间将城市化率提高到72%的发展水平。2020中国城镇常住人口总数为9.0199亿人，城镇化率为63.89%，户籍人口城镇化率为45.4%，与第六次全国人口普查相比，城镇人口增加2.3641亿人，乡村人口减少1.6436亿人。可见，农民职业分化所引起的农村人口的相对减少与城市人口相对增多，形成人口城市聚集直接推进了城市化，城市化规模与速度也很大程度上取决于农民职业分化的进程。

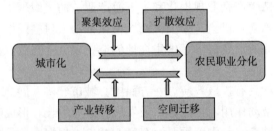

图6-7　城市化与农民职业分化互动发展机制

（二）吉林省城市化水平对农民职业分化影响的实证研究

为进一步验证城市化对农民职业分化影响，以实证方式利用吉林省相关统计数据进行定量分析，以求得城市化对农民职业分化影响机制和因果关系。

1. 数据来源

本书仍采用吉林省统计局公布的历年《吉林统计年鉴》相关数据，以保证数据来源代表性、可靠性和质量。根据上节理论分析，城市化对农民职业分化影响主要表现在几个方面：非农化率、城市化率、城市人口年均增长率。本书所研究的城市化是指人口的城市化，即农村人口向城市转移以及城市人口增长的过程，考虑户籍城市化率与常住人口城市化率有一定差距，为更好体现农民职业分化彻底性，本书采用户籍城市化率，即把城市化率定义为年末户籍城镇人口占地区总人口的比重，以更科学客观反映城市化水平，避免因常住人口城市化率过高影响农民职业分化程度测度。非农化率仍用第二、第三产业从业人数占总就业人数比重，城市常住人口年均增长率为一年内城市人口增长的绝对数量与同期该城市年平均总人口之比，反映城市人口增长速度。农民职业分化程度采用农业从业人员数量占全部乡村劳动力人数比重进行表示。考虑农民职业分化的阶段性与前文一致，统计年度数据从 1982 年开始进行选取，最后计算所得用于模型测算数据如表 6-3 所示。

表 6-3　吉林省城市化相关指标与农民职业分化程度相关数据

年份	城镇户籍人口/万人	户籍城市化率/%	城市人口年均增长率/%	非农化率/%	农业从业者占乡村劳动者比重/%
1982	763.7	33.8	0.81	51.3	96.1
1983	782.1	34.5	0.89	51.5	98.9
1984	802.6	35.1	1.49	53.8	97.6
1985	837.0	36.4	0.86	54.6	93.8
1986	857.0	37.0	1.13	56.2	88.9
1987	883.5	37.8	1.06	54.9	86.0
1988	908.7	38.5	0.92	53.8	90.0
1989	930.8	38.9	0.86	51.9	92.3
1990	951.9	39.0	0.58	51.7	92.0
1991	966.2	39.3	0.77	52.1	92.2
1992	985.4	39.8	1.43	52.2	91.3
1993	1 021.2	40.9	1.16	53.7	90.0
1994	1 050.4	41.8	1.07	54.3	88.7
1995	1 077.8	42.3	0.64	55.0	88.3
1996	1 094.5	42.4	0.82	55.3	89.4
1997	1 115.9	42.9	0.26	55.3	89.4
1998	1 122.9	43.1	0.34	51.8	88.5
1999	1 131.9	43.2	0.42	50.8	87.8
2000	1 143.0	43.5	0.44	49.8	91.2
2001	1 154.7	43.8	0.87	49.8	91.5
2002	1 177.8	44.5	0.66	50.5	89.5
2003	1 195.4	45.0	0.26	50.8	88.5
2004	1 202.4	45.2	0.14	53.9	83.9
2005	1 206.3	45.2	0.09	54.6	82.6
2006	1 208.8	45.1	0.26	54.8	81.7

（续）

年份	城镇户籍人口/ 万人	户籍城市化率/ %	城市人口年均 增长率/%	非农化率/ %	农业从业者占乡村 劳动者比重/%
2007	1 215.9	45.1	0.32	55.4	80.6
2008	1 224.8	45.2	0.07	56.0	79.3
2009	1 226.8	45.1	0.56	56.2	78.7
2010	1 242.1	45.6	2.45	56.7	77.3
2011	1 309.1	48.0	−1.56	57.3	78.3
2012	1 266.7	46.9	−0.30	57.8	79.3
2013	1 258.4	47.0	−0.39	58.3	80.4
2014	1 247.8	46.7	1.54	58.9	81.4
2015	1 289.0	48.4	0.55	59.5	82.5
2016	1 303.7	49.3	−0.24	60.1	83.7
2017	1 297.3	49.6	−0.50	60.7	84.9
2019	1 284.2	49.2	−0.16	61.9	87.3
2020	1 279.8	49.2	—	62.6	88.6

由表 6-3 得知：吉林省城镇户籍人口总体呈逐年上升趋势，但部分阶段呈小幅波动状态，2011 年最高达到 1 309.1 万人，之后趋于下滑，2016 年又达到 1 303.7 万人，之后又逐年下降，户籍城市化率也随着发生波动。历史上城市人口年均增长率在 2011—2013 年和 2016—2019 年出现两次负增长周期，最快增长率出现在 2010 年，达到 2.45%，其他年份增幅变动都不明显。非农化率呈逐年递增趋势，而农业从业者占乡村劳动者比重整体呈递减趋势。

2. 研究方法

本书采用格兰杰因果检验方法对城市化与农民职业分化这两个变量进行因果判断，因为协整检验只能判断两个变量是否存在较长期稳定关系却无法获知序列之间因果关系，经济时间序列又经常出现伪回归①，而格兰杰检验可以很好克服伪回归问题。该检验方法为 2003 年诺贝尔经济学奖得主格兰杰（Clive Granger）所开创，用于分析经济变量之间的因果关系。在时间序列情形下，格兰杰因果检验通常采用这样的方法，先估计当前的 y 值被其自身滞后期取值所能解释的程度，然后验证通过引入序列 x 的滞后值是否可以提高 y 的被解释程度，如果是，则称序列 x 是 y 的格兰杰成因，此时 x 的滞后期系数则

---

① 伪回归指统计上形成较大相关系数，但实际却毫无任何经济意义。

具有统计显著性。

本书采用 Eviews 8.0 软件进行格兰杰因果检验计算。计算如下双变量回归。

$$y_t = \alpha_0 + \alpha_1 y_{t-1} + \cdots + \alpha_k y_{t-k} + \beta_1 x_{t-1} + \cdots + \beta_k x_{t-k} \qquad (6-1)$$

$$x_t = \lambda_0 + \lambda_1 x_{t-1} + \cdots + \lambda_k x_{t-k} + \sigma_1 y_{t-1} + \cdots + \sigma_k y_{t-k} \qquad (6-2)$$

其中，k 为最大滞后阶数，检验原假设是序列 $x(y)$ 不是序列 $y(x)$ 的格兰杰成因，得：

$$\beta_1 = \beta_2 = \cdots = \beta_k = 0 \qquad (6-3)$$

$$\sigma_1 = \sigma_2 = \cdots = \sigma_k = 0 \qquad (6-4)$$

Eviews 软件可以计算 F 统计量和相伴概率。

3. 计算结果与分析

如果随机变量是非平稳性序列时，进行格兰杰检验会出现上述提到的伪回归现象，最终导致结论错误。计算中最大滞后期 k 值默认为 2。在进行协整分析以前必须对分析序列的平稳性进行单位根检验。本书采用 ADF 检验对原序列及一阶差分序列进行平稳性检验，应用 Eviews 8.0 软件，对农民职业分化和城市化变量进行 ADF 单位根检验，检验结果如表 6 - 4 所示。

表 6 - 4　ADF 平稳性检验结果

项目		t 值	P 值
ADF 检验值		−3	0.002 8
临界水平	1%	−3	
	5%	−2	
	10%	−1	

由表可知，各序列一阶单整的，即临界水平 1%、5%、10% 的情况下，其 t 值小于增广迪基—富勒检验统计量，可以证明户籍城市化率和农业从业者占乡村从业者比例的时间序列之间具有平稳性。

如表 6 - 5 所示，在 95% 的置信区间内，第一个检测对于城市化不是农民职业分化的格兰杰成因概率只有 0.010 35，说明城市化对农民职业分化影响十分明显；第二个检测对于农民职业分化不是城市化的格兰杰成因概率更低，只有 0.001 89，表明在 95% 置信区间内，农民职业分化也是城市化水平格兰杰成因。两次检验都拒绝了原假设。通过吉林省统计数据进行实证检验可以看出，一方面，城市化聚集效应和扩散效应对农民职业分化产生一定拉力，但城市对农民吸纳能力又受多种因素影响，需加快城市化推进速度以提高对分化农民的吸引力。另一方面，农民职业分化很大程度上提高了城市化发展水平。农民职业分化必然会引起农民非农化和产生空间上的迁移，二者相互影响，互为因果，影响具有双向性，因此制定相关政策应将二者协同考量。

表 6-5 格兰杰因果检验结果

零假设	F 统计量	P 值
城市化不是农民职业分化的格兰杰成因	7.472 60	0.010 35
农民职业分化不是城市化的格兰杰成因	12.352 70	0.001 89

第三节　社会制度对农民职业分化的影响

美国著名经济学家道格拉斯-诺斯（Douglass North）用制度因素解释经济增长，发现制度因素的重要作用。Schultz（1968）认为，制度可以被看作社会中个人所遵守的一整套行为规则。回顾中国农民职业发展历程不难发现，从 1982 年家庭联产承包责任制全面推广到 2019 年《土地管理法》修订，从城乡户籍制度改革到劳动力市场制度完善，中国农民职业分化始终是伴随着社会经济体制改革而推进的。制度因素是影响农民职业分化的关键因素。但凡与农业农村发展、城乡生产要素流动、户籍等相关的制度都会在不同程度上影响农民职业分化。

一、户籍制度对农民职业分化的影响

户籍制度是影响农民职业分化最重要的制度因素，影响的时间长、范围广、程度深。户籍制度一方面影响农民职业分化后工资收入水平。Liu（2005）利用 CHIPS 微观数据发现城镇职工收入比农民工群体高出 37%，进一步使用 Oaxaca - Blinder 分解方法研究发现，59% 是由户籍歧视造成的。Meng（2001）对上海市 1995 年农民工与城市职工收入差异进行比较分析，发现农民工平均工资水平只有城市职工的 48%，而工资差异 100% 都是由户籍歧视造成的。另一方面，户籍制度还阻碍农民职业分化群体流向更好的职业。乔明睿（2009）研究发现户口是限制农村劳动者进入劳动力市场重要因素。外来劳动力与城市本地劳动力在就业岗位获得上存在着结构性差异，拥有城镇户口劳动者在从事职业和工作单位选择上具有明显优势，他们既垄断了主要劳动力市场就业，也在次要劳动力市场中处于有利地位。而外来劳动力只能被迫从事低收入、稳定性差的非正规部门工作。因此，全面了解中国户籍制度演变及对农民职业分化影响尤为重要。中国户籍制度演变主要经历以下五个阶段。

一是二元户籍制度形成阶段（1949—1958 年）。1958 年《户口登记条例》

的颁布标志中国户籍制度的产生。这一制度主要用来应对当时城市出现的严重粮食等生活必需品短缺和过高的城市失业率。这一制度除发挥行政管理功能外，还被赋予了限制功能和附加功能。一是限制农村居民进入城市，公民由农村迁往城市，必须持有城市劳动部门的录用证明，学校的录取证明，或者城市户口登记机关的准予迁入的证明，向常住地户口登记机关申请办理迁出手续；二是附加功能，即户籍上附着门类繁多的公共福利，造成城乡之间在教育、医疗、卫生、住房、养老、社会保障等诸多方面不平等。这标志着国家限制农民进城的二元户籍管理制度以立法形式被正式确定下来，成为影响农民职业分化的一道藩篱，使农民无法进行身份转变，被牢牢限制在土地上难以开展真正的职业分化。

二是户籍制度强化阶段（1959—1977年）。1961年中共中央通过《关于减少城镇人口和压缩城镇粮食销售的九条办法》，要求三年内减少城镇人口2 000万以上。1964年公安部《关于处理户口迁移的规定》颁布，1975年《宪法》取消关于公民迁移自由的条文，使二元城乡户籍制度得到进一步强化。1977年国务院批转公安部《关于处理户口迁移的规定》强调对"农转非"实行了政策与指标双重控制的管理体制，二元城乡制度确立。

三是户籍制度有限调整阶段（1978—1991年）。随着改革开放与家庭联产承包责任制全面实行，从1980年开始国家陆续颁布《关于农民进入集镇落户问题的暂行规定》和《关于城镇暂住人口管理的暂行规定》等一系列规定，户籍制度在政策层面开始松动，赋予农村流动人口在城镇居留的权利，农民职业分化在这一时期也开始发端，但仍未能突破户籍制度对城乡居民身份和社会地位的束缚。

四是户籍制度有限突破阶段（1992—2001年）。1992年国家颁布《关于实行当地有效城镇居民户口制度的通知》，开始实行蓝印户口制度，持有蓝印户口的农户能够与城镇户口的居民享有同等待遇。1994年劳动部发布《关于农村劳动力跨省流动就业管理暂行规定》，允许符合一定条件的用人单位跨省招用农村劳动力。1997年《小城镇户籍管理制度改革试点方案》实施，小城镇开始对农民开放，身份得到承认并享受一定的社会福利，为农民职业分化排除一定的制度障碍。

五是户籍制度改革深化阶段（2002年至今）。2002年中国颁布《居民身份证法》，以法律形式保护公民权益。同年中共中央、国务院《关于做好2002年农业和农村工作的意见》中提出对进城务工农民要"公平对待、合理引导、完善管理、搞好服务"十六字方针。2011年2月国务院发布《关于积极稳妥推进户籍管理制度改革的通知》，形成以经常居住地登记户口为基本形式的户籍制度。2014年国务院发布《关于进一步推进户籍制度改革的意见》标志户籍制度深化改革进入全面实施阶段。首次提出取消农业户口和非农业户口性质区分和由此衍生的蓝印户口等户口类型，统一登记为居民户口，体现户籍制度的人口登记管理功能，二元户籍制度正式退出历史舞台。2015 年国务院发布《居住证暂行条例》，保障居住证持有人享有基本公共服务的权利。

以上五个阶段全面反映中国户籍制度变迁对农民职业分化带来的全面影响。2015 年吉林省政府出台《关于进一步推进户籍制度改革的意见》（吉政发〔2015〕4 号），以合法稳定职业、住所、参加城镇社保年限等为基础标准实施差别化落户政策，全面推进户籍制度改革。2020 年吉林省公安厅发布《吉林省全面深化户籍制度改革的意见》，全面放开城镇落户条件，严格落实进城就业生活 5 年以上和举家迁徙的农业转移人口、在城市稳定就业生活新生代农民工落户政策，确保有意愿进城落户的农业转移人口应落尽落。"十四五"规划纲要提出继续深化户籍制度改革，农民职业分化户籍制度障碍如今已经基本消除，中小城市基本实现自由落户，大城市落户难度降低，但特大城市进入难度还是相对较大，户籍制度改革也要依据城市容纳能力循序渐进完成。

二、农地制度对农民职业分化的影响

农地制度主要指包括农地所有制度、农地使用制度、农地流转制度和农地国家管理制度在内的经济关系和法律关系总和（赵光南，2011）。因此农地制度决定了农民与土地的关系，农地制度演变也使劳动力要素与土地要素流动组合方式发生变化。农地制度影响农民从事非农职业决策，也是农民职业分化的重要机会成本。改革开放以来，中国农地制度演变主要经历以下几个阶段：

一是农地制度改革阶段（1978—1983 年）。改革开放后家庭联产承包责任制确立，土地所有权归集体所有，赋予农民土地使用和收益权，实现两权分离，极大激发农民种地热情，提高农民收入。1980 年 9 月中共中央《关于进一步加强和完善农业生产责任制的几个问题》肯定了生产责任制。1982 年中央 1 号文件进一步明确包产到户的社会主义性质。1983 年全国实行包产到户的农户达到 1.75 亿，占农户总数 94.5%，也标志土地承包权制度全国范围全面实行。这一制度打破原有农村僵化局面，提高农业生产效率，也使农村劳动力要素资源错配得到纠正，部分农民开始从传统农业中解放出来从事非农活动以增加收入。

二是农地制度稳定阶段（1984—1997 年）。为稳定农民预期，减少因土地承包期太短和不稳定的地权造成农民掠夺性经营，1984 年中央 1 号文件规定土地承包期应在 15 年以上，1993 年中央 1 号文件又提出将承包期再延长 30 年不变。随着农民职业分化越来越普遍，农民对土地产权也产生了土地流转、分享土地财产收益等要求，部分地方发展多种形式适度规模经营。这一时期农地制度一方面稳定农民土地使用权预期，增加农民土地投入积极性；另一方面出现土地流转制度创新，为职业农民的分化和发展适度规模经营奠定制度基础。

三是农地制度法制化阶段（1998 年至今）。1998 年修订《土地管理法》规定土地承包经营期限为 30 年，2019 年再一次对《土地管理法》进行修订，中国农地制度进入法制化阶段。2003 年《农村土地承包经营法》颁布又为农民进行土地使用权的流转提供法律依据和保障。2016 年中国实施《关于完善农村土地所有权承包经营权分置办法的意见》标志农地"三权分置"的正式形成。2018 年再次修订《农村土地承包法》，2019 年中央 1 号文件要求完善"三权分置"的法律法规和政策体系。一系列法律对土地承包双方权利义务做了界定，为农民土地经营权及纠纷解决提供法律依据和保障，土地承包期限延长也对稳定农民预期、改变农民土地经营短期行为产生积极影响，也为农民职业分化提供制度保障。

虽然改革开放以来中国农村农地制度对提高农民积极性、促进农业生产起到很大作用，但在进一步推动农民职业分化、满足农民对于土地需求方面仍存在一定制约。农地对于农民需求的影响也在发生深刻变化。农村人口对于土地的需求可划分为生产性需求、保障性需求和财产性需求（李春香，2015）。生产性需求是农民在农地上生产获得收入维持日常生活的基本手段和实现形式，是基本的生存性需求。农民职业分化后，货币收入主要来自非农收入，在社会保障不完善情况下，土地就是他们的社会保障。财产性需求是农民为实现自身更好发展，开展专业型职业分化融入城市，拥有财产性收入而对土地提出更高层次的要求。随着农民职业分化不断深入，非农收入增加，农民财产性需求越来越强烈，生产性需求下降，保障性需求趋于稳定。现有土地制度对于农民职业分化的影响主要集中在以下两个方面。

一方面，现有农地制度难以活化职业分化农民对土地的财产权益。近些年随着各种农业补贴及土地租金的提高，对于农户来说土地财产性属性得到强化，农户对土地的财产性诉求日益强烈，但现有农地制度仍无法充分满足其需求。新的《农村土地承包法》明确不得以农民退出土地作为进城落户条件，但对于有偿退出的方式仍缺少相关规定和制度安排。《土地管理法》虽然允许进城农民自愿有偿退出宅基地，但宅基地使用权流转需在集体经济组织内部，且转让行为需征得集体组织同意。因此职业分化农民在土地退出过程中，土地权益很难实现市场化，也不能将土地使用权转化为资金支持，土地财产权益难以活化，降低职业分化农民市民化的能力。

另一方面，现有农地制度对职业农民分化产生一定影响。按照现有土地发包方式，实行同等级、同距离土地均等分割发包，造成土地分散经营，农地小规模未能根本改变，尤其出现少数农户不愿流转，导致农地难以进行连片规模化经营，影响一些种植大户和职业农民实现规模经营积极性和从事现代农业信心，从而缺少向职业农民分化的动力。

三、社会福利制度对农民职业分化的影响

以户籍制度为基础建立起来的城乡二元社会福利制度是影响农民职业分化另一制度障碍。当前城市公共服务还未能实现常住人口全覆盖，进城落户农民虽然身份上和城市居民实现了平等待遇，但依然享受不到与城市居民同等的社会保障权利。农民只能以土地作为其生存和养老的主要手段，也使大多数农民不愿意彻底脱离土地，导致农民职业分化兼业性严重，阻碍农民职业分化进程。社会福利制度对农民职业分化影响主要体现在以下几个方面。

（一）社会保障制度对农民职业分化的影响

社会保障制度是现代国家一项基本制度，是社会发展稳定器，对于促进社会公平、推动社会发展、助力社会经济发展具有重要作用。但长久以来，中国社会保障制度建设基本上以城镇为主，农村始终处于社会保障制度的边缘。计划经济时代，中国农村社会保障制度立足于农民自我保障，以集体经济单位为依托，保障水平非常有限，在一定时期内农村居民社会保障完全缺失。全面取消农业户口后，进城落户农民可以和城镇居民同样享有养老保险待遇，但必须按照城镇居民标准缴纳，巨大的城乡收入差距使农民难以支付和承担，无法实现真正的同质性，因此"养儿防老"仍是传统农村养老模式真实写照，与城市居民享有的医疗保险、失业保险、住房公积金等国家制度保障形成鲜明对比，二元的城乡保障制度背景下，土地就成了农民仅有的依靠，这也是农民职业分化不彻底的根本原因。同时二元社会保障制度也是中国农村劳动力成本低廉的重要原因，限制了职业分化后的农民在城市正规部门工作，只能选择在非正规部门就业，导致职业分化低水平性和大量兼业型职业分化农民存在。

2014年吉林省政府就相继下发了《关于进城落户农民参加城镇职工基本养老保险有关问题的通知》《吉林省城乡养老保险制度衔接办法》，将进城务工农民、进城落户农民、被征地农民全部纳入参保衔接范围，形成城乡居民基本养老保险，实施个人缴费、集体补助、政府补贴的办法进行统一管理。通过这些举措实现公共服务均等化，一定程度上解决农民职业分化后的社会保障顾虑，推动了吉林省农民职业分化和市民化进程。但近些年虽然农村社会保障体系基本建立，中国又取得全面脱贫攻坚的历史性胜利，但一些政策仍停留在碎片化层面，农村社会保障项目一体化程度不高，制度缺乏一定针对性，难以满足当前农村居民社会保障全部需求。因此进一步提升农村社会保障水平，尽快

构建城乡统一的社会保障制度，既是推动农民职业分化的要求，更是社会公平正义的要求。

（二）金融体制对农民职业分化的影响

金融体制是指银行等金融机构利用各种信用活动组织、调节货币流通与资金运动的形式和管理制度的总和。改革开放以来，由于户籍制度导致城乡二元发展格局，同时资本逐利性趋势导致金融资源配置结构失衡，形成城乡二元制的金融体系。一方面农村金融资源严重不足，工农业剪刀差使城市发展不断从农业中吸取金融资源，导致农村金融投入有限。另一方面城乡二元金融政策加剧农村信贷资金短缺，形成严重价格扭曲无法支持农业发展和农民增收，影响农村非农产业发展，从而限制农民非农就业渠道。

2021年7月吉林省出台《吉林省地方金融监督管理条例》，提出促进地方金融发展，加大普惠金融，提高金融服务可获得性，结合吉林省实际情况积极推进农村金融改革，加大对农业、农村、农民经济组织金融服务力度，有效保障专业型职业农民分化所需金融支持，一是为实现规模化农业的职业农民提供农业信贷，为集约化经营提供大量资金，二是为返乡创业农民工提供金融支持。部分外出农民工带技术回乡创业，但筹集资金困难。推动农村金融服务体系可以帮助这部分农民兴办工商企业，创造更多农村本地就业岗位，有力促进农民职业分化。

（三）其他福利制度对农民职业分化的影响

长期城乡分割，也造成城乡教育制度、就业制度、住房制度等其他公共福利制度的二元化。造成职业分化农民进城后难以享受同质化公共服务，与城市居民生活成本严重不对等，这对农民职业分化形成严重制度束缚。农民需要考虑职业分化进城后在城市生活成本、子女教育成本、医疗成本、住房成本等因素，这些制度因素都成为农民职业分化和迁移决策的重要依据。二元福利制度严重扭曲社会发展，如不从根本上把这些福利制度也纳入城市制度框架中，这部分进城农民社会福利就难以保障，"二元性"农民职业分化就会始终存在，农民只是完成职业转化而难以实现身份转化，难以实现真正的市民化。

2005年吉林省政府发布《吉林省鼓励农民进城务工就业若干规定》，帮助解决进城务工农民资金困难，允许进城后购买经济适用房；2015年吉林省政府发布《关于进一步做好为农民工服务工作的实施意见》，加大了对进城务工人员社会公共服务的保障。2017年吉林省政府发布《关于进一步做好进城务工农民随迁子女义务教育工作意见的通知》，保障了进城务工农民随迁子女平等接受义务教育权利。以上举措有效化解农民职业分化城市生活公共服务保障的后顾之忧，对增强职业分化信心起到重要作用。

本 章 小 结

本章主要从宏观视角对影响农民职业分化的各种影响因素进行分析。

首先，从经济发展角度，得出了吉林省经济增长速度与农民职业分化呈现阶段性正相关性的结论。吉林省产业结构与就业结构失衡和不协调影响着农民职业分化速度。而经济增长排挤初级劳动力，对农民职业具有一定抑制作用，因此应加强农民技能培训以更好适应内涵型经济增长。而二元经济体制导致城乡巨大收入差距是农民职业分化直接动因，吉林省农民职业分化呈现阶段性的特点，与城乡收入差距变化趋势具有必然联系。

其次，从农业现代化内涵出发，阐释了农业现代化、工业化与城市化同农民职业分化之间的互动关系，农业现代化与农民职业分化具有互动性，农业机械化水平成为农民职业分化重要推力。工业化发展对农民职业分化规模和数量的影响也并非线性的，而是随着工业化不同发展阶段呈现波动性。城市化与农民职业分化具有双向性，通过城市化聚集效应和扩散效应对农民职业分化发挥积极作用，职业分化又通过农民产业与空间转移实现城市化，并用吉林省城市化水平指标和农民职业分化程度作为变量进行了格兰杰因果检验，验证二者互为因果。

最后，从制度因素角度解释农民职业分化程度及其分化类型的影响机理。从制度变迁视角解释户籍制度、农地制度和社会福利等制度对农民职业分化产生的影响，户籍制度影响农民职业分化收入水平，阻碍农民向更高层次职业流动。而现有农地制度难以活化职业分化农民对土地的财产权益，抑制农民彻底职业分化意愿，降低职业分化农民市民化的能力。阐释社会福利制度对农民职业分化程度的影响作用，吉林省现代化发展水平逐年提升，城乡社会保障一体化不断完善，可以为吉林省农民职业分化创造良好的宏观环境。

第七章　农民职业分化微观影响因素分析

农民职业分化不仅仅是指农民在产业和空间的转移，也是农民个人生活方式、价值观念、社会心理等适应城市的过程。从经济学角度看，在同样的宏观外部因素影响下，农民群体职业分化存在个体差异性，有些已经分化，有些未分化，有些选择专业型职业分化，有些选择兼业型职业分化。这说明除了经济、社会、制度因素外，农民职业分化还与农民个体因素、家庭特征和其所处地理区位因素有关。基于此，本章依据实地调研访谈资料及问卷调查数据，主要研究农民职业分化各微观影响因素。借鉴美国社会学家布劳和邓肯在 1967 年出版的《美国职业结构》中先赋力量和自致力量对个人职业地位获得的影响研究，本章对于农民职业分化微观影响因素研究也从这两个方面挖掘，包括个人先赋性因素和通过自身行为及努力可获得、可改变的个人自获性因素。个人先赋性因素有性别、年龄、婚姻、居住地等；个人自获性因素有知识、技能、文化程度、工作经历等，是个人经过自己努力而得到的一些社会属性。家庭因素是指家庭人口数量、耕种土地面积、家庭成员、家庭收入水平等。地理区位主要包括居住位置、社区经济发展水平、交通网络密度等情况，这些变量具有客观性，又在一定区域内因个体不同而千差万别，具有微观因素特征。结合吉林省样本实际情况，本章主要分析以上微观因素对农民职业分化的形成、分化程度、分化职业类型选择的影响程度。

第一节　个体特征与农民职业分化

一、个人先赋性因素的影响

个人先赋性因素主要是个体与生俱来的因素。即个人出生之前已经被社会赋予的客观条件。结合农民职业分化的界定与特征，本章重点考察个人先赋性因素中不同性别和年龄特征对农民职业分化程度和职业类型选择的影响。

（一）性别与农民职业分化

1. 性别对农民职业分化程度的影响

根据第五章关于调查区域样本农民职业分化现状分析，本次抽样调查采用整群抽样和分层抽样方式，分3个不同时间段在吉林省区域范围内共收集到有效样本1 080个。根据样本统计结果，问卷样本中男性569人，占样本总数52.7%；女性511人，占样本总数47.3%。利用SPSS 20.0进行交叉列联统计分析，对不同性别农民职业分化程度与形态进行了描述分析与卡方检验（表7-1）。

表7-1　不同性别农民职业分化程度

分化程度		男性		女性		总数/人	比重/%
		人数/人	比重/%	人数/人	比重/%		
未分化		244	42.9	314	61.4	558	51.7
兼业型分化（部分分化）	农业兼业	85	14.9	90	17.6	175	16.2
	非农兼业	104	18.3	18	3.5	122	11.3
专业型分化（完全分化）	完全务工	111	19.5	89	17.4	200	18.5
	职业务农	25	4.4	0		25	2.3
合计		569	100.0	511	100.0	1 080	100.0

对性别与分化程度变量进行交叉列联分析，并进行双尾非对称性显著性水平检验，皮尔逊卡方检验显著性水平 P 值为0.014，远远小于0.05，说明性别对职业分化类型存在显著性。如表7-1所示，女性未分化比例明显高于男性，在调查样本中有314名女性尚未分化，占女性样本总数61.4%，占未分化比例为56.3%；而男性未分化人数为244人，占男性样本总数42.9%，占未分化比例为43.7%。通过以上分析发现性别对于农民职业分化影响在于以下两个方面。

（1）农业女性化趋势明显。一方面在未分化群体中，女性比例高于男性；另一方面在已分化群体中，女性开展农业兼业型比例也仍高于男性。之所以女性从事农业生产活动比例较高主要有几方面原因：一是理性决策选择的结果。根据刘易斯劳动力转移模型和托达罗预期收入模型，男性外出务工收益大于女性，可以最大限度获取劳动力剩余价值，因此从传统社会"男耕女织"到具有弹性的"男工女耕"，目前农业生产机械化程度高，女性农业劳动强度并不大。在此背景下，男性外出打工，女性留守是一种成本最小、收益最大的策略，这是农民理性选择的结果。二是社会城乡保障制度限制的结果。农村社会化服务设施尚不完善，难以形成与城市同样功能完备的幼儿园、养老资源和托管机制，子女抚养与老人赡养压力通常就落在已婚女性身上。性别分工又使妇女仍无法从繁缛的家务劳动中解放出来。加之进城务工农民暂时享受不到与城市职工同等的社会保障水平，当非农收入无法支撑城市高昂的生活成本，稳定的境遇还没有达到能够轻易放弃土地的程度时，留守的女性劳动力仍需坚守农业作为生活最后的保障。

（2）女性农民职业分化具有滞后性。从分化程度来看，男女性别差异显著，共有 325 名男性发生职业分化，占调查样本 30.1%，只有 197 名女性发生职业分化，占调查样本比重只有 18.2%，远远低于男性。尤其在分化类型上，男性完全务工比重高达 19.5%，而女性只有 17.4%。调查群体中共有 25 名职业农民，也均为男性。在兼业型职业分化类型中，男性以非农兼业型为主，占 18.3% 的比重，而女性只有 3.5% 的比重。可见，男女性别素质决定男性职业分化程度比女性更高，男性较大可能比女性更早进入城市。女性因其拥有的发展资源较少，多留居于家庭，致使其职业分化滞后于男性。这主要是因为：一方面是由性别素质分工决定。女性相对身体劳动素质不如男性，体力劳动中处于劣势，可选择的非农职业很有限。同时受教育程度、农业技能培训率、流动机会也均低于男性，特别是在非农化过程中资源、机会的配置和流动又强化了男女性别的不均衡性，形成了"叠加效应"。另一方面"相夫教子""传宗接代"等传统性别角色观念仍影响女性职业分化选择。传统性别观念像一条无形锁链束缚农村女性非农职业选择，"家本位"思想仍阻碍农村女性农民职业分化，在进行职业选择时主动性不高，更多采取以顺应男性利益为主的安排，"主内"意识强于"主外"意识。

2. 不同性别从事非农职业类型差异比较

不同性别在非农职业类型选择上也存在一定差异。从此次调查统计结果中可以看出：男性更偏向重体力高强度职业，女性更偏向服务行业。传统建筑行业对于劳动力吸纳能力较强，身体劳动素质决定男性从事建筑业人数明显高于女性。但调查发现服务行业吸纳剩余劳动力能力正逐步增强。由于服务行业准入门槛低，以快递、送餐、家政服务等工作为主，越来越多职业分化农民选择从事生活服行务行业。如图 7-1 所示，其中，调查样本男性从事服务行业有 101 人，占男性职业分化比例 30%；女性从事服务行业 71 人，占女性职业分化比例为 36%，是所有职业类型中占比最大的职业。近些年受到中国整体房地产业低迷走势，建筑行业机械化作业水平提升，对劳动者技术要求也越来越高，逐渐排斥简单体力劳动者，男性农民建筑行业从业比例逐渐降低，转向报酬水平更高的第三产业从事服务行业。这也进一步验证了刘易斯劳动力转移模型，农村剩余劳动力正在从第二产业向边际报酬更高的第三产业转移。女性从事产业工人比例高于男性，职业分化后更向往相对稳定的工作。

从统计结果看，女性承担村务管理工作比例高于男性，在女性农民职业分化中占 14% 的比例，也反映出近些年农村基层管理中女性参政议政能力的提升。女性专业技术人员占 23% 的比例，说明女性掌握专业技能速度较快，参加教育培训机会也有所提升。

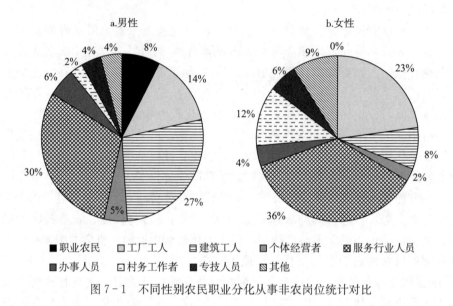

图 7-1　不同性别农民职业分化从事非农岗位统计对比

（二）年龄与农民职业分化

1. 年龄对农民职业分化的影响

不同年龄的农民职业分化程度也存在显著差异。调查结果显示（表 7-2），未分化群体比较集中的年龄段是 51 岁及以上，占比 51.8%，而 20 岁及以下群体未分化比例只有 2.5%。部分分化群体年龄主要集中在 31~40 岁，其次是 21~30 岁，分别占 35.1% 和 27.0%，这部分群体具有年轻化趋势，选择进行兼业型职业分化，能够较好兼顾务工与务农，增加收入来源。完全分化群体主要集中在 41~50 岁区间，这部分群体通常从事非农职业时间较长，具有一定非农从业的专业技能，长期在城市居住，完全与土地和农业生产相脱离。通过以上分析发现，农民年龄与职业分化程度呈负相关关系，年龄越小分化程度越高，年龄越大分化程度越低。这主要是因为随着社会发展和农民观念更新，新生代农民拥有更强烈的分化意愿，分化初衷就是从事非农职业并定居城市，并以成为市民为最终目的。而随着农民年龄增大，因一些高强度和高风险的非农职业对劳动力年龄有限制，农民获得的非农从业机会减少，分化可能性就小。

运用 SPSS 20.0 对年龄段与农民职业分化程度两个变量进行线性相关性检验，结果如表 7-3 所示，斯皮尔曼相关系数为 -0.393，说明二者存在负相关关系，双尾检验显著性水平 Sig. 为 0.00，说明总体中两个变量相关性是显著的，进一步验证了年龄对农民职业分化程度的负向影响具有显著性。

表 7-2　不同年龄段农民职业分化情况

年龄段	未分化		部分分化		完全分化	
	人数/人	比重/%	人数/人	比重/%	人数/人	比重/%
20 岁及以下	14	2.5	9	3.0	20	8.8
21～30 岁	33	5.9	80	27.0	45	19.9
31～40 岁	31	5.6	104	35.1	46	20.3
41～50 岁	191	34.2	38	12.8	102	45.1
51 岁及以上	289	51.8	65	22.0	13	5.8
总计	558	100	296	100	226	100

表 7-3　年龄与农民职业分化程度相关分析

项目		年龄段	农民职业分化程度
年龄段	斯皮尔曼相关系数	1	−0.393**
	双尾显著性水平		0.000
	样本量	1 080	1 080
农民职业分化程度	斯皮尔曼相关系数	−0.393**	1
	双尾显著性水平	0.000	
	样本量	1 080	1 080

注：** 表示相关系数在 0.01 双尾显著性水平上显著。

由以上分析可知：

一是兼业型职业分化在不同年龄段呈"钟形曲线"分布。兼业型职业分化主要集中在 21～30 岁以及 31～40 岁这两个年龄段，这两个年龄段占比超过 50%。相对而言 20 岁及以下群体和 51 岁及以上群体兼业型职业分化比重都不高。

二是新生代农民职业分化意愿强烈。现阶段吉林省农民职业分化主力军是中青年农民群体，这部分群体接受新鲜事物快，文化程度较高，走出农村从事非农职业意愿比其父辈更加强烈。"70 后不愿种地，80 后不会种地，90 后不提种地"，年轻一辈对乡土的眷恋已经渐渐消失，甚至很多人都是在城市长大，即使这些人回到农村也是"无业可就""无工可打"，新生代农民没有从事过农业生产的比例高达 85%，希望在城里定居的比例高达 93.4%[①]，新生代农民离开农业农村向城市流动已成为一个不可逆的过程。

---

① 数据来源于国务院发展研究中心 2019 年在 20 个城市开展的调查结果统计。

2. 年龄对农民非农职业类型选择的影响

年龄对农民职业分化类型选择也具有一定影响，从表7-4和图7-2中可以看出，不同年龄段在职业选择分布上呈现差异性。

表7-4 不同年龄段农民职业分化工作岗位人数分布及比例

年龄段	分布人数合计/人	职业农民/人（比重/%）	工厂工人/人（比重/%）	建筑工人/人（比重/%）	个体经营者/人（比重/%）	服务行业人员/人（比重/%）	办事人员/人（比重/%）	村务工作者/人（比重/%）	专技人员/人（比重/%）	其他/人（比重/%）
20岁及以下	29	0 (0)	0 (0)	2 (6.9)	0 (0)	24 (82.8)	1 (3.4)	0 (0)	0 (0)	2 (6.9)
21~30岁	125	0 (0)	28 (22.4)	33 (26.4)	0 (0)	38 (30.4)	8 (6.4)	8 (6.4)	0 (0)	10 (8)
31~40岁	150	6 (4)	32 (21.3)	43 (28.7)	2 (1.3)	35 (23.3)	12 (8)	4 (2.7)	12 (8)	4 (2.7)
41~50岁	140	11 (7.9)	28 (20)	19 (13.6)	11 (7.9)	50 (35.7)	5 (3.6)	8 (5.7)	0 (0)	8 (5.7)
51岁及以上	78	8 (10.3)	2 (2.6)	8 (10.3)	7 (9)	25 (32.1)	0 (0)	11 (14.1)	12 (15.4)	5 (6.4)
合计	522	25 (4.8)	90 (17.2)	105 (20.1)	20 (3.8)	172 (33.0)	26 (5.0)	31 (5.9)	24 (4.6)	29 (5.6)

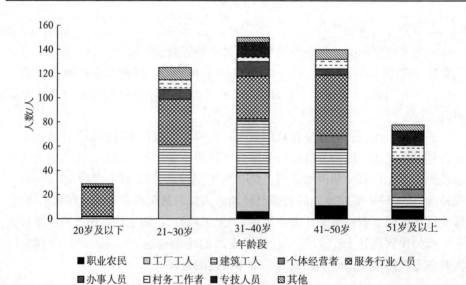

图7-2 不同年龄段农民职业分布情况

124

一是服务行业成为中青年职业分化农民从事最多的行业。样本中 20 岁及以下青年人选择服务行业比重达到 82.8％，各年龄段职业分化人群中选择从事服务行业的均超过 20％，以生活性服务业为主，餐饮、快递、家政服务等行业成为主要选择。这是因为相对于其他行业，服务行业对文化水平要求不高，准入门槛低，劳动强度相对于建筑行业而言较小，农民能够较好胜任。

二是新生代农民趋于专业型职业分化。相对于老一代农民工而言，新生代农民通常指 31～40 岁的农民。这一代农民具有一定的开拓与创新意识，受教育程度较高，具有规模化经营现代农业的勇气与魄力。调查样本中 31～40 岁从事规模化农业经营的人数为 6 人，41～50 岁从事规模化农业经营的有 11 人，二者合计占全部职业农民的比重为 68％。越来越多思维活跃、眼界开阔的年轻农民开始投身农门，逐渐成为有知识、懂技术、善经营、会管理的高素质农民。已经发生职业分化的中青年农民也不再像过去那样聚集在建筑工地，随着文化程度和技能的提高，越来越多人走进工厂，调查样本中中青年成为产业工人的比重较高，主要分布在 31～40 岁和 41～50 岁年龄段，占比均超过 20％。尤其是随着近些年村基层组织功能作用越来越受重视，村务管理工作者呈现出年轻化趋势，调研中 12.5％的村务工作者在 21～30 岁，这些村干部年富力强，综合素质高。在走访辽源市东丰县拉拉河镇政府的过程中，调研组遇到 2020 年刚毕业的大学生小赵，通过竞聘当选了村委会委员，在服务管理、信息化建设、文字材料整理等业务上具有优势，善于接受新事物新观点，为农村基层社会治理献力献智，使农村干部队伍年龄结构趋于合理，干部老龄化问题得到有效缓解。

三是老龄化农民非农职业选择空间愈发狭窄。51 岁及以上职业分化群体非农择业空间非常有限，样本中只有 2 人从事工厂工作，8 人从事建筑工作，老龄农民工身体条件已不适应高强度体力劳动，企业及工厂因社会保障等一系列问题排斥老龄农民工就业。根据第七次全国人口普查数据，2020 年，我国农民工平均年龄已经达到 42 岁，较 2019 年又提高了 0.6 岁。这部分群体正在逐步返乡，或返乡继续从事非农职业，或将多年打工的原始资本积累投入农业生产，又分化为职业农民，样本调查中有 8 位职业农民就是 51 岁及以上年龄段的。同时调查中也发现专业技术人员在 51 岁及以上年龄段分布的比例也较高，这部分"老农技"具有多年生产经验和较高的社会资本积累能力，能够较好地指导和开展农业技术服务。

二、个体自致性因素影响

自致性因素与先赋性因素相对应，是指个体通过后天努力所获得的一些个人特征，结合农民职业分化特征，本章选择教育程度和婚姻状况作为影响农民职业分化的个体自致性因素，讨论这些因素对农民职业分化程度及其职业类型选择的影响。

（一）教育程度与农民职业分化

教育程度与掌握技能是农民人力资本的主要组成要素。著名经济学家舒尔茨认为人力资本对农业经济增长和农村发展具有重要作用，把教育和培训作为一种具有收益的投资行为。展进涛、黄宏伟（2016）通过 logit 模型测算，发现受教育年限每提高 1 年，农村劳动力外出务工的概率提高 0.7%，正规就业概率提高 0.7%，工资水平提高 0.18 等级。因此，教育程度不仅影响农民职业分化，更会影响经济活动和乡村社会发展。农村劳动力相对于城市劳动力而言人力资本偏低，因此农村劳动力非农就业能力和就业层次也比较低。在农村劳动力总体文化素质不高的情况下，文化程度导致了农民外出就业机会和就业收入的差异。因此，促进农民职业分化的关键就在于提高农村劳动力人力资本和教育水平。

1. 文化程度对农民职业分化程度的影响

数据显示，由于文化程度不同，农民在职业分化的程度上有明显差异（表 7-5）。

表 7-5　样本农民文化程度分布状况

文化程度	总体		未分化		部分分化		完全分化	
	人数/人	比重/%	人数/人	比重/%	人数/人	比重/%	人数/人	比重/%
未上过小学	17	1.6	15	2.7	2	0.7	0	0
小学	515	47.7	276	49.5	154	52.0	85	37.6
初中	382	35.4	243	43.5	109	36.8	30	13.3
高中或中专	119	11.0	22	3.9	19	6.4	78	34.5
大专及以上	47	4.4	2	0.35	12	4.1	33	14.6
总计	1 080	100	558	100	296	100	226	100

首先，吉林省农民文化素质整体偏低问题较为突出。样本农民总体文化程度并不高，高中或中专学历占比为 11.0%，大专及以上学历占比只有不到 5%，而绝大部分农民只有小学和初中学历，小学文化程度占 47.7%，从未上过学的仍有 1.6% 的比例。文化程度偏低直接影响他们接受新知识和各种信息的能力，对职业分化形成一定障碍。

其次，农民文化程度与职业分化水平呈正相关关系。文化程度越高，农民职业分化水平越高。运用 SPSS 20.0 统计软件对文化程度与农民职业分化程度进行相关性检验发现，皮尔逊相关系数为 0.543，二者呈正相关关系。如表 7-5

所示，未上过学农民未分化比例达到 88.2%，小学文化程度、初中文化程度农民占未分化部分的比例高达 49.5% 和 43.5%。拥有大专及以上学历农民实现职业分化的比例高达 95.7%。在完全分化群体中，也是高中及以上文化程度的农民居多。如图 7-3 所示，完全分化群体以高中及以上文化程度为主，部分分化群体以小学和初中文化程度为主。可见，随着文化程度提高、受教育年限增加，农民职业分化的水平也在增加，提高文化程度可以不断降低其兼业化水平，有利于其向专业型职业分化方向发展。

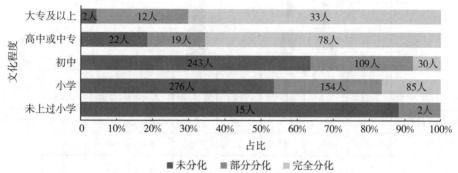

图 7-3　不同文化程度农民职业分化水平差异

2. 文化程度对农民非农职业类型选择的影响具有差异性

由于受教育程度不同，农民在职业选择时存在一定差异（图 7-4）。

一是文化程度限制农民非农职业分化职业类型选择。看图 7-4 发现，初级岗位就业通常都以低文化层次人员为主，越是高技术含量岗位所需文化程度越高。服务行业和建筑行业主要吸纳较多的小学文化程度的农民，占整个行业选择人群的 70.5%，属于典型的体力劳动行业。而工厂工人专职务工，则需要更高的文化层次和职业技能，选择该职业的农民文化程度主要集中在初中和高中或中专，二者总共占该职业类型从业人数的 80%，属于技能型岗位。文化程度提高，职业分化程度也在提高。村务工作者群体中有 48.4% 的农民都具有大专及以上文化程度。尤其是近些年吸纳了较多返乡大学生作为村务工作者，他们通常具有大学本科学历，在思想观念和综合素质方面具有较大优势。一些从事个体经营的农民文化层次虽然不高，很多人都只有小学学历，但他们长期生活在农村，具有较为丰富的人际关系网络资源，能更好地把这部分社会资本转化为要素资本进行经营。

二是农民受教育年限与职业分化存在相关性，受教育年限越长，在职业分化中越有利，职业分化程度越高。运用 SPSS 20.0 统计软件，采用变量分类汇总方式，以调查样本的"文化程度"作为分类变量，考察了不同文化程度群体平均受教育年限，结果如表 7-6 所示：小学文化程度平均受教育年限为 4.88

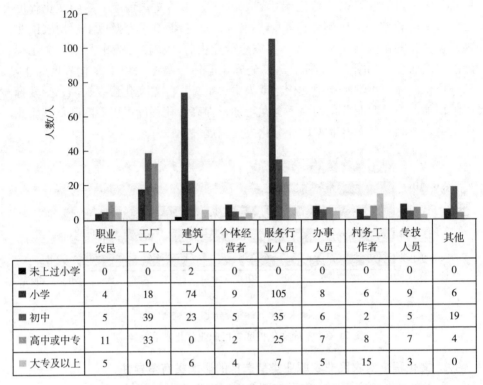

图 7-4 不同文化程度农民职业选择差异

	职业农民	工厂工人	建筑工人	个体经营者	服务行业人员	办事人员	村务工作者	专技人员	其他
■ 未上过小学	0	0	2	0	0	0	0	0	0
■ 小学	4	18	74	9	105	8	6	9	6
■ 初中	5	39	23	5	35	6	2	5	19
■ 高中或中专	11	33	0	2	25	7	8	7	4
■ 大专及以上	5	0	6	4	7	5	15	3	0

年，初中文化程度平均受教育年限为 8.24 年，大专及以上文化程度平均受教育年限为 12.07 年，不同文化程度农民平均受教育年限差距较大。

表 7-6 不同文化程度农民平均受教育年限

文化程度	平均受教育年限/年
小学文化程度	4.88
初中文化程度	8.24
大专及以上文化程度	12.07

同时又对不同分化程度农民和从事不同职业类型农民的平均教育年限进行统计分析（表 7-7）。从结果看未分化农民平均受教育年限仅为 6.44 年，已分化农民平均受教育年限为 8 年，比未分化农民高出 1.56 年。职业分化农民群体中建筑工人和办事人员的平均受教育年限较低，其他行业基本为 7~10 年。相对来说，能够胜任较高层次岗位的农民受教育年限都高出平均水平，如村务工作者达到 10.2 年的受教育年限。可见，农民平均受教育年限与职业分

化呈正相关关系，受教育年限越长，相应文化素质越高，职业选择空间越大，相反受教育年限越短，在进行非农职业分化过程中面临的障碍也就越多，选择空间越狭窄。

表 7-7 不同分化程度及职业类别农民平均受教育年限

分化程度		平均受教育年限/年
未分化		6.44
已分化	职业农民	9.33
	工厂工人	7.50
	建筑工人	6.86
	个体经营者	9.00
	服务行业人员	7.38
	办事人员	6.80
	村务工作者	10.20
	专技人员	6.93

三是非农职业教育培训对农民职业分化具有积极影响。职业培训是围绕农民就业所开展的有关知识和技能教育，对于农民完成职业分化并开展相应的非农工作具有重要作用。越来越多用人单位设置了技术技能标准、实施了职业资格证准入制度，使未进行过系统培训的农民求职难度增大。问卷对样本农民近 2 年参加的职业培训情况进行了调查。包括职业培训次数、培训时长和培训类型。结果发现，从业技能方面职业教育培训相对滞后，未分化农民更多接受的是务农知识培训，而非农职业方面培训相对较为匮乏。在已分化群体中，2 年内接受过相关从业技能培训的仅有 44% 的人，大部分进城务工农民尚未接受过专门技能培训，且仅有的培训内容也多局限在安全环境培训上，而提升劳动技能的资质培训几乎没有，培训时长通常都不超过 5 天，以短期培训为主，职业教育培训缺失将影响已分化农民岗位适应和完成更高层次职业分化。

（二）婚姻状况与农民职业分化

婚姻状况决定农民在家庭中所承担的责任与应尽的义务。婚姻状况对农民职业分化与职业选择具有重要影响，从另一角度讲，职业分化对农民婚姻状态维系与稳定也具有积极意义。为了更准确说明农民婚姻状况对农民职业分化的影响，我们把调查样本的婚姻状况分为已婚、单身、丧偶三个维度。样本大部分为已婚状态，如表 7-8 所示，已婚的共有 1 043 人，占调查样本总数的 96.6%。

表 7-8　调查样本婚姻状况

婚姻状况	人数/人	比例/%
已婚	1 043	96.6
单身	13	1.2
丧偶	24	2.2
合计	1 080	100

　　不同婚姻状态的农民职业分化程度也呈现出一定的差异性，如图 7-5 所示，在未分化群体当中已婚者人数是 237 人，比例为 95.6%，已分化农民当中已婚者也占据绝对比例，共 806 人，达到 96.9%。单身群体中已分化比例明显高于未分化比例，主要是因为这部分人家庭负担小，生活成本低，更容易做出职业分化和迁移的决策。在调研中也发现大部分女性丧偶者选择的非农职业主要集中在住家型家政服务行业，主要因为该行业准入门槛低，劳动报酬高，住家型服务可以降低城市生活成本。务农群体中已婚状态农民比例更高，主要是考虑到自身对家庭的责任，农业收入对吉林省农民而言仍属于较为稳定的一种家庭收入。未婚者有更多职业选择，非农化就业意愿比已婚者更为强烈，其职业分化空间更为广阔，相对于兼业型职业分化，他们更愿意选择长期从事非农职业并最终成为稳定的产业工人。

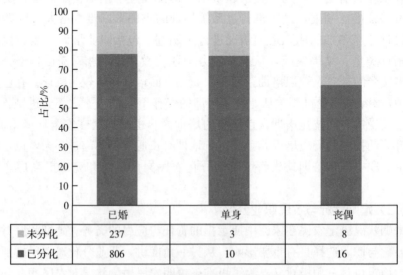

	已婚	单身	丧偶
未分化	237	3	8
已分化	806	10	16

图 7-5　不同婚姻状态农民职业分化程度

　　综合以上分析，婚姻状况对于农民职业分化具有一定影响，主要通过以下三个途径实现。

首先，通过男性"婚姻溢价"效应实现。男性已婚后家庭压力增加，对家庭的责任感增强，这种责任感会提高其劳动生产效率，从而提高劳动生产力。Rodger（2010）研究发现已婚男性会有更强烈的参与培训的动机，已婚男性正式与非正式的培训时间都远远高于未婚男性。而这种培训时长的增加通过前文分析可知将更有利于农民职业分化深化和收入提高，从而验证了"婚姻溢价"的存在，即已婚男性工资水平明显高于未婚男性。

其次，通过女性"相夫效应"实现。相夫效应就是在家庭事务中，妻子向丈夫提供信息、参与决策、帮助丈夫扩大社交网络。而婚姻中女性的受教育程度和收入水平显著影响丈夫的工资水平，通过调研发现，城市中很多从事个体经营活动的夫妻，已经在城市扎根生活，妻子的文化程度和收入水平都较高，并且都具有较好的社会关系网络，能够为家庭决策起到重要作用。且婚姻持续时间越长，溢价效应越高，同时妻子会对丈夫工作和生活起到监督作用，女性"相夫效应"能更好促进家庭做出职业分化的决策。

最后，婚姻对农民职业分化的积极作用还可以通过家庭劳动的夫妻分工实现。这也是调研中发现的绝大部分家庭所采取的分工模式，即已婚女性居留农村做家务，并不同丈夫一同进城，既方便照顾老人和子女，又会减少举家迁移城市的生活成本，使得男性可以将注意力更集中于适应劳动力市场需要，从而有利于自身人力资本积累和工资收入的增加。

第二节　家庭特征与农民职业分化

前文关于农民职业分化的理论基础，有从宏观层面解释职业分化动力机制、过程及影响的理论，如刘易斯二元结构理论、拉-费模型、托达罗模型，有从微观角度通过劳动力个体差异和人力资本函数解释劳动力迁移的理论，如人力资本理论，无论哪种理论解释，都是以微观数据为基础的，大部分经典研究都是以个体理性和行为作为观察与分析的基础，而这些研究又都以家庭作为最基本单元。新经济迁移理论就认为劳动力转移决策与家庭关系较大，个人决策往往是由家庭成员共同确定的。农民职业分化同样如此，从家庭的角度，可将农民职业分化看作家庭成员之间的生产安排和家庭劳动力资源配置的决策，尤其中国受传统"家本位"思想影响，农民职业分化决策与农民家庭利益最大化密切相关，个体农民只是家庭的组成部分，家庭利益高于个体利益，影响农民职业分化的因素除了外部环境因素和个体特征因素外，家庭特征因素也十分重要。因此本书主张将由婚姻、血缘关系联结而成的家庭利益共同体作为必须考察的农民职业分化微观影响因素。

一、家庭耕地资源与农民职业分化

我国农村土地经营制度决定了耕地经营是以农户家庭为基本单位的。而由于历史、人口、区域、自然环境等因素每家每户耕地面积不尽相同，家庭耕地面积对于农民职业分化具有一定的影响。

吉林省是我国重要商品粮基地和粮食主产区，土地资源丰富，根据《吉林省第三次国土调查主要数据公报》显示，吉林人均土地面积3亩在全国居于前列。吉林省农村总农户数近些年变化不大，但播种面积呈逐年递增的趋势，由于吉林省中东西部地区耕地分布不均衡，采用人均水平3亩作为衡量参考，同时设置东北地区规模适度经营最低经营规模为30亩[①]。

运用SPSS 20.0对人均耕地面积变量进行分类汇总统计，结果如表7-9所示。观察表中结果可形成两点结论：

表7-9　户均耕地面积与农民职业分化情况

家庭耕地面积	未分化		部分分化		完全分化	
	人数/人	比例/%	人数/人	比例/%	人数/人	比例/%
3亩以下	97	17.4	54	18.2	89	39.4
3～10亩	107	19.2	118	39.9	98	43.4
11～20亩	227	40.7	104	35.1	4	1.8
21～30亩	127	22.8	20	6.8	10	4.4
30亩以上	0	0	0	0	25	11.0
合计	558	100	296	100	226	100

一是家庭拥有耕地面积与农民职业分化水平呈显著负相关。当家庭耕地面积较少时，规模效应欠缺，由于农业生产劳动的有限性，现有耕地规模难以保障农民通过农业生产实现增收，基于生计维持考虑农民只有从事非农职业才能提高收入，发生职业分化的概率就会增大。当家庭耕地面积较大时，家庭经营的特点决定家庭需要投入更多劳动力资源从事农业生产，就会降低劳动力非农转移的概率，职业分化可能性不大。如图7-6所示，调查样本中未分化群体中拥有11～20亩耕地的农户人数最为集中，共有227人，占比为40.7%，这部分群体有稳定的农业收入，短期内较难实现职业分化。而部分分化群体当中家庭耕地面积在3～10亩的比例最高，达到39.9%，这部分群体耕地面积有限，通过农业实现增收难度较大，或者采取季节性农业耕作开展农业兼业经营，或者通过土地流转方式获得部分土地租金，逐步脱离农业生产。可见，家

---

① 参见《吉林省率先实现农业现代化总体规划（2016—2025年）》。

庭耕地面积拥有量 11~20 亩的农民职业分化意愿最为强烈。当土地集中到专业种植大户手里，人均耕地面积超过吉林省适度规模经营面积标准 30 亩，则形成专业型职业农民。

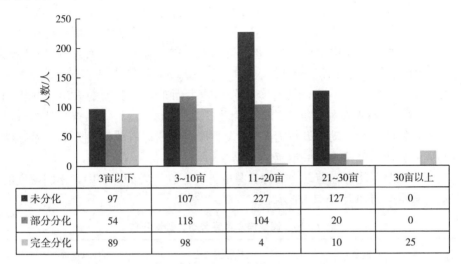

	3亩以下	3~10亩	11~20亩	21~30亩	30亩以上
■未分化	97	107	227	127	0
■部分分化	54	118	104	20	0
■完全分化	89	98	4	10	25

图 7-6　户均耕地面积与农民职业分化情况

　　二是土地资源禀赋"二重性"对农民职业分化产生深远影响。即土地在带给农民丰裕资源同时，也会让人们产生对资源的依赖，从而减弱农民向农业外拓展的欲望。一方面，吉林省户均耕地面积多，又地处于世界著名"黑土带"区域，土质肥沃，中部地区土地平整，农业机械化率高，良好的土地资源禀赋有利于农民从事农业生产、提高农业收入。尤其是家庭联产承包责任制推行初期，全国农村家庭收入都基本来源于农业，1983 年吉林省农民人均收入在全国排名第四，除三个直辖市外，列各省之首。吉林省相对丰裕的土地资源可以较容易满足农民生计需要。另一方面，资源的丰裕也会使农民缺少生存压力，满足现状进而缺少向农业外拓展的动力，从事非农职业的意愿弱，从而使农民职业分化进程相对滞后，不利于农民职业分化发展。相较于浙江、江苏地区人均耕地面积不足 1 亩，吉林省人均耕地面积是这些省份的 5~6 倍之多，而农民职业分化比率却远远落后于这些经济发达省份。但这种"二重性"并不会固化农民职业分化动机，只会导致分化的延缓迟滞，一定程度上说，这也是农民理性的选择。因为农民向外转移面临着多种不确定风险，特别是跨省流动的成本和风险更高，在生存压力不足以使其承担风险的情况下，农民不会轻易做出农业外就业的决策。而当农民仅依靠土地难以维持生计或面临生存压力时，就会逐渐萌发向农业以外发展的动机，从而产生职业分化。

二、家庭劳动力数量与农民职业分化

劳动力资源是农业生产中的重要人力要素,家庭拥有的劳动力人数对于家庭经营具有重要意义。按照我国劳动就业制度规定,男性劳动力年龄在16～60岁、女性劳动力年龄在16～55岁,但实际上,随着我国农村居民生活水平和健康状况提升,很多70岁以上老人仍参与轻微农业劳动。因此本书对劳动力界定为16岁以上有劳动能力的农村户籍人口。包括70岁以上有劳动能力并实际参加劳动的人口,不包括有实际劳动能力而未参加劳动的人口。截止到2018年底,吉林省乡村家庭户均劳动力为1.71人,本次样本调查统计结果显示,农户家庭平均劳动力人数为3.12人,探讨家庭拥有劳动力人数及家庭结构与职业分化的关系具有一定意义。

不同家庭可能存在劳动力资源数量的差异,在调查的样本中,不同家庭的劳动力数量分布如表7-10所示。

表7-10　调查样本家庭劳动力数量分布

劳动力人口数量	人数/人	占样本比重/%
1人	208	19.3
2人	410	38.0
3人	274	25.4
4人及以上	188	17.4
合计	1 080	100

在此次调查样本中,家庭拥有2个劳动人口的农户最多,占调查样本的38.0%,拥有3个劳动人口的家庭274户,占调查样本的25.4%。而拥有1个劳动力和4个及以上劳动力的农户家庭都比较少,分别占19.3%和17.4%。可以看出不同农户家庭劳动力资源差异较为明显。

农民职业分化,实质上也是农户对家中劳动力资源进行合理配置的一种选择。配置方式决定了是否能实现家庭福利最大化。家庭劳动力资源数量多寡,对配置方式具有决定性作用。家庭劳动力资源数量多,在职业分化类型选择上就有较大的空间,也更有可能进行优化配置。家庭劳动力资源数量少,非农职业选择具有更多限制,难以实现预期的分化目标,对职业分化程度产生一定影响,例如在调研中发现,劳动力数量较多的家庭多采取混合式配置方式。即家庭劳动力资源数量较多,劳动力就各有所长,可以将家庭劳动力进行优化配置,将中青年劳动力配置到第二、第三产业进行专业务工获得工资性收入,将老年劳动力配置到农业部门专职务农获得农业收入,将女性和高龄劳动力配置到家庭部门,这样的配置使家庭收益最大化,家庭福利得到最大限度改善。

如表 7-11 所示，首先，在未分化群体中，家庭劳动力人数 2 人的情况较多，占比 51.4%，其次是家庭劳动力 3 人农户有 141 户，占 25.3%。这部分家庭仍是采用传统农业经营方式，由于农业生产具有季节性、地域性、多样性特点，家庭经营是最合理的经营方式，通过夫妻分工或代际分工方式完成。其次，在部分分化群体中，家庭劳动力人数 3 人的农户占比 35.1%，家庭劳动力人数在 4 人及以上的占比 49.0%。说明家庭劳动力数量越多，越有可能进行兼业型职业分化。在这样的家庭中，家庭劳动力资源分别被配置在农业部门、非农业部门、家庭部门。既可以通过夫妻分工或代际分工进行农业生产经营，从事农业相关活动，又可以在农闲时从事非农职业，还有足够的时间照顾家庭进行自我服务劳动，是"一举三得"的劳动配置方式，使得家庭劳动力资源被充分利用，因此这种兼职型职业分化比例较高。最后，在完全分化群体中家庭劳动力人数主要集中在 1 人和 2 人，分别占完全分化总人数的 39.4% 和 43.4%，这部分群体通常是与上辈已经分户的青壮年夫妇，无家庭负担，更容易实现完全职业分化。家中劳动力人数较少，从事季节性农业生产的难度加大，受自身技术水平落后和投入产出率较低的约束，农民职业分化意愿更强烈，这部分群体可以通过土地流转方式逐渐摆脱农业生产，逐渐退出土地经营权，最有可能实现彻底职业分化并完成市民化转变。

表 7-11　家庭劳动力数量与农民职业分化情况

家庭劳动力人数	未分化		部分分化		完全分化	
	人数/人	比例/%	人数/人	比例/%	人数/人	比例/%
1 人	97	17.4	22	7.4	89	39.4
2 人	287	51.4	25	8.4	98	43.4
3 人	141	25.3	104	35.1	29	12.8
4 人及以上	33	5.9	145	49.0	10	4.4
合计	558	100	296	100	226	100

同时，在调研中也发现，家庭成员进行职业分化具有一定带动效应，对其他未分化家庭成员具有较强的示范作用，尤其使家庭成员跨区域空间迁移的可能性增大，最终实现家庭成员共同分化。

三、家庭结构与农民职业分化

家庭作为农村经济社会基本单元，不仅承担着生产消费职责，还承担着未成年人抚育、老年人照顾等职责。因此，农民职业分化必须与农民家庭责任相协调。家庭结构涉及家庭中未成年子女、老年人数量及家庭内部分工形式，家

农民职业分化及其效应研究

庭成员健康状态也对农民职业分化产生一定程度的影响。

（一）未成年子女数量与农民职业分化

长期以来"读书改变命运"的观念深入民心，尤其是近些年随着我国乡村教育发展水平提高，农村居民教育观念增强，对于子女的教育期望越来越高，家庭教育消费也逐年提升，"为教育而流动"的现象在农村地区越来越普遍，未成年子女照顾与教育因素对于职业分化及家庭迁移决策起到关键作用。

根据样本调查统计结果，农村家庭中未成年子女数量对农民职业分化具有一定的正向作用（表7-12）。未分化农民群体中65.4%的农户家里没有上学子女。而随着子女数量增多，农民职业分化可能性增大。在已分化的农民群体中，有一个孩子的农户所占比例最高，为54.6%，有两个未成年子女的农民分化比例为25.9%。多子女家庭教育投入大，农业经营所得收入不足以支撑额外的子女教育支出，很多家庭选择通过职业分化获得更多的家庭收入进行子女教育投资。其中一部分农民之所以进行兼业型职业分化主要是考虑到子女年龄较小，甚至有些子女未达到入学年龄，缺乏生活自理能力，因此选择就近开展非农就业可以更方便对子女进行生活照顾。另一部分选择专业型职业分化，更多是出于子女陪读需要而选择举家迁移进城等。张翼（2011）对全国家庭综合调查数据进行分析发现，"为了孩子教育升学"是农民工转户的最主要原因，其占比甚至高于"就业机会"。在吉林省四平市十家堡镇开展的实地调研发现，当地部分农户为提高子女教育质量，通常让子女入读教育资源更好的镇中心学校，进而选择在子女升学地周边地区开展非农职业工作，以陪读为目的进行家庭迁移，从而形成兼业型职业分化。

表7-12　未成年子女数量与农民职业分化情况

未成年子女数量	未分化人数/人	占未分化人数比例/%	已分化人数/人	占已分化人数比例/%
0	365	65.4	102	19.6
1名	117	21.0	285	54.6
2名	76	13.6	135	25.9
总计	558	100.0	522	100.0

研究同时发现，未成年子女因素对专业型职业分化的影响会因家庭角色分工不同而产生差异，对丈夫会起到促进作用，对妻子起到阻碍作用。丈夫角色会从家庭责任感出发，为给子女提供更好的教育条件和资源，其职业分化动力会提升，选择专业务工以增加非农收入，丈夫角色对农民职业分化形成正向积极作用。而妻子角色更多考虑照顾子女，即使面对非农工作机会也选择留居在

家，一定程度上限制了女性农民职业分化。而当夫妻双方都选择外出非农就业时，就会不可避免地造成农村留守儿童现象。

（二）家庭中老年人数量对农民职业分化的影响

家中老人数量与农民职业分化也具有一定的相关性。吉林省人口老龄化较为严重，尤其农村深度老龄化现象更为突出。以往其他学者研究认为老年人因素对农民职业分化具有一定的抑制作用，会阻碍农民职业分化发生。但本研究发现，老年人因素没有成为农民职业分化的牵绊，家中有 2 位老人的情况在某种程度上对农民职业分化还具有一定的保障和促进作用。

一方面，根据此次样本统计数据（表 7 - 13），未分化群体中，家中只有一位老人的情况下，农民难以实现职业分化，该情况所占比例为 57.5%，这也符合实际情况。主要是因为养老问题一直是我国农村社会普遍关注的问题，老人处于经济弱势地位，家中只有一位老人的情况，通常是另一位老人已过世，在养老过程中就难以使用互助养老模式，只能依靠子女进行养老，而子女面对老人照顾需求时劳动投入的时间成本增加，难以额外抽出时间和精力从事非农职业，而传统观念中又以老人"多代同住"作为衡量养老质量的重要标志，因此在交通不便的农村地区，老人与子女居住近也就成为养老的必要条件，这在一定程度上抑制了子女空间迁移的动机，使其职业分化比例显著降低。

另一方面，在已分化的群体中观察，有两位老人的家庭家中其他劳动力更容易进行职业分化。如表 7 - 13 所示，家中有两位老人的农户占已分化农户的比例为 63.4%，家中有一位老人的农户占已分化农户的比例为 13.6%。在调研中发现部分家庭中两位老人都能参与简单家务劳动和农业生产活动，能够积累一定的财富，两位老人可以形成夫妻互助养老模式，减少家庭养老成本支出。同时老人们会对家庭中未成年子女开展照顾与抚养，消解了子女因素对夫妻劳动力外出务工造成的束缚，对家庭成员职业分化发挥了重要的保障作用，而外出务工夫妻非农收入通过汇款形式回流，以支持家中生计及作为医疗教育储备资金，这一家庭资源配置方式在调研中最为常见（图 7 - 7）。

表 7 - 13　60 岁以上老人数量与农民职业分化情况

家中老人数量	未分化人数/人	比例/%	已分化人数/人	比例/%
0	98	17.6	120	23.0
1 位	321	57.5	71	13.6
2 位	139	24.9	331	63.4
总计	558	100.0	522	100.0

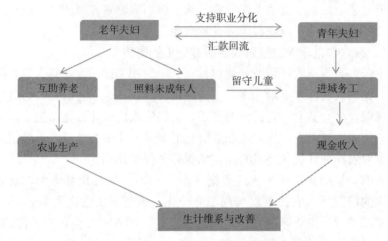

图 7-7　农村家庭内部劳动力资源配置及养老模式

　　"父母在，不远游，游必有方"，中国传统文化思想把尽孝道与外出务工迁移捆绑在一起，出于照顾老人的需要，子女通常会选择就近进行兼业型职业分化，一定程度上也会限制农民职业分化时间和空间的拓展。

　　同时，调研中也发现，老人健康状况比单纯老人数量因素对农民职业分化影响更大。老人患有慢性疾病对家中劳动力进行职业分化会产生显著负向影响。疾病一方面会减少家庭中有效劳动力的供给，另一方面也增加了家庭内部照料性劳动刚性需求，进而影响家庭成员内部劳动力配置方式。若家中老人健康状况恶化，长期需要照顾，在农村社会保障制度不完善的条件下，农村家庭的保障功能仍然发挥重要作用。

第三节　地理区位特征与农民职业分化

　　农民职业分化状况除受宏观社会环境，以及个体和家庭因素影响外，也与农民所处的地理区位密切相关。地理区位因素具有客观性，农村社区工业化发展水平较高，当地企业分布数量较多，交通网络密度较高，往往更有利于农民就地就近进行职业分化。如果农民所处地区偏远，地处山区丘陵地带，交通不便，又以农业为主要产业，农民进行职业分化的可能性就较低。可见，农民居住地地理位置、农村社区工业发展水平等都对农民职业分化产生影响。

一、居住地位置对农民职业分化的影响

　　农民是选择继续务农，还是选择在当地企业从事非农工作，或是前往城市

从事工资收入水平更高的职业，往往和其所处地理位置有关。

一是居住地距中心城市的距离影响农民职业分化。中心城市能够为农民提供更多非农就业机会，具有一定人口和资源集聚效应。农民当前居住地距中心城市距离越近，越会减少农民迁移的时间成本和经济成本，越有利于兼业型农民开展非农活动。在样本调查中，对样本离中心城市的距离与职业分化进行了相关性分析，结果如图 7-8 所示。结果显示，30 千米及以内，农民职业分化比例达到 56.8%，31~50 千米范围内，分化比例达到 52.2%，而 100 千米及以上，职业分化比例只有 23.3%。说明随着农民居住的位置越来越远离中心城市（即远离经济中心），农民职业分化机会也越来越少。农民距离中心城市越近，进行兼业型职业分化的比例越高，可以更好地兼顾农业与非农职业。

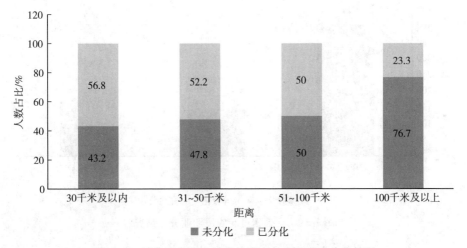

图 7-8 居住地距中心城市的距离与农民职业分化情况

二是居住地的地貌特征影响农民职业分化。不同的地貌类型导致了耕地质量差异。平原地区农业生产可以采用机械进行规模化生产，也可以进行土地流转或者通过土地托管形式实现家庭剩余劳动力释放，农民职业分化可能性较大。而山区和丘陵地区地块碎片化，无法进行大规模机械化作业，难以进行土地流转，只能依靠传统农业种植方式经营，人工劳动力投入量大，农民职业分化可能性低。调研地吉林省磐石市吉昌镇，人均耕地面积 2.1 亩，土地资源有限，耕地多属于低丘陵地带，"吉昌"在满语中意为"碎块地"，难以进行土地流转和机械作业。该镇人口 4.6 万，主要农作物为玉米、水稻，主要采用一家一户的分散式家庭经营模式，该镇外出务工人口比例十分有限，不超过农村劳动力人口的 10%。实地调查数据显示：平原地区样本分布为 73.1%，丘陵地区为 14.9%，山区为 5.9%，其他地区为 6.1%。绝大部分发生职业分化的农民都居住在平原地区。

三是居住地交通网络密度影响农民职业分化。交通网络密度决定了农民出行的可达性及外出务工的时间成本。所在地与中心集市间的交通工具通勤班次密集，农民职业分化可能性就大，反之就小。根据此次调查样本情况统计（图7-9），所在地通勤线路小于3条，职业分化比例较低，只有2.81%。通勤线路3~5条，农民职业完全分化比例为21.4%，5条以上线路完全职业分化数量最多，比例为31.5%。可见，随着交通通勤线路增加，农民职业分化比例明显提高，通勤线路增多可以拓宽农民职业分化工作选择范围，增加农民外出务工便利性，尤其对于兼业型职业分化农民来说，可以使其更好地兼顾农业与非农职业，有利于降低他交通出行的成本。

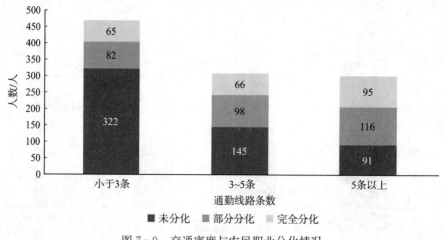

图7-9 交通密度与农民职业分化情况

二、农村社区工业发展水平对农民职业分化的影响

居住地是否分布工业企业及工业企业分布数量对当地农民职业分化具有一定影响。过去的发展经验表明，正是乡村工业企业对农村劳动力的吸纳作用，使"进厂不进城、离土不离乡"成为当时农民职业分化的典型特征。农民居住地如果工业较为发达，农民就会有更多机会就近实现非农就业。如图7-10所示，当农村社区企业少于5家，农民职业分化比重只有23.3%；当农村社区企业达到10家以上，农民职业分化比例达到74.5%。可见，农村社区企业数量与农民职业分化呈正相关。

近些年，吉林省非常重视乡村产业发展，乡村产业项目带动就业的能力不断增强，形成了以吉林大米、东北黑猪、延边黄牛、长白山人参等为特色产品的地方品牌。2019年投资9 000万元在哈拉海镇、英额布镇、营城子镇等9个

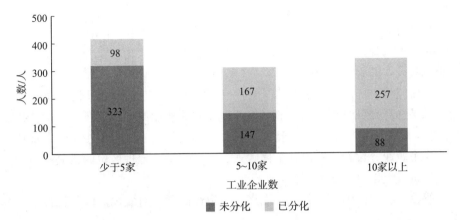

图 7-10　工业企业数量与农民职业分化情况

镇建设农业产业项目，形成经济园区，促进当地农民职业分化发展。调研组前往吉林省长春市双阳区奢岭街道，该地新引进一家新能源科技公司合作发展光伏发电项目，带动该村 50 余人实现就业，农民人均年收入可达 5 万元，农民在家门口就实现了专业型职业分化。

随着乡村振兴战略的全面实施，近些年农村一、二、三产业融合发展迅速，农村经济发展环境越好，为农民提供的就业机会就越多，农民职业分化的可能性也越大。吉林省松原市宁江区通过资本下乡建成各类蔬菜工厂面积 900公顷，提高劳动生产效率的同时，为该村村民提供了 100 余个就业岗位，为当地农民职业分化创造了条件，该项目每年额外为农民增收 1 万～2 万元/人。农村社区企业发展为农民提供了更多的本地就业机会，对于吸纳农村剩余劳动力、开展农民职业分化具有积极意义。

第四节　吉林省农民职业分化微观影响 因素实证分析

本章前文分别从个体、家庭、地理区位视角探讨各因素对农民职业分化的影响，并进行了相关描述性统计分析。本节将以吉林省农民抽样调查样本数据为依据，通过建立计量经济模型对吉林省农民职业分化各种微观影响因素进行实证定量分析，用模型估计结果进行假设检验。

一、农民职业分化决策选择模型

（一）研究假设

根据新劳动迁移理论，农民都是理性经济人，农民会根据目前生活满意度及收入预期进行职业分化决策，但为什么有的人选择部分分化，有的人选择完全分化，有的人未实现分化？已经分化的农民当中为什么有的选择从事建筑业，有的人选择进入工厂务工，有的人从事服务行业？为便于分析和研究，提出研究假设，并验证其真伪。

本研究将农民职业分化决策分为三种类型：一是选择不分化，即专职务农。二是选择部分分化，即兼业形态，包括农业兼业或非农兼业。三是选择完全分化，即专职务工。这三种选择为模型的因变量。农民处于相同的宏观环境下，农民职业分化程度是由其个体因素、家庭因素、地理区位因素决定的。基于此分析，提出以下研究假设：

假设一：个体因素（先赋性因素、自致性因素）对农民职业分化程度具有影响。

假设二：家庭因素对农民职业分化程度具有影响。

假设三：地理区位因素对农民职业分化程度具有影响。

（二）模型选择

当因变量不止有两种时，就需要用多元 logistic 模型进行估计，多元离散选择问题普遍存在于现实经济生活中。因此采用多项 logistic 回归模型（mlogit）分析农民职业分化程度的影响因素。将"未分化"定义为 $y=1$，"部分分化"定义为 $y=2$，"完全分化"定义为 $y=3$，并以"未分化"作为对照组。mlogit 多项 logistic 模型可以表述为：

$$\ln(\frac{P_1}{P_3}) = \alpha_1 + \sum_{k=1}^{m}\beta_{1k}x_k + \varepsilon \qquad (7-1)$$

$$\ln(\frac{P_2}{P_3}) = \alpha_2 + \sum_{k=1}^{m}\beta_{2k}x_k + \varepsilon \qquad (7-2)$$

式中 P_i（$i=1, 2, 3$）为农民职业分化各程度的概率；α_n（$n=1, 2$）为常数项；x_k 为解释变量，表示第 k 个影响农民职业分化程度决策的因素，$k=1, 2, \cdots, m$；β_{nk} 为模型 n 中的第 k 个影响因素的回归系数；ε 为随机误差项。

多项 logistic 模型的一个基本假设为"无关组独立"（Independence of Irrelevant Alternatives，IIA），即多项 logistic 模型的多个选择中，任意两个选择之间的胜算比（odds）不受其他选择的影响。如果无关组独立性假设不满足，则将导致参数估计的不一致。因此，在估计模型之前，需要对假设的无关组独立性进行检验。采用豪斯曼（Hausman）检验对模型进行检验，检验结果无法拒绝无关组独立性假设，即可以采用多项 logistic 模型。

运用 Stata 16.0 统计软件对建立的多项 logistic 模型进行估计。

（三）变量定义选取

变量定义及统计情况，如表 7-14 所示。

表7-14 变量定义及统计情况

解释变量	调查指标	定义	代码	平均值	标准差
个体特征	性别	男性＝1；女性＝0	X_1	0.53	0.48
	年龄	20岁及以下＝1；21～30岁＝2；31～40岁＝3；41～50岁＝4；51岁及以上＝5	X_2	2.53	3.13
	受教育程度	未上过小学＝1；小学＝2；初中＝3；高中及中专＝4；大专及以上＝5	X_3	3.21	2.84
	婚姻状况	已婚＝1；单身＝2	X_4	1.54	1.23
家庭特征	家庭耕地面积	3亩以下＝1；3～10亩＝2；10～20亩＝3；20亩以上＝4	X_5	1.96	2.12
	家庭劳动力数量	1人＝1；2人＝2；3人＝3；4人及以上＝4	X_6	3.12	2.92
	未成年子女数量	无＝0；1人＝1；2人＝2	X_7	1.56	0.98
	家庭中老人数量	无＝0；1人＝1；2人＝2	X_8	1.26	1.12
地理区位	到县城距离	村中心到县城实际距离	X_9	27.32	13.4
	交通网络密度	交通线路小于3条＝1；3～5条＝2；5条以上＝3	X_{10}	2.13	1.78
	社区企业数量	本村所有土地上经营的私营、集体、国有等企业个数	X_{11}	5.2	8.3

（四）估计结果分析

多项logistic模型估计结果如表7-15所示。似然比统计量（LR chi）值较大，似然比检验结果十分显著。伪判决系数（Pseudo R^2）值为0.217 2，模型解释力比较好，下面就各因素对农民职业分化程度的影响情况进行深入分析。

表7-15 农民职业分化程度选择模型估计结果

变量	完全分化（专业型职业分化）系数（S.E.）	部分分化（兼业型职业分化）系数（S.E.）
常数项	2.325 6** (1.037)	2.852 1** (1.166)
X_1	1.162 8** (0.514)	−0.982 7* (0.596)
X_2	−1.311 4* (0.793)	−2.211 8* (1.340)

（续）

变量	完全分化（专业型职业分化）系数（S. E.）	部分分化（兼业型职业分化）系数（S. E.）
X_3	0.430 2***	0.165 4***
	(0.112)	(0.056)
X_4	−0.065 4*	−0.028 7**
	(0.039)	(0.012 6)
X_5	−0.132 1***	−0.652 3***
	(0.047)	(0.225)
X_6	−3.212 6*	4.217 0**
	(1.935)	(1.721)
X_7	1.343 2*	2.187 6*
	(0.814)	(1.325)
X_8	1.042 2*	1.542 1**
	(0.631)	(0.682)
X_9	−1.234 1**	−1.643 4*
	(0.546)	(0.996)
X_{10}	−0.148 7	−0.398 3
	(0.312)	(0.153)
X_{11}	0.113 1*	0.342 1*
	(0.068)	(0.207)

注：模型以"农民未分化"为基准组；S.E.（标准误差）；***、**和*分别表示变量在1%、5%和10%的统计水平上显著。

1. 农民个体因素对农民职业分化具有显著影响

首先，男性实现非农职业分化概率明显高于女性，且表现为男性更倾向于完全职业分化（专业型职业分化），女性更倾向于部分分化（兼业型职业分化）。其次，年龄对农民职业分化呈显著负向影响。年龄越大，职业分化的概率就会越低。再次，教育程度对农民从事非农职业也具有正向作用，且完全分化与部分分化均通过了1%水平的显著性检验，受教育程度越高的农民，实现完全职业分化的机会越多。最后，单身状态对农民职业分化作用正向且显著。

2. 家庭特征对农民职业分化具有显著影响

首先，在家庭特征变量验证中，家庭拥有的人均耕地面积对农民职业分化具有显著负向影响。人均耕地面积越少，越难以依靠单一农业收入维生，农民职业分化概率越大；人均耕地面积越多，农民越容易被土地所束缚，越容易满足于现有收入水平，职业分化可能性越小。其次，家中劳动力数量对兼业型职业分化影响为正,对完全职业分化影响为负。家中劳动力人数越少,土地流转概率越大,农民越容易从农业中走出实现完全职业分化,而随着家庭劳动力人数增加,劳动力从事非农职业的可能性将下降,家庭更容易形成夫妻或代际分工形式的农业生产模式,兼业型职业分化比例更高。最后,未成年子女数量对农民职业分化具有显著正向影响,而老人数量对农民职业分化也具有正向影响。未成年子女数量越多,家庭抚养成本越大,迫切要求增加家庭收入,农民职业分化动机就更强烈。而老人数量增加,继续参与简单劳动,能分摊家庭抚养负担,支持家庭成员进行职业分化,但更多以兼业型职业分化为主。

3. 地理区位因素对农民职业分化具有显著影响

首先,居住地所处位置对农民职业分化具有显著负向作用。到中心城市距离越远,农民完全分化的比例就越低,农民付出较高时间成本和经济成本,影响其职业分化程度。其次,交通网络密度与农民职业分化程度相关性不高,未形成显著影响。最后,当地经济发展水平和工业化水平可以增加农民就业机会,村中企业数量对农民职业分化的影响正向显著,促进农民职业分化。

二、农民职业分化的职业类别决策选择模型

(一)研究假设

农民会根据自身个人特征(先赋性因素、自致性因素)、家庭特征、地理区位特征对职业分化的职业类别做出选择。基于此,作如下假设:

假设一:个人特征对农民职业分化职业类别的决策具有影响。

假设二:家庭特征对农民职业分化职业类别的决策具有影响。

假设三:地理区位特征对农民职业分化职业类别的决策具有影响。

(二)模型选择与变量选取

根据本研究对农民职业分化与微观影响因素的相关性分析,设定模型与前一小节中农民职业分化决策选择模型相同。采用多项 logistic 回归模型(mlogit)分析农民职业分化的职业类别选择影响因素。被解释变量为农民所从事的各种职业 y,农民职业分化的职业类别分为:1=传统农民、2=工厂工人、3=建筑工人、4=个体经营者、5=服务行业人员、6=办事人员、7=村务工作者、8=专技人员,假设农民选择这 8 类职业不交叉,将"传统农民"作为参照组,采用多重定类选择模型估计农民选择其他 7 项职业类别的概率。解释变量为自身因素、家庭因素、地理区位因素,同样采用多项 logistic 模型估计各微观因素对农民职业分化类别选择的影响。

变量定义与选取与上一小节中农民职业分化决策选择模型相同,参见表 7-14。

运用 Stata 16.0 统计软件对建立的多项 logistic 模型进行估计。

（三）估计结果分析

模型估计结果如表 7 - 16 所示。

表 7 - 16　模型估计结果

变量	工厂工人系数 (S.E.)	建筑工人系数 (S.E.)	个体经营者系数 (S.E.)	服务行业人员系数 (S.E.)	办事人员系数 (S.E.)	村务工作者系数 (S.E.)	专技人员系数 (S.E.)
常数项	3.761*** (1.321)	−1.652*** (0.587)	1.029*** (0.367)	3.362*** (1.118)	−3.342*** (1.192)	−2.341*** (0.834)	−3.453*** (1.233)
X_1	0.723*** (0.257)	0.625*** (0.223)	0.234 (0.312)	0.653*** (0.211)	0.432 (0.296)	0.342 (0.305)	0.323 (0.213)
X_2	−0.142** (0.062)	−0.250** (0.110)	−0.123 (0.257)	−0.065 (0.113)	−0.043*** (0.015)	−0.032*** (0.011)	−0.023* (0.019)
X_3	0.176 (0.159)	0.032 (0.112)	0.140 (0.134)	0.086* (0.052)	1.132** (0.500)	1.878** (0.831)	1.264* (0.766)
X_4	0.023 (0.045)	0.287* (0.174)	0.443 (0.382)	0.323 (0.343)	−0.542 (0.564)	0.654 (0.587)	0.465 (0.483)
X_5	−0.522*** (0.186)	−0.657*** (0.234)	−0.767*** (0.273)	−0.898*** (0.320)	−0.654*** (0.233)	−0.832*** (0.297)	−0.534*** (0.190)
X_6	0.714* (0.432)	0.323 (0.337)	−0.256 (0.263)	0.704** (0.311)	−0.342 (0.413)	−0.334 (0.382)	−0.976 (0.991)
X_7	0.322** (0.142)	0.523* (0.317)	0.860 (0.821)	0.685* (0.415)	0.634 (0.723)	0.434 (0.446)	0.688** (0.304)
X_8	0.587* (0.355)	0.432** (0.191)	0.152 (0.186)	0.342** (0.151)	0.267 (0.246)	0.034 (0.112)	0.042* (0.025)
X_9	0.534** (0.236)	0.423** (0.187)	0.032* (0.019)	−0.365 (0.423)	−0.323 (0.386)	−0.363 (0.412)	0.253* (0.153)
X_{10}	0.635** (0.281)	0.343* (0.208)	0.876** (0.387)	0.323* (0.196)	0.223** (0.098)	0.053 (0.112)	0.273* (0.165)
X_{11}	0.323** (0.143)	0.033*** (0.012)	0.032*** (0.011)	0.055*** (0.019)	0.076*** (0.027)	0.054* (0.033)	0.656*** (0.234)

注：S.E. （标准误差）；*** 、** 和 * 分别表示变量在 1%、5% 和 10% 的统计水平上显著。

1. 个体特征对农民职业类别选择具有显著影响

首先，性别对于农民职业分化时的职业类别选择具有一定影响。男性更多从事第二产业职业，建筑工人、工厂工人、服务行业估计结果均为正值且显著。其次，年龄变量在农民非农职业选择估计结果中系数均为负值，说明农民年龄越大，从事产业工人、建筑工人等高技能、强体力要求的工作的可能性就越低。再次，受教育程度在每种职业估计结果中系数均为正值，说明教育程度对农民职业分化具有较强促进作用。农民文化层次越高，越可能从事高素质要求工作，越可能获得高收入回报。最后，婚姻对农民向建筑行业进行职业分化具有一定正向作用，对其他行业分化作用不明显。

2. 家庭特征对农民职业类别选择具有显著影响

首先，家庭人均耕地面积对农民职业分化具有一定抑制作用。人均耕地面积模型估计结果均为负值，且均显著。人均耕地面积越大，所投入家庭劳动力越多，相对农业收入越可观，农民向其他非农职业分化的可能性变小。其次，家庭劳动力数量对农民向服务行业和产业工人分化具有正向作用，家庭劳动人数越多，农业剩余劳动力越多，越有可能进行专业型职业分化，实现彻底分化。最后，未成年子女数量和老人数量在职业分化类别模型评估结果中系数均为正值，说明这两个变量对农民职业分化具有一定正向促进作用，考虑子女抚养时间成本和经济成本，农民提升经济收入水平的动机更强，更易向建筑业、服务业等高收入行业转移，实现就近就业的同时提高对老人、子女照顾的方便性。

3. 地理区位对农民职业类别选择具有显著影响

首先，距中心城市距离越远，农民成为工厂工人、建筑工人、个体经营者、专技人员的概率越大，越有可能进行专业型职业分化获得更高收入。其次，居住地交通网络密度对农民职业类别选择的影响系数均为正值，对职业分化具有促进作用，交通网络越密集，就业信息传递越及时，农民务工时间成本及交通成本就越低，越有可能从事兼业型职业岗位。最后，农村社区企业数量对农民选择非农职业类别均具有积极的正向作用。村中企业多为制造加工企业，属于劳动密集型企业，能更好地吸纳本村剩余劳动力就业，同时也能够带动本地相关服务行业兴起，加速农民从第二产业向第三产业转移。

本 章 小 结

本章主要运用新劳动迁移相关理论，从微观视角出发，对影响农民职业分化的个人特征因素、家庭特征因素和居住地区位因素进行分析。

首先，分别对农民先赋性和自致性特征进行总结，比较不同性别、年龄、教育程度、婚姻状况的农民在职业分化程度和职业类型选择上存在的差异。研究发现教育程度和婚姻状况对农民职业分化具有显著正向作用，而年龄及性别对职业分化的影响差异明显，具有一定负向作用，女性农民职业分化相对滞后，新生代农民工更专注于专业型职业分化。其次，考察家庭耕地资源、劳动力数量、家庭结构状况对农民职业分化产生的影响。研究发现人均耕地水平与农民职业分化呈显著负相关，家庭劳动力数量越多，越倾向于进行专业型职业分化。再次，分析了农民所处地距离中心城市远近、交通网络密度、社区工业发展水平对农民职业分化产生的影响，研究发现居住地地貌特征影响农民职业分化程度，中心城镇与居住地之间距离越远越不利于兼业型职业分化。而当地交通网络密度增强，能有效降低农民出行成本和扩大职业分化选择的范围。当地社区企业数量增加会为农民提供更多就业岗位，从而有利于农民职业分化。最后，利用微观调研数据，采用多项 logistic 模型，对农民职业分化程度选择和农民职业分化职业类别选择影响因素进行检验，分别从个体、家庭、地理区位维度对变量指标进行选取和定义，对相关估计结果进行分析，并得出实证结论。

第八章 农民职业分化促进经济增长效应分析

农民职业分化产生的经济增长效应主要体现在两个方面：一是提升了社会非农劳动力总量，二是提升了社会总体劳动生产率水平。尤其是农村劳动力在社会不同生产部门之间重新配置，已成为中国经济快速发展的主要推动力量。

第一节 农民职业分化促进经济增长的理论解释

经典西方经济学理论较早对经济结构转换过程中农村劳动力问题进行了研究。1940 年英国经济学家克拉克（Clark）假设劳动力转移、产业结构和经济增长三者之间存在联系。他认为经济增长通过产业结构演进实现，产业结构演进就是就业结构变化的过程，而就业结构变化就是农业生产劳动力结构性转移的结果。基于此，本书认为农民职业分化对经济增长的贡献主要通过以下两个路径实现。

一、农民职业分化通过优化劳动力资源配置促进经济增长

农民职业分化本质就是劳动力资源优化和重新配置的过程，农民职业分化使劳动力资源更有效率地与资本和其他要素结合，提高社会全要素生产率，进而提高社会总产出水平，促进经济增长。劳动力资源配置包括劳动力资源在国民经济各部门、各种经济组织间配置的数量变化和结构变化，而数量变化会导致结构发生变化。

在现代经济中，农业的特殊性决定了其资源有限性和消费有限性，因此农业部门所吸纳的劳动力十分有限。从资源配置角度来看，中国农业发展在相当长一段时期内存在劳动力资源配置扭曲、效率低下的问题。如表 8-1 所示，1982 年我国农业 GDP 占全国总 GDP 的比重为 32.8%，但第一产业从业人数占全国总就业人数的比重为 68.1%，也就意味着当时占全国 2/3 的就业人口只创造了全国 1/3 的 GDP。大量农村剩余劳动力滞留于农业，说明当时劳动

力资源配置极不合理，同时也说明当时工业化程度低，没有更多的资本吸纳过剩的劳动力。而且由于二元户籍制度和城市就业方式的限制，农村劳动力资源被束缚在土地上，不具备在城市和产业间自由流动的条件。在改革开放的推动下，到 1985 年第一产业就业人员比重下降到 62.4%，这得益于乡镇企业快速发展促进非农就业，农村劳动力在一定程度上的释放也促进了劳动力资源配置优化。90 年代第一产业产值增长，产业结构比重继续下降。1995 年第一产业 GDP 比重已经下降到 19.6%，但农业从业人口仍占比 52.2%，说明城乡劳动力流动的壁垒仍较为突出，农业总产值虽然逐年提高，但农业生产率仍然较低。21 世纪初，农业 GDP 比重已经下降到 14.7%，但农业人口仍然占比50.0%，城市下岗职工增多，一些地区形成保护主义政策阻断劳动力流动，加之亚洲金融危机影响，农业与非农业之间劳动力资源配置扭曲得到强化。2020年末全国农业总产值只占全国 GDP 的 7.7%，但还有相当庞大的农业从业群体（占比 23.6%），说明农村仍有大量劳动力剩余，这是劳动力资源的巨大浪费。从整个社会生产部门来看，劳动力资源配置不合理严重影响社会生产效率提高，也不利于整体社会经济的发展。与发达国家农业人口只占整体就业人口3% 左右的比例相比，我国农民职业分化空间和压力仍较大。

表 8-1　我国第一产业 GDP 和就业人员比重情况

年份	GDP/亿元	第一产业GDP/亿元	比重/%	全国就业人员/万人	第一产业就业人员/万人	比重/%
1982	5 373.4	1 761.7	32.8	45 295	30 859	68.1
1985	9 098.9	2 541.7	27.9	49 873	31 130	62.4
1990	18 872.9	5 017.2	26.6	64 749	38 914	60.1
1995	61 339.9	12 020.5	19.6	68 065	35 530	52.2
2000	100 280.1	14 717.4	14.7	72 085	36 043	50.0
2005	187 318.9	21 806.7	11.6	74 647	33 442	44.8
2010	412 119.3	38 430.8	9.3	76 105	27 931	36.7
2015	688 858.2	57 774.6	8.4	76 320	21 418	28.1
2020	1 015 986.2	77 754.1	7.7	75 064	17 715	23.6

数据来源：《中国统计年鉴 2021》。

农村劳动力资源作为一种特殊的生产要素，在"看不见的手"引导下，按照资源有效配置的规律，实现在城乡之间和产业之间转移或流动。我国是农业大国，农业人口众多，农业就业不充分使大量农民向非农产业转移，必然引起就业结构变化，提高劳动边际生产力，从而提高部门生产率，因而职业分化某种程度上使劳动力在社会生产部门中得到重新配置，必然引起经济增长效应。

二、农民职业分化通过大幅降低企业生产成本促进经济增长

劳动力资源禀赋对于国家工业企业竞争力和比较优势具有重要意义（蔡昉，2001），农民职业分化尤其对劳动密集型产业发展具有促进作用。在改革开放后相当长的时期内，中国 GDP 以年均近 10％的速度高速发展，这得益于我国劳动力资源禀赋的优势。因为农民职业分化后进行的初次就业工资水平较低，大量农村劳动力被劳动密集型行业吸纳，企业就会大幅度降低劳动力成本，从而通过整体降低产品生产成本来提升产品竞争力，劳动密集型企业也成为我国驱动经济高速发展的重要动力。根据国家统计局公布的数据，2020 年全国农民务工人员月均收入只有 4 072 元，相较而言澳大利亚建筑业蓝领工人工作一天 8 小时就可获得薪酬折合人民币 3 000 元。从这种意义上来说，农民职业分化为我国工业化源源不断地提供了廉价劳动力，促进了经济增长，功不可没，这本身也是劳动力资源的合理配置和有效利用，对整个劳动力市场健康发展具有重要作用，也间接推动了经济增长。但近些年随着劳动力成本上升，廉价劳动力不再是企业成本优势来源，企业开始进行技术资本投入，如何通过创新驱动来提高企业全要素生产率成为新的挑战。

第二节　农民职业分化产生的经济效应模型推演与测算

从本质上看，农民进行职业分化参与非农就业就是劳动力资源优化配置的过程，通过劳动力要素与资本结合提高全要素生产率，进而提高社会产出水平，促进经济增长。本书借鉴 Chenery（1996）[①] 的计算方法，对农民职业分化形成的资源再配置效应进行测算，并对其经济增长贡献进行测度。

按照刘易斯二元经济理论，我们把经济部门设定为由农业部门和非农业部门组成，因此国内生产总值 GDP（用 G 表示）就由农业部门生产总值（G_A）和非农业部门生产总值（G_N）构成。社会总劳动力人数用 L 表示，由农业生产部门劳动力（L_A）和非农业部门劳动力（L_N）构成。用公式做如下表达：

$$G = G_A + G_N \qquad (8-1)$$
$$L = L_A + L_N \qquad (8-2)$$

对（8-1）式两边同时除以 L，得：

① Chenery HS Robinso，M Syrquin. Industrialization and Growth：A Comparative Study ［J］. Oxford University Press，1986（4）：221-223.

$$G/L = (G_A/L_A)(L_A/L) + (G_A/L_N)(L_N/L) \qquad (8-3)$$

对（8-2）式两边同时除以 L，得：

$$L/L = L_A/L + L_N/L \qquad (8-4)$$

劳动生产力又称劳动生产效率，是指单位时间内劳动创造产品的数量与消耗的劳动量之间的比例，基于此，社会劳动生产率可以用社会总产值与社会总就业人数进行表示。同理，按照刘易斯二元经济发展模型，农业部门生产率和非农部门生产率就可以用农业部门 GDP 和非农业部门 GDP 与各自部门参与就业人数的比值来表示。用 P 表示劳动生产率总量，P_A 表示农业生产部门劳动生产率，P_N 表示非农业部门劳动生产率。则有：

$$P = G/L \qquad (8-5)$$

$$P_A = G_A/L_A \qquad (8-6)$$

$$P_N = G_N/L_N \qquad (8-7)$$

用 R_A 表示农业部门就业比重，R_N 表示非农业部门就业比重，则等式（8-3）变为：

$$P = P_A R_A + P_N R_N \qquad (8-8)$$

等式（8-4）变为：

$$1 = R_A + R_N \qquad (8-9)$$

由式（8-8）得知，社会劳动生产率总量就等于农业部门劳动生产率与农业部门劳动就业人数比重的乘积加上非农业部门劳动生产率与非农业部门就业人数比重的乘积。由于 $dp/dt = \Delta p/\Delta t$，而 Δt 在本书中等于 1，因此 $dp/dt = \Delta p$。如果用 P' 表示劳动生产率，则 $P' = \Delta p/P = (dp/dt)/P$，等式（8-8）则变成增长率的形式，表示为：

$$P' = P_A R_A P'_A/P + P_N R_N P'_N/P + P_A R_A R'_A/P + P_N R_N R'_N/P$$
$$(8-10)$$

式（8-10）中 P' 表示社会总量劳动生产率的增长率，公式等号右边前两项（$P_A R_A P'_A/P + P_N R_N P'_N/P$）是由于农业生产部门和非农业生产部门劳动生产率增长引起的社会总量劳动生产率的增长，称为要素投入效应；后两项（$P_A R_A R'_A/P + P_N R_N R'_N/P$）是由于农业生产部门和非农业生产部门劳动力再配置而引起的劳动生产率的增长，称为劳动力再配置效应。

经换算，用 $L(P)$ 表示劳动力再配置效应，则有：

$$L(P) = P_A R_A R'_A/P + P_N R_N R'_N/P \qquad (8-11)$$

对公式（8-9）两边进行求导，则有：

$$dR_A/dt + dR_N/dt = 0 \qquad (8-12)$$

又因 $dR_A/dt = R_A R'_A$，$dR_N/dt = R_N R'_N$，所以，最终有：

$$R_A R'_A + R_N R'_N = 0 \qquad (8-13)$$

将（8-13）带入（8-11），最终得出：

$$L(P) = (R_N R'_N) \times (P_N - P_A)/P \qquad (8-14)$$

公式（8-14）则为劳动力再配置效应的公式，即农民职业分化中发生的劳动力再配置效应公式。从推演过程可以看出，只要非农业部门劳动生产率 P_N 大于农业部门劳动生产率 P_A，农村剩余劳动力从农业部门进行转移，劳动力再配置效应在社会生产部门就始终存在。只有当两个部门劳动力生产率完全等值时，劳动力资源配置才会处于平衡状态，农民职业分化过程出现均衡。配置效应就将消失。

本研究用历年《吉林统计年鉴》作为数据来源，用第二产业和第三产业就业人数总和表示非农部门就业人数，用第二产业生产总值和第三产业生产总值总和表示非农业部门生产总值，用第一产业就业人数表示农业部门就业人数，用第一产业生产总值表示农业部门生产总值。具体变量符号及变量解释见表 8-2。

表 8-2 农民职业分化与经济增长相关性指标选择

变量符号	变量解释
G_A	农业部门生产总值
G_N	非农业部门生产总值
L_A	农业部门从业人数
L_N	非农业部门从业人数
R_A	农业部门就业比重
R_N	非农业部门就业比重
P_A	农业部门劳动生产率
P_N	非农业部门劳动生产率

第三节 农民职业分化促进经济增长的实证分析与结果说明

农民职业分化使农民从传统农业部门向现代工业部门及第三产业转移会促进社会劳动生产率提高，进而加速经济发展。借鉴 Chenery（1996）和李勋来、李国平（2005）的计算方法，对吉林省农民职业分化后劳动力资源再配置的经济增长贡献进行测算，得到结论如下。

一、农民职业分化促进社会生产效率的提高

根据《吉林统计年鉴》统计，2000—2019 年吉林省地区生产总值、农业

部门生产总值、非农业部门生产总值以及相应从业人员数量情况如表 8-3 所示。吉林省从 2000 年到 2019 年，地区生产总值、农业部门生产总值、非农业部门生产总值均呈显著增长态势。农民职业分化为非农业部门输送了大量劳动力，促进非农业部门生产效率提高和经济增长。非农业部门就业人数从 2000 年的 579.7 万人增加到 2019 年到 990.2 万人，得到显著增加。非农业部门生产总值从 2000 年的 1 466.11 亿元增加到 2019 年的 10 439.5 亿元。非农业部门劳动生产率从 2000 年的 25 290.8 元/人增加到 2019 年的 105 428.1 元/人。增长率为 76%。尤其是 2015 年以后，吉林省地区生产总值突破万亿元，非农生产部门生产总值 2018 年也突破万亿元大关。如图 8-1 所示，非农部门就业人数和生产总值均呈增长趋势。地区社会劳动生产率按地区生产总值和地区总就业人数比值计算，结果如表 8-4 所示，2000 年吉林省社会劳动生产率为 16 020.69 元/人，2019 年增加到 80 517.57 元/人，20 年时间增加了 64 496.88 元/人。这得益于社会生产部门分工和农民职业分化，尤其是非农部门劳动生产率对社会劳动生产率的贡献。

表 8-3 2000—2019 年吉林省农业与非农部门就业人数与总产值情况

年份	地区生产总值/亿元	总就业人数/万人	农业部门生产总值/亿元	农业部门就业人数/万人	非农部门生产总值/亿元	非农部门就业人数/万人
2000	1 864.84	1 164.02	398.73	584.4	1 466.11	579.7
2001	2 032.48	1 167.41	409.10	585.8	1 623.38	581.6
2002	2 246.12	1 186.60	446.17	587.3	1 799.95	599.3
2003	2 522.62	1 202.50	486.90	592.2	2 035.72	610.3
2004	2 958.21	1 222.00	560.96	563.3	2 397.25	658.7
2005	2 776.53	1 238.90	618.67	565.8	2 157.86	673.1
2006	3 226.47	1 250.50	640.20	562.2	2 586.27	685.3
2007	4 080.34	1 266.10	755.22	564.6	3 325.12	701.5
2008	4 834.68	1 281.40	863.56	564.0	3 971.12	717.4
2009	5 434.84	1 297.30	888.62	568.8	4 546.22	728.5
2010	6 410.48	1 311.60	928.43	567.4	5 482.05	744.2
2011	7 734.64	1 337.78	1 105.87	573.9	6 628.77	763.9
2012	8 678.02	1 355.90	1 195.63	557.0	7 482.39	798.9
2013	9 427.89	1 415.43	1 250.24	551.4	8 177.65	864.0
2014	9 966.54	1 447.17	1 270.21	533.6	8 696.33	913.6
2015	10 018.00	1 480.60	1 270.64	525.2	8 747.36	955.5
2016	10 427.00	1 501.73	1 130.05	508.0	9 296.95	993.7

（续）

年份	地区生产总值/ 亿元	总就业人数/ 万人	农业部门生产 总值/亿元	农业部门就业 人数/万人	非农部门生产 总值/亿元	非农部门 就业人数/ 万人
2017	10 922.00	1 488.53	1 095.36	491.4	9 826.64	997.1
2018	11 253.81	1 474.24	1 160.71	478.7	10 093.10	995.5
2019	11 726.82	1 456.43	1 287.32	466.6	10 439.50	990.2

数据来源：《2020 吉林统计年鉴》。

注：地区生产总值按当年价格计算。

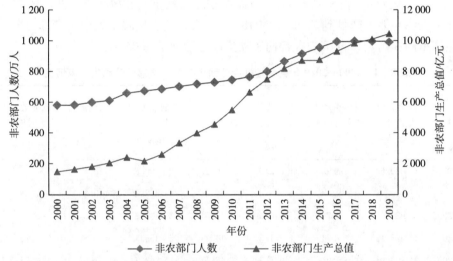

图 8-1　吉林省 2000—2019 年非农部门人数与生产总值增长趋势

数据来源：《吉林统计年鉴 2020》。

二、农民职业分化并未降低农业部门生产效率

首先，农业部门劳动效率并未因为职业分化后农业人口减少而降低。现代农业技术应用及农业机械化作业提高了农业生产效率。通过前文对现代化对农民职业分化影响的分析得知，农业现代化排斥农村剩余劳动力，因此职业分化并不会降低农业生产效率，反而会促进。由于我国农户户均耕地面积只有 0.5 公顷，远远低于世界小农户 2 公顷的标准，土地规模有限使中国农业长期处于"内卷化"状态，为了维持生计农户通过"自我剥削"，依靠更多劳动投入来换取土地生产率的提高，从不计较机会成本较低的劳动力投入。而随着非农就业机会增加，农业劳动力适度转移，缓解了农业劳动力"过密化"问题，从而提升了农业劳动生产效率。

其次,农民职业分化还可以通过获得非农收入在一定程度上促进农业生产效率提高。农民职业分化属于家庭决策,家庭劳动力资源在农业与非农业部门重新配置,在降低农业风险的同时,非农收入通过汇款回流提升家庭收入水平,使农村留居家庭成员能够更多购买资本密集型和劳动节约型农业生产要素,采用农业新技术,增加农业雇工等,实现农业生产效率提升的目的,化解农业劳动力流失造成的农业生产效率降低的风险。

如表 8-4 所示,吉林省作为全国粮食主产区,农业现代化生产水平较高,农业劳动生产率从 2000 年的 6 822.9 元/人增加到 2019 年的 27 589.4 元/人。一方面农业生产总值不断提高,从 2000 年的 398.73 亿元增加到 2019 年的 1 287.32 亿元[①](表 8-3),另一方面农业部门就业人数却逐年降低,从 2000 年的 584.4 万人降低到 2019 年的 466.6 万人,这也反映了农业生产部门劳动生产率的提高,20 年间农业部门劳动生产率增加了 3.04 倍。

表 8-4　2000—2019 年吉林省社会劳动生产率及各部门劳动生产率情况

年份	社会劳动生产率/(元/人)	社会劳动生产率增长率/%	农业劳动生产率/(元/人)	农业部门就业比重/%	非农业劳动生产率/(元/人)	非农业部门就业比重/%	非农劳动力比重增长率/%
2000	16 020.69	7.98	6 822.9	50.2	25 290.8	49.8	—
2001	17 410.16	8.03	6 983.6	50.2	27 912.3	49.8	1.39
2002	18 929.64	9.76	7 596.9	49.5	30 034.2	50.5	0.60
2003	20 978.12	13.30	8 221.8	49.2	33 356.1	50.8	5.76
2004	24 207.94	−8.01	9 958.5	46.1	36 393.7	53.9	0.74
2005	22 411.25	13.13	10 934.4	45.7	32 058.5	54.3	1.09
2006	25 801.44	19.94	11 387.4	45.1	37 739.2	54.9	0.90
2007	32 227.63	14.58	13 376.2	44.6	47 400.1	55.4	1.07
2008	37 729.67	9.93	15 331.3	44.0	55 354.1	56.0	0.36
2009	41 893.47	14.27	15 622.7	43.8	62 405.2	56.2	0.88
2010	48 868.56	15.48	16 362.9	43.3	73 663.7	56.7	1.56
2011	57 816.98	9.66	19 269.4	42.4	86 775.4	57.6	2.21
2012	64 001.91	3.91	21 465.5	41.1	93 658.7	58.9	3.44
2013	66 607.96	3.28	22 673.9	39.0	94 648.7	61.0	3.33

---

① 按当年不变价格比较。

（续）

年份	社会劳动生产率/（元/人）	社会劳动生产率增长率/%	农业劳动生产率/（元/人）	农业部门就业比重/%	非农业劳动生产率/（元/人）	非农业部门就业比重/%	非农业劳动力比重增长率/%
2014	68 869.17	-1.95	23 804.5	36.9	95 187.5	63.1	2.17
2015	67 552.34	7.97	24 193.5	35.5	91 547.5	64.5	2.57
2016	73 400.53	-0.04	22 245.1	33.8	93 558.9	66.2	1.19
2017	73 374.40	5.04	22 290.6	33.0	98 552.2	67.0	0.74
2018	77 269.89	4.03	24 247.1	32.5	101 387.2	67.5	0.74
2019	80 517.57	—	27 589.4	32.0	105 428.1	68.0	—

数据来源：根据历年《吉林统计年鉴》整理计算。

三、吉林省农业部门与非农部门劳动生产率差距巨大

从 2000 年到 2019 年，20 年间吉林省社会劳动生产率、农业劳动生产率和非农劳动生产率均出现大幅度增长（图 8 - 2），但农业劳动生产率增长较为缓慢。说明科技创新在农业中应用仍不充分，农产品附加值较低，部分地区的"手工农业"现象仍较普遍，吉林省整体农业劳动生产率仍有较大提升空间。

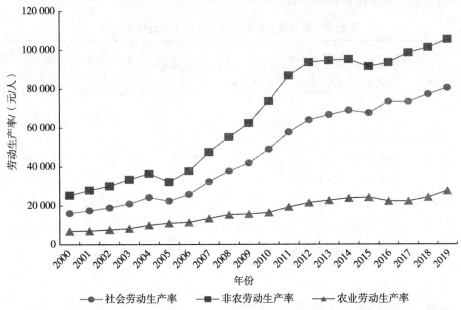

图 8 - 2　吉林省 2000—2019 年社会劳动生产率、农业与非农劳动生产率差异

根据赵辉（2004）运用 DEA 模型测算的结果，自 1978 年以来，吉林省现代农业生产率效率总体不高，平均总效率为 0.885。2019 年吉林省农业劳动生产率为 27 589.4 元/人，非农劳动生产率为 105 428.1 元/人，是农业部门劳动生产率的 3.8 倍（表 8-4）。加之吉林省轻重工业比例严重不协调，重工业比重过大，轻工业不足，而轻工业具有劳动密集型生产特点，能够创造更多就业机会，促进农民职业分化。可见，农业劳动生产率与非农业生产部门差距明显，亟待缩小二元经济背景下传统部门与现代部门间的劳动生产效率差距，加速农民职业分化。

四、农民职业分化对劳动力资源再配置及社会总量生产率提高贡献显著

根据劳动力生产率计算公式，结合《吉林统计年鉴》中吉林省各年份就业人数及各部门劳动生产总值，可以计算出农业部门与非农业部门各劳动生产率。根据劳动力再配置效应公式，结合两部门劳动力再配置引起的劳动生产率增长，计算得出劳动力再配置效应，能够反映农民职业分化后进入非农业部门对社会劳动生产率的贡献。而农民职业分化发生产业转移对社会劳动生产率的贡献率则可以用劳动力再配置效应与社会劳动生产率增长率的比值进行体现。农民职业分化对实际社会生产总值增长率的贡献率则由劳动力再配置效应与实际社会生产总值增长率相除得出，计算结果如表 8-5 所示。

表 8-5　吉林省农民职业分化影响下的各指标情况

年份	社会劳动生产率/（元/人）	社会劳动生产率增长率/%	GDP增长率/%	劳动力再配置效应	劳动力再配置对社会劳动生产率的贡献率/%	劳动力再配置对GDP增长率的贡献率/%
2000	16 020.69	—	9.20	—	—	—
2001	17 410.16	8.67	9.30	1.67	0.19	0.18
2002	18 929.64	8.72	9.50	0.71	0.08	0.07
2003	20 978.12	10.82	10.20	6.90	0.64	0.68
2004	24 207.94	15.39	12.20	0.81	0.05	0.07
2005	22 411.25	−7.42	12.00	1.03	−0.14	0.09
2006	25 801.44	15.13	15.00	0.92	0.06	0.06
2007	32 227.63	24.91	16.10	1.13	0.05	0.07
2008	37 729.67	17.07	16.00	0.04	0.00	0.00
2009	41 893.47	11.04	13.30	0.98	0.09	0.07

（续）

年份	社会劳动生产率/（元/人）	社会劳动生产率增长率/%	GDP增长率/%	劳动力再配置效应	劳动力再配置对社会劳动生产率的贡献率/%	劳动力再配置对GDP增长率的贡献率/%
2010	48 868.56	16.65	13.70	1.83	0.11	0.13
2011	57 816.98	18.31	13.70	2.58	0.14	0.19
2012	64 001.91	10.70	12.00	3.88	0.36	0.32
2013	66 607.96	4.07	8.30	3.60	0.88	0.43
2014	68 869.17	3.39	6.50	2.25	0.66	0.35
2015	67 552.34	−1.91	6.50	2.56	−1.34	0.39
2016	73 400.53	8.66	6.90	1.16	0.13	0.17
2017	73 374.40	−0.04	5.30	0.77	0.19	0.15
2018	77 269.89	5.31	4.50	0.74	0.14	0.16
2019	80 517.57	3.81	3.00	—	—	—

　　由表8-4可知，除2000年和2001年农业部门和非农部门就业比例几乎持平外，其他年份均呈现出农业部门就业比重持续降低，非农部门就业比重持续增加的趋势。非农部门就业比重增长态势明显，从2000年的49.8%增加到2019年的68.0%，20年间增加了18.2个百分点。劳动力再配置效应也较为突显，从2000年到2019年劳动力再配置效应平均值为1.86，劳动力再配置对社会劳动生产率和GDP增长率的贡献率平均值分别均为12.8%和19.9%，均显著增长。从总体上看，农民职业分化可以产生劳动力资源再配置效应，对社会生产效率提高和经济增长发挥重要作用。

第九章 农民职业分化对土地利用效率影响的调节效应分析

　　城镇化进程中农村劳动力不断向城市转移，打破了我国传统的农民全职进行农业生产的生产状况，逐渐形成城乡二元制，导致农民职业分化和农地经营方式不断改变。第七次人口普查数据显示，截止到 2020 年末，我国城镇化率已经达到 63.89%，城镇化处于快速发展阶段。新型城镇化建设加快了农民工"离土又离乡"的进程，农民的身份从传统农民向不同职业身份发生转变。近年来，随着城镇化进程不断推进，工业化发展不断加快，农民职业分化深度发展，我国农户小规模兼业现象普遍存在，从事农业生产经营活动的人越来越少，农业经营规模逐渐下降，农业生产效率问题日益突出。农业生产效率主要表现在土地生产效率方面。由于农业生产效率相对于非农生产效率较低，在农业比较效益低下的情况下，会有越来越多的农户选择从事非农行业，农户从事农业生产活动的意愿就会下降，农村人口严重流失，农村土地被粗放经营或者弃耕，农业逐渐成为农户的副业。但是，耕地对维持人类长期发展至关重要，必须保证一定的耕地数量，提升土地利用效率。提升土地利用效率，解决农业生产经营问题成为困扰当今农业发展的重大而紧迫的问题。2014 年国务院发布了《关于引导农村土地经营权有序流转发展农业适度规模经营的意见》，明确指出应当适度发展农业，将努力引导土地流转，将农村土地规模化经营作为农业发展的主要方式，积极开展农业现代化活动，提升农业生产现代化水平，为进一步推动农业现代化发展提供行动指南。

　　在经济发展的任何时期，粮食安全问题都是关乎国民生计和国民经济的重大问题。我国具有庞大的人口数量，国家统计局调查数据显示，截止到 2020 年，我国人口已经突破 14 亿，达到 14.1 亿，人多地少是我国的基本国情。作为最大的发展中国家，我国的粮食安全问题不仅对国家安全战略具有重要影响，同时还影响着世界的粮食安全问题。粮食的生产主要依赖土地，人类社会长期发展离不开土地。耕地是国家发展最宝贵的资源。近年来，随着农业生产技术水平不断上升，粮食产量翻倍增长，但是保障粮食供给依然是全世界不可忽视的重要问题。土地不仅是实现农业生产的基本条件，也是人类长期生存下

去的基本条件。由此可见，提升土地利用效率、扩大生产规模是保障粮食有效
供给的关键。

　　随着我国城镇化进程不断加快，城镇化水平不断提升，就业机会越来越
多，促使越来越多的农村人口向城市转移，农民的非农就业率不断攀升，我国
由此进入社会转型期。相较于之前单一的农业就业环境，现如今农民的就业选
择越来越多，传统农民不断向兼职型农民转变。随着社会发展，我国的产业结
构类型也不断发生变化，产业结构转型升级是社会经济发展的必然趋势，其间
大量从事第一产业的农民会向第二产业和第三产业转移，农民的职业分化表现
出飞速发展状态。

　　从社会发展形势和就业市场来看，农民的职业分化能够有效缓解农村劳动
力剩余的压力，解决农村剩余劳动力的就业问题，不断提升农民的收入水平，
由此对缩小城乡收入差距、降低收入不平等表现出积极影响，对实现城乡协调
发展表现出积极作用。近年来，农村劳动力在不同产业之间流动，不仅提升了
农村劳动力的人力资本水平，对农户的家庭结构也产生了重要影响，农民职业
分化程度不断加深，成为引起农户与土地之间矛盾的关键。农民是农业生产经
营的主体，也是土地流转权利主体。从事非农职业的农户是土地流转过程中的
主要土地供给方，而非农职业程度较低的农户是土地的需求者。农民参与土地
流转的行为、意愿直接受到职业分化的影响。

　　农业农村部发布的数据显示，2020 年我国国内生产总值达到 1 015 986 亿
元，实际增长率达到 2.3%。农业生产是第一产业的重要组成部分，第一产业
增加值达到 77 754 亿元，增长率达到 3.0%，第一产业增长速度高于国内生产
总值的增长速度。提升产业投入力度是增强生产力、提升产业增长速度的关
键，我国 2020 年第一产业投资额达到 13 302 亿元，同比增加 19.5%。耕地是
农业生产的重要资源要素，是人类赖以生存的基本资源。农民是从事农业生产
活动的微观主体，作为土地最直接的使用者，农民与土地之间的关系最为密
切。城市化作为经济增长的强大动力，同样对扩大中国市场内需、调整经济结
构具有重要作用。土地利用效率作为衡量农村土地生产和粮食产出效率的重要
指标，对推动农业农村发展、实现农业现代化尤为重要。

第一节　农民职业分化对土地利用效率
影响的调节作用机理

　　本部分的研究重点是在不同调节机制作用下，农民职业分化对土地利用
效率产生的影响。市场化进程方面。市场化进程能够作用于市场要素和产品
市场，通过对市场上资源要素的整合进一步促进产业发展，对于土地利用效

率来讲，本书认为市场化进程有助于实现土地资源整合，提升土地利用效率。土地作为一种区别于其他资源的特殊生产要素，在市场化进程中具有更加清晰的财产权利，这一财产权利能够有效提升土地利用效率。我国土地流转制度正在不断完善，土地出让制度改革不断深化，未来更加完善的土地流转制度会进一步强化农村集体土地市场的改革。土地流转市场中的土地产权体系至关重要，不断完善土地产权体系、推动市场化进程有利于提升土地利用效率。城镇化进程方面。城镇化进程加快对推动人口流动表现出积极作用，因此可以说农民职业分化是城镇化不断发展的结果，农民职业分化程度逐渐加深，可侧面反映了经济发展水平的增长，产业发展步伐加快，劳动力分工结构趋于合理化。本书预计城镇化进程有助于缓解农民职业分化对土地利用效率表现出的负面影响。本章涉及的财政分权理论是在人口自由流动的基础上发展而来的，在分权体制作用下，政府能够针对当地不同居民的偏好制定相应的政策，为居民提供需要的公共服务。针对农户来讲，财政分权背景下，有关部门能够根据农户的不同职业类型对其土地进行更为合理的规划，从而提升土地利用效率。

一、数据来源

本部分主要通过构建调节效应模型，分析不同调节机制作用下农民职业分化对土地利用效率的影响，与在调节作用下农民职业分化对土地利用效率的影响特征是否发生了改变。本部分的数据获取途径和前文保持一致。关于调节变量，本章通过对已有文献的梳理和总结，选用市场化进程、城镇化进程和财政分权作为调节变量。市场化进程主要反映了我国在改革开放过程中市场环境方面取得的成就，市场化指数反映一个地区市场化发展水平和发展程度的重要指标。城镇化进程反映一个国家或地区的城镇化发展进程，一般用城镇化率来表示。财政分权一定程度上反映了政府基于地方财政支配的权利，获得的在财政方面的自主权。本章的调节变量均来源于《中国统计年鉴》。

二、变量选取

（一）被解释变量：土地利用效率

本章的被解释变量为土地利用效率，本章采用 DEA 模型测度分析我国城市土地利用效率，采用测度全要素生产率的方法得出土地利用效率（$landtfp$）、农地产出效率（$tfp1$）和农业劳动生产率（$tfp2$）。在稳健性检验中，本章选择替换被解释变量的方法，分别采用农地产出效率（$tfp1$）和农业劳动生产率（$tfp2$）作为稳健性检验中的替代变量。

全要素生产率采用 DEA 投入产出模型估算。其中，利用 Deap 2.1 软件采用产出导向计算 2010—2016 年地级市层面的 Malmquist 农地生产效率指数，产出变量用农业实际增加值代替，投入变量有农林牧渔从业人员、农用机械总动力和农作物播种面积，采用 CRS 模型估算。而农地产出效率、农业劳动生产率分别体现土地和综合要素投入的生产率。其中农地产出效率一般用单位农地产值或产量代表，选择单位农地产值，更能体现农地经营市场化水平。农业劳动生产率用单位劳动力的农业产值表达。

（二）核心解释变量：农民职业分化（career）

本章的解释变量为农民职业分化，将农民的职业分化类型分成五类：农业劳动者、农业雇工、办事人员、城镇务工人员、个体经营者。变量都是来自微观层面的 CFPS 数据集。根据从 CFPS 数据库中筛选得到的数据样本，针对每户的主要职业性质、职业类别和雇主的经营性质进行匹配分析，最终得出农民职业分化类型，本章主要将农民职业分化类型分为五类，分别代表不同农户的职业种类。第一类农业劳动者以农业生产为主，为自家干农活是其工作的主要形式，从事农、林、牧、渔等农业生产活动，因此，农业劳动者的农民特征最为显著；第二类农业雇工，这类农户同样通过农业活动获取收入，但是与农业劳动者有所差别，主要通过农业打工的形式获取工资性收入，为别人打工干农活是其主要工作，因此，此类农户也具有较为显著的农民特征；第三类是办事人员，本章主要将在乡镇机关单位、非营利性机构、事业单位等工作的人员归为办事人员，此类人员较少，平时主要在机关事业单位工作，但是在农忙时间也会从事农业生产活动，因此相比前两类人员，办事人员虽具有农民特征，但是农民特征较弱；第四类是城镇务工人员，这类人群通过常年在外务工来获取经济收入，随着我国城镇化进程的不断推进，此类人员的数量逐年递增，主要通过非农生产活动获得工资性收入，大部分务工人员将自家的土地转租给他人，或者选择在农忙时从事农业生产活动，但是大部分时间在外务工，因此，此类人员的非农收入远高于农业收入，这类农户的农民特征更加弱化；第五类是个体经营者，个体经营的种类繁多，主要包括个体商业经营、企业经营、非农自雇，此类农户的职业类型可能和农业相关也可能无关，其活动范围较为广泛，并且工作时间较为灵活，相对来说能够获得更高的收入，因此，此类农户的农民特征最不明显，很多个体经营者已经舍弃了其拥有的农地。农民职业分化类型分别用 1、2、3、4、5 表示，农业劳动者用 1 表示、农业雇工用 2 表示、办事人员用 3 表示、城镇务工人员用 4 表示、个体经营者用5 表示。

（三）中介变量：土地流转（lt）

本章选择土地流转作为中介变量，在变量选取方面，通过 CFPS 数据库获得农户土地流转类型，以土地转出或者转入表示农户土地是否流转。实际计算过程中，使用农户实际经营土地面积和分配所得面积之间的差值进行比较分析，值的正负代表土地是否发生流转，以此来判断土地流转方向。如果土地转出，用1表示，若土地转入，用2表示，若土地未发生流转，则用3表示。

（四）调节变量

市场化进程（ma）。关于中国各地区市场化进程的研究是一项连续性工作，市场化进程指数可以更加准确地反映各地区市场化进程的各个方面。樊纲和王小鲁（2016）的市场化指数包含总指标以及各个分项：政府与市场关系得分、非国有经济发展得分、产品市场发育得分、要素市场发育得分、中介组织发育得分和法律得分等六个方面。本章采用樊纲和王小鲁（2016）编制的《中国分省份市场化进程指数》作为衡量指标。

城镇化进程（$city$）。采用各省的城镇化进程指数，即城镇常住人口占该地区常住总人口的比例来表示。Wieand（1987）研究发现城镇化进程能够有效提升土地相关资源的利用效率，能够有效实现对全部生产要素的利用。Braid（1988）认为随着城镇化进程的不断推进，住宅需求增加，会挤占大量的工业及商业用地，导致建设用地利用效率不断下降。此外，城镇化进程会导致越来越多的农业人口向城市流动，具有一定技术水平的农村人口会向工业区域转移，从事农业生产的人数逐渐减少，农业人口对于土地的依赖程度逐渐降低。因此，从人口角度来讲，城镇化进程在土地层面的进程推动显著快于人口层面的进程推动。1986年以来，中国城镇化得到飞速发展，城市建成区面积飞速增长，截止到2009年，城市建成面积增加了3.46倍，年均增速达到6.3%，但是，我国非农业人口增长速度仅为3.9%。人口集聚水平对土地利用效率具有重要影响，为了更加准确地反映城镇化进程对土地利用效率的影响，本章参考赵晓波（2016）的研究，将各地区城镇人口占各地区总人口的比重作为城镇化进程的指标，数据来源于《中国统计年鉴》。

财政分权水平（fin）。财政分权是指政府给予地方政府的财政支配权利。周业安等（2008）采用两个指标来衡量财政分权水平，一是财政支出分权，即人均各省份本级财政支出/（人均各省份本级财政支出＋人均中央本级财政支出），二是财政收入分权，它等于人均各省份本级财政收入/（人均各省份本级财政收入＋人均中央本级财政收入）。这两个指标将人口规模所产生的影响有效剔除，同时还对转移支付所产生的影响进行了有效剔除。考虑到本章研究的重点是农民职业分化对土地利用效率的影响，在此环境中财政支出是重要的指标，因此本章选择财政支出分权作为财政分权水平的衡量指标。

（五）控制变量

为防止存在遗漏变量对计量模型回归结果造成影响，导致回归结果偏误，需要同时选择控制变量进行回归分析。由于影响土地利用效率的因素有很多，本章在选择控制变量时无法将所有可能对土地利用效率产生影响的因素涵盖其中，因此，通过前文的理论梳理和相关文献分析，本章最终选择几个主要的影响土地利用效率的因素，包括：

户主年龄（age）。本研究认为户主作为一个家庭的主事人，对家庭状况十分了解，并且户主对家庭主要从事的活动掌握主导权利，因此将户主作为其中的控制变量。随着社会发展，不同年龄阶段的人对社会的洞察能力、理解能力和职业选择表现出差异化特征。从目前社会发展动态来看，在家务农的人员主要为大龄人群，很少存在年轻人常年在家从事农业生产活动，甚至大部分年轻一代已经将农地完全丢弃，不具备任何农地生产的能力。因此，不同年龄的户主，对农地的使用程度会表现出差异特征，本研究预测农户年龄越大对农地的使用率越高，土地的利用效率会更高，农户年龄和土地利用效率之间存在正相关关系。

户主受教育程度（edu）。本研究认为户主在家中扮演重要决策人角色，随着户主受教育程度的提升，其对知识和技术的接受能力增强，并且更愿意去学习新的技术能力、主动接受新的事物，无论是农业生产技术还是其他技术，受教育程度高的户主都具有更高的需求，在处理相关信息和优化资源配置方面表现出优势。因此，本研究认为受教育程度更高的户主能够在相同的资源投入背景下，依托更加先进的思想和技术水平，达到更高的效率，基于此，本研究认为户主受教育程度对土地利用效率具有正向影响。本章将户主的受教育程度分为五个等级，文盲用1表示，小学用2表示，初中用3表示，高中用4表示，大学及以上用5表示。

家庭人均收入水平（pc）。本研究认为人均收入水平能够从侧面反映整体的生产效率，农业生产主要依靠土地获取收入，本研究的样本为农户，大部分农户都是拥有土地的，土地也是其收入来源的一部分，因此，本研究认为人均收入水平能够从侧面反映土地利用效率程度，人均收入水平和土地利用效率之间具有正相关关系。该变量为经济变量，在进行计量回归时需要去除通货膨胀，本章以2010年为基期，采用定期CPI去除通货膨胀。

非农劳动力人数（peo）。本研究认为非农劳动力人数对土地利用效率产生影响。目前，我国从事农业劳动的人数逐渐减少，一方面社会进步、生产技术水平提升导致农业生产活动不再需要过多的农业劳动力，另一方面农业生产带来的收入无法满足当前人们对生活的需求，因此更多的人从事非农劳动来获取更高的收入，以此来提升生活水平。因此，非农劳动力人数逐渐增多是社会发展的必然，从侧面反映了农业生产技术水平的提升，另外，从事非农劳动的人数增多导致更多土地被荒废，有可能降低土地利用效率。

变量说明与描述性统计见表9-1、表9-2。

表 9-1　变量说明

变量类型	一级指标	二级指标	指标说明
被解释变量	土地利用效率（$landtfp$）		数据来源于 CFPS 数据库，通过 DEA 法测算
核心解释变量	农民职业分化（$career$）	农业劳动者	是＝1；否＝0
		农业雇主	是＝2；否＝0
		办事人员	是＝3；否＝0
		城镇务工人员	是＝4；否＝0
		个体经营者	是＝5；否＝0
中介变量	土地流转（lt）		流转类型：转出＝1；转入＝2；未流转＝3
调节变量	市场化进程（ma）		市场化进程指数：参见《中国分省份市场化进程指数报告（2018）》
	城镇化进程（$city$）		城镇化进程指数；城镇常住人口占该地区常住总人口的比例
	财政分权水平（fin）		人均各省份本级财政收入＋人均中央本级财政收入
控制变量	户主年龄（age）		家中主事者/财务回答人年龄，采用 CFPS 数据库中户主年龄
	户主受教育程度（edu）		文盲＝1；小学＝2；初中＝3；高中＝4；大学及以上＝5
	家庭人均收入（pc）		家庭总收入/家庭人口规模，采用 CFPS 数据库中家庭人均收入
	非农劳动力人数（peo）		从事非农劳动的人数，数据来自 CFPS 数据库

表 9-2　各变量的描述性统计

变量	统计量	平均值	标准差	最小值	最大值
$landtfp$	8 500	2.664 4	1.444 5	−6.394 9	12.264 3
$career$	8 500	1.458 8	1.088 9	1	5
lt	8 500	2.526 5	0.569 9	1	3
$city$	8 500	116 884	56.440 6	0.338 0	445.392
age	8 500	50.055 5	10.611 9	18	89
edu	8 500	2.216 1	1.009 4	1	6
pc	8 500	8.589 5	1.099 1	−0.182 3	14.508 7
peo	8 500	4.331 3	1.794 1	1	15

三、模型设定

本章主要通过构建调节效应模型，检验在调节变量作用下农民职业分化对土地利用效率的影响特征，检验本研究选取的调节变量是否在农民职业分化影响土地利用效率的过程中发挥了作用，其作用方向是什么。因此，在模型中，对调节变量与农民职业分化的乘积进行检验，实证分析农民职业分化与调节变量交互项之间存在的关系，交互项的系数是本章的研究重点。

以将城镇化进程作为调节变量为例，需要验证城镇化进程作用下农民职业分化对土地利用效率的影响，因此需要考察城镇化进程与农民职业分化的交互项的影响系数，以及中介变量土地流转与城镇化进程交互项的影响系数。由于本研究在模型中考虑到土地流转作为中介变量的影响，因此，在进行调节效应分析时，需要构建三种计量模型。首先，需要考察调节变量与农民职业分化的交互项对土地利用效率的影响，其次考察调节变量与土地流转交互项对土地利用效率的影响，最后将调节变量与中介变量土地流转、调节变量与农民职业分化交互项一起纳入模型，观察三种模型中交互项系数的变化情况，如此更加直观地反映在调节变量作用下，农民职业分化对土地利用效率的作用特征。具体模型设定如下。

（1）将市场化进程作为调节变量的模型。

$$landtfp_{it} = c + \alpha_1 ma \times career_{it} + \alpha_2 X_{it} + \mu_i + \lambda_t + \varepsilon_{it} \quad (9-1)$$
$$landtfp_{it} = c + \alpha_1 ma \times lt_{it} + \alpha_2 X_{it} + \mu_i + \lambda_t + \varepsilon_{it} \quad (9-2)$$
$$landtfp_{it} = c + \alpha_1 ma \times lt_{it} + \alpha_2 ma \times career_{it} + \alpha_3 X_{it} + \mu_i + \lambda_t + \varepsilon_{it}$$
$$(9-3)$$

（2）将城镇化进程作为调节变量的模型。

$$landtfp_{it} = c + \beta_1 city \times career_{it} + \beta_2 X_{it} + \mu_i + \lambda_t + \varepsilon_{it} \quad (9-4)$$
$$landtfp_{it} = c + \beta_1 city \times lt_{it} + \beta_2 X_{it} + \mu_i + \lambda_t + \varepsilon_{it} \quad (9-5)$$
$$landtfp_{it} = c + \beta_1 city \times lt_{it} + \beta_2 city \times career_{it} + \beta_3 X_{it} + \mu_i + \lambda_t + \varepsilon_{it}$$
$$(9-6)$$

（3）将财政分权作为调节变量的模型。

$$landtfp_{it} = c + \gamma_1 fin \times career_{it} + \gamma_2 X_{it} + \mu_i + \lambda_t + \varepsilon_{it} \quad (9-7)$$
$$landtfp_{it} = c + \gamma_1 fin \times lt_{it} + \gamma_2 X_{it} + \mu_i + \lambda_t + \varepsilon_{it} \quad (9-8)$$
$$landtfp_{it} = c + \gamma_1 city \times lt_{it} + \gamma_2 city \times career_{it} + \gamma_3 X_{it} + \mu_i + \lambda_t + \varepsilon_{it}$$
$$(9-9)$$

上述式中，$landtfp_{it}$ 是农户 i 在 t 年的土地全要素生产率，$career_{it}$ 是农户 i 在 t 年的职业分化类型，lt_{it} 表示农户 i 在 t 年的土地流转类型，$city$ 表示城镇化进程，ma 表示市场化进程，fin 表示财政分权水平。X_{it} 是影响土地全要素生产率的控制变量，包括户主年龄、户主受教育程度、家庭人均收入水平、非农劳动力人数。C 为约束条件个数，ε_i 代表随机扰动项，$\alpha_1 \sim \alpha_3$、$\beta_1 \sim \beta_3$、$\gamma_1 \sim \gamma_3$ 为截距项和相关变量的估计系数，μ_i 是个体固定效应，λ_t 是时间固定效应，可以吸收农户个体不随时间变化的个别异质性和所有农户随时间变化的年份异质性，由此可以更好地剔除混杂因素，进而保证了系数估计的无偏性。

第二节　市场化进程下农民职业分化对土地利用效率的调节效应

市场化进程与土地之间存在密切联系，很多学者研究了市场化进程中土地流转的问题。徐章星等（2020）研究了社会网络在市场化进程中对土地流转的影响。吉星和张红霄（2021）发现社会信任在土地资源配置中发挥重要作用，社会信任对土地资源配置的促进作用会随着市场化进程推进而不断提升。杨海晏和董殿文（2021）分析了新型城镇化建设背景下农村土地流转过程中存在的问题，认为要持续加快土地流转市场化，完善土地流转流程，为土地流转提供更加完善的服务管理体系，保障农户的合法权益。吴方认为加快推进农村土地流转市场化进程能够进一步提高农业技术效率，实现土地资源合理配置，对推动农村劳动力向非农转移具有积极作用。土地是一种区别于其他资源的特殊生产要素，在市场化进程中让土地具有更加清晰的财产权利能够有效提升土地利用效率。我国土地流转制度正在不断完善，土地出让制度改革不断深化，未来更加完善的土地流转制度会进一步强化农村集体土地市场的改革。土地流转市场中的土地产权体系至关重要，不断完善土地产权体系、推动市场化进程有利于提升土地利用效率。推动土地流转市场化进程对保障农户利益、完善土地资源保护机制，将农村闲置土地充分利用具有重要作用，对整合土地资源、推动土地资源流向农业生产水平较高的农户手中，实现土地规模化生产、提升土地利用效率表现出积极作用。

一、市场化进程下农民职业分化对土地利用效率影响的回归结果分析

本部分主要考察在市场化进程作为调节变量的情况下，农民职业分化对土地流转效率的影响。采用模型 9-1、9-2、9-3 进行实证分析，表 9-3 中模型（1）、（2）、（3）、（4）分别显示了调节变量作用下的回归结果。其中模型（1）表示不考虑中介变量、调节变量的回归结果，即农民职业分化对土地利用效率的影响，将此作为参照模型；模型（2）表示解释变量农民职业分化与市场化进程的交互项对土地利用效率的影响结果，即市场化进程作为调节变量的

回归结果；模型（3）表示中介变量土地流转与市场化进程的交互项对土地利用效率的影响结果；模型（4）表示同时将解释变量农民职业分化与市场化进程的交互项和中介变量与市场化进程的交互项纳入模型的回归结果，即中介变量和调节变量同时作用的模型回归结果。具体来看，土地流转和市场化进程的交互项对土地利用效率的影响显著为正，并在1%的显著性水平下通过检验，影响系数为0.0197，说明在土地流转和市场化进程的共同作用下，该交互项每提升1%，土地利用效率会显著提升0.0197%。农民职业分化与市场化进程的交互项对土地利用效率具有显著正效应，并在1%的显著性水平下通过检验，影响系数为0.0279，说明农民职业分化与市场化进程的交互项每提升1%，土地利用效率就会提升0.0279%，相比于不考虑市场化进程这一调节变量因素，影响系数由负变为正，说明市场化进程能够有效调节农民职业分化对土地利用效率产生的负面影响。模型（4）的土地流转与市场化进程交互项影响系数在1%的显著性水平下显著为正，影响系数为0.0267，农民职业分化与市场化进程交互项的影响系数同样在5%的显著性水平下显著为正，影响系数为0.0040，说明在调节变量市场化进程和中介变量土地流转的共同作用下，农民职业分化对土地利用效率的影响方向发生转变，对土地利用效率表现出积极作用。

表9-3 基于市场化进程调节作用的实证分析结果

变量	模型（1）	模型（2）	模型（3）	模型（4）
career	-0.1094*** (-5.90)			
lt×ma		0.0279*** (22.31)		0.0267*** (19.57)
career×ma			0.0197*** (11.38)	0.0040** (2.30)
age	0.0011 (0.81)	0.0000 (0.05)	0.0029** (1.97)	0.0003 (0.25)
edu	0.0507*** (3.66)	0.0445*** (3.35)	0.0320** (2.31)	0.0419*** (3.14)
pc	-0.8323*** (-87.75)	-0.8596*** (-90.60)	-0.8446*** (-89.72)	-0.8604*** (-90.69)
peo	-0.1695*** (-20.84)	-0.1727*** (-22.24)	-0.1711*** (-21.07)	-0.1729*** (-22.26)
c	10.5264*** (86.05)	10.1159*** (86.53)	10.2177*** (84.96)	10.0960*** (86.13)
R	0.5455	0.5544	0.5568	0.5555
N	8500	8500	8500	8500

二、内生性检验

本章同样采用工具变量法对模型进行内生性检验，表9-4显示了采用工具变量法的回归结果。从回归结果来看，模型（1）、（2）、（3）、（4）的显著性和变量符号与前文均保持一致，土地流转与市场化进程的交互项、农民职业分化与市场化进程的交互项对土地利用效率的影响均在1%显著性水平下通过检验，再次验证了市场化进程作为调节变量对土地利用效率表现出显著正向影响。

表9-4 市场化进程调节作用下的内生性检验结果

变量	模型（1）	模型（2）	模型（3）	模型（4）
career	−0.125 8*** (−10.25)			
lt×ma			0.048 2*** (33.41)	0.048 7*** (32.59)
career×ma		0.009 4*** (7.06)		−0.001 6 (−1.25)
age	−0.004 8*** (−3.95)	−0.002 8** (−2.35)	−0.003 6*** (−3.21)	−0.003 7*** (−3.32)
edu	0.092 3*** (7.38)	0.065 2*** (5.15)	0.059 6*** (5.03)	0.061 3*** (5.15)
pc	−0.772 2*** (−57.01)	−0.792 3*** (−68.70)	−0.842 1*** (−77.07)	−0.841 0*** (76.69)
peo	−0.177 9*** (−25.16)	−0.179 8*** (−25.71)	−0.176 6*** (−26.80)	−0.176 6*** (−26.77)
c	10.278 3*** (75.77)	10.136 3*** (81.94)	9.723 1*** (82.95)	9.723 8*** (82.96)
R	0.388 3	0.383 0	0.452 8	0.452 9
N	8 500	8 500	8 500	8 500

三、稳健性检验

（一）替换变量的回归结果

表9-5显示了替换被解释变量的回归结果。本研究选择替换被解释变量的方式进行稳健性检验，将农地产出效率（tfp1）和农业劳动生产率（tfp2）

作为被解释变量，解释变量为中介变量土地流转和核心解释变量，模型设定形式同上文。表9-5显示，农地产出效率（$tfp1$）作为被解释变量时，中介变量土地流转和调节变量市场化进程的交互项的影响系数均为正，并在1%显著性水平下通过检验，说明替换被解释变量之后并未改变核心解释变量与被解释变量之间的关系。农业劳动生产率（$tfp2$）作为被解释变量时，解释变量的影响系数为正，说明在调节变量市场化进程作用下农民职业分化对土地利用效率的调节作用并未发生改变，证明了模型的稳健性。

表9-5　市场化进程调节作用下的稳健性检验结果——替换变量

变量	$tfp1$ (1)	$tfp1$ (2)	$tfp1$ (3)	$tfp2$ (1)	$tfp2$ (2)	$tfp2$ (3)
$lt \times ma$		0.238 7***	0.148 6***	0.098 5***		0.007 2***
		(123.50)	(76.04)	(4.79)		(2.62)
$career \times ma$	0.429 5***		0.257 3***		0.079 1**	0.073 1***
	(117.83)		(71.38)		(20.18)	(14.54)
age	−0.006 0***	−0.013 0***	−0.009 5	−0.014 3***	−0.013 1***	−0.013 4***
	(−2.99)	(−7.21)	(−6.48)	(−7.16)	(−6.63)	(−6.84)
edu	0.092 3***	0.107 6***	0.090 2***	0.098 5***	0.095 1***	0.094 8***
	(4.59)	(5.82)	(6.02)	(4.79)	(4.66)	(4.70)
pc	0.088 5***	−0.008 1	−0.005 5***	0.116 4***	0.123 0***	0.121 1***
	(6.01)	(−0.55)	(−0.47)	(7.00)	(7.54)	(7.36)
peo	−0.006 3	−0.010 1	−0.011 2	0.060 6***	0.059 8***	0.060 0***
	(−0.55)	(−0.97)	(−1.32)	(5.22)	(5.19)	(5.28)
c	7.427 4***	3.806 8***	5.412 0***	6.846 0***	7.363 2***	7.243 6***
	(41.38)	(22.31)	(39.17)	(35.86)	(39.20)	(38.10)
R	0.620 1	0.610 6	0.762 6	0.002 0	0.007 2	0.006 4
N	8 500	8 500	8 500	8 500	8 500	8 500

（二）替换样本容量的回归结果

为进一步检验模型的稳健性，本研究进一步选择替换样本容量的方式进行回归。本研究选取的样本为2 125户农户，稳健性检验中截取部分样本进行实证分析，结果如表9-6所示，从回归结果可以看出，截取部分样本数据之后，中介变量土地流转和调节变量市场化进程的交互项的影响系数均为正，调节变量市场化进程和农民职业分化交互项的影响系数显著为正，两者在1%显著性水平下通过检验，说明替换样本容量之后并未改变核心解释变量与被解释变量之间的关系，说明在调节变量市场化进程作用下农民职业分化对土地利用效率的调节作用并未发生改变，证明了模型的稳健性。

表 9-6　市场化进程调节作用下替换样本容量的回归结果

变量	模型（1）	模型（2）	模型（3）	模型（4）
career	−0.135 3*** (−5.37)			
lt×ma		0.027 9*** (22.31)		0.026 7*** (19.57)
career×ma			0.019 7*** (11.38)	0.004 0** (2.30)
age	0.002 2 (1.22)	0.000 0 (0.05)	0.002 9** (1.97)	0.000 3 (0.25)
edu	0.005 2 (0.30)	0.044 5*** (3.35)	0.032 0** (2.31)	0.041 9*** (3.14)
pc	−0.830 1*** (−68.98)	−0.859 6*** (−90.60)	−0.844 6*** (−89.72)	−0.860 4*** (−90.69)
peo	−0.189 5*** (−19.63)	−0.172 7*** (−22.24)	−0.171 1*** (−21.07)	−0.172 9*** (−22.26)
c	10.699 3*** (67.86)	10.115 9*** (86.53)	10.217 7*** (84.96)	10.096 0*** (86.13)
R	0.545 2	0.554 4	0.556 8	0.555 5
N	5 231	5 231	5 231	5 231

（三）替换数据库的回归结果

表 9-7 显示了 2010 年样本的基准面板回归结果。在 2010 年样本中，土地流转与市场化进程的交互项、农民职业分化与市场化进程的交互项对土地利用效率的影响与前文基准面板模型回归结果一致，并在 1% 的显著性水平下通过检验，土地流转与市场化进程的交互项的影响系数为 0.386 4，农民职业分化与市场化进程的交互项的影响系数为 0.011 6，影响系数均为正，且在 1% 显著性水平下通过检验。说明调节变量扭转了农民职业分化对土地利用效率的负向影响。本研究结论证明了调节变量市场化进程与农民职业分化交互项对土地利用效率有正向影响，市场化进程有助于缓解农民职业分化对土地利用效率的抑制作用。样本每一时间段均具有稳健性，再次证明了本研究选择样本和模型的稳健性。

表 9-7　市场化进程调节作用下替换数据库的回归结果（2010 年）

变量	模型（1）	模型（2）	模型（3）	模型（4）
career	−0.109 4 ***			
	(−5.90)			
lt×ma			0.386 4 ***	0.386 9 ***
			(67.88)	(67.60)
career×ma		0.011 6 ***		−0.001 7
		(2.90)		(−0.89)
age	−0.002 9	0.003 7	0.004 3 ***	0.004 1 **
	(−1.08)	(1.07)	(2.63)	(2.54)
edu	0.114 4 ***	0.069 1 *	0.012 5	0.013 7 ***
	(4.02)	(1.87)	(0.72)	(0.79)
pc	−0.711 1 ***	−0.733 9 ***	−0.932 0 ***	−0.931 1 ***
	(−25.20)	(−19.72)	(−52.54)	(−52.39)
peo	−0.165 3 ***	−0.183 5 ***	−0.211 9 ***	−0.211 8 ***
	(−10.11)	(−9.18)	(−22.49)	(−22.47)
c	9.426 4 ***	9.221 1 ***	5.046 3 ***	5.052 3 ***
	(33.01)	(23.955)	(26.36)	(26.38)
R	0.262 5	0.259 4	0.835 8	0.835 9
N	2 125	2 125	2 125	2 125

第三节　城镇化进程下农民职业分化对 土地利用效率的调节效应

城镇化是农民职业分化产生的直接原因，城镇化在解决农村剩余劳动力的同时占用了大量的土地，挤占了大量耕地，实现土地资源优化配置与推进城乡统筹发展之间表现出显著冲突，因此，进一步提升农村土地利用效率、实现土地资源优化配置是平衡城镇化发展和耕地生产需求的重要方式，优化土地资源配置也是保障国家粮食安全的重要举措。加快城镇化发展，不仅能够提升一个国家或地区的整体经济发展水平，还能不断满足人们对生活提出的更高的需求，当农户拥有更高水平的人力资本，就会获得更高的回报和更加稳定的收入，农户对土地的依赖程度就会降低，会更愿意将土地转出，而具有农业生产技能的农户能够通过土地流转的方式获得大量土地，实现土地规模化生产，从而进一步提升土地生产效率。同时，尽快推进城乡一体化建设，加快土地利用的市场化进程，能够帮助农民早日摆脱土地的束缚，将土地资源有效整合，在为农民创造更多财富的同时保障对土地资源的充分利用、提升土地利用效率。前文研究表明，土地在市场中更好地流通，能够有效解决农民职业分化对土地利用效率带来的负向作用，对土地利用效率表现出较大的提升作用。

一、城镇化进程下农民职业分化对土地利用效率影响的回归结果分析

本部分主要考察在城镇化进程作为调节变量的情况下，农民职业分化对土地流转效率的影响。采用模型9-4、9-5、9-6进行实证分析，表9-8中模型（1）、（2）、（3）、（4）分别显示了不同变量作用下的回归结果。其中模型（1）表示不考虑中介变量、调节变量的回归结果，即农民职业分化对土地利用效率的影响，将此作为参照模型；模型（2）表示解释变量农民职业分化与城镇化进程的交互项对土地利用效率的影响结果，即城镇化进程作为调节变量的回归结果；模型（3）表示中介变量土地流转与城镇化进程的交互项对土地利用效率的影响结果；模型（4）表示同时将解释变量农民职业分化与城镇化进程的交互项和中介变量与城镇化进程的交互项纳入模型的回归结果，即中介变量和调节变量同时作用的模型回归结果。结果显示，城镇化进程和农民职业分化的交互项的影响系数显著为负，在1%的显著性水平下通过检验，影响系数为0.0004。相比于未考虑城镇化进程的调节作用，在城镇化进程的作用下，农民职业分化对土地利用效率的影响系数减小，说明城镇化进程有助于降低农民职业分化对土地利用效率的负效应。本章进一步验证了在城镇化进程这一调节变量作用下，土地流转视角下农民职业分化对土地利用效率产生的影响。模型（3）中土地流转与城镇化进程的交互项对土地流转的影响显著为负，影响系数为0.0003，将农民职业分化和城镇化进程的交互项和土地流转与城镇化进程的交互项同时纳入模型中，发现农民职业分化和城镇化进程的交互项的影响系数为−0.0001，虽然不显著，但是系数减小，同样说明了调节变量城镇化进程和土地流转中介效应能够弱化农民职业分化对土地利用效率的负面影响。

表9-8　基于城镇化进程调节作用的实证分析结果

变量	模型（1）	模型（2）	模型（3）	模型（4）
career	−0.109 4*** (−5.90)			
lt×city			−0.000 3*** (−5.05)	−0.000 2** (−2.49)

（续）

变量	模型（1）	模型（2）	模型（3）	模型（4）
career×city		−0.000 4***		−0.000 1
		（−4.44）		（−0.66）
age	0.001 1	0.001 7	0.001 6	0.001 6
	（0.81）	（1.19）	（1.10）	（1.11）
edu	0.050 7***	0.042 0***	0.040 3***	0.040 5***
	（3.66）	（3.03）	（2.91）	（2.92）
pc	−0.832 3***	−0.836 1***	−0.836 2***	−0.836 2***
	（−87.75）	（−88.34）	（−88.39）	（88.39）
peo	−0.169 5***	−0.169 3***	−0.169 1***	−0.169 1***
	（−20.84）	（−20.76）	（−20.73）	（−20.73）
c	10.526 4***	10.401 1***	10.414 0***	10.413 0***
	（86.05）	（86.57）	（86.64）	（86.62）
R	0.545 5	0.547 1	0.547 4	0.547 4
N	8 500	8 500	8 500	8 500

二、内生性检验

本章同样采用工具变量法对模型进行内生性检验，表9-9显示了采用工具变量法的回归结果。从回归结果来看，模型（1）、（2）、（3）、（4）的显著性和变量符号与前文均保持一致，土地流转与城镇化进程的交互项、农民职业分化与城镇化进程的交互项对土地利用效率的影响均在1%显著性水平下通过检验，显著为负，影响系数有所减小，再次验证了城镇化进程作为调节变量能够有效降低农民职业分化对土地利用效率的负面影响。

表9-9　城镇化进程调节作用下的内生性检验结果

变量	模型（1）	模型（2）	模型（3）	模型（4）
career	−0.125 8***			
	（−10.25）			
lt×city			−0.000 4***	−0.000 1**
			（−4.90）	（−2.41）
career×city		−0.000 6***		−0.000 1
		（−4.32）		（−0.69）
age	−0.004 8***	−0.003 8	−0.003 9***	0.003 9***
	（−3.95）	（−3.17）	（−3.27）	（−3.27）

175

(续)

变量	模型（1）	模型（2）	模型（3）	模型（4）
edu	0.092 3*** (7.38)	0.075 4*** (5.99)	0.073 2*** (5.81)	0.073 5*** (5.83)
pc	−0.772 2*** (−57.01)	−0.783 4*** (−68.32)	−0.784 4*** (−5.81)	−0.784 4*** (−68.39)
peo	−0.177 9*** (−25.16)	−0.178 0*** (−25.38)	−0.177 6*** (−25.33)	−0.177 6*** (−25.33)
c	10.278 3*** (75.77)	10.194 1*** (82.19)	10.215 6*** (82.23)	10.213 9*** (82.20)
R	0.388 3	0.381 2	0.381 6	0.381 6
N	8 500	8 500	8 500	8 500

三、稳健性检验

（一）替换变量的回归结果

本研究选择替换被解释变量的方式进行稳健性检验，将农地产出效率（$tfp1$）和农业劳动生产率（$tfp2$）作为被解释变量，解释变量分别为中介变量土地流转和调节变量城镇化进程的交互项、调节变量城镇化进程与农民职业分化的交互项，模型设定形式同上文。表 9-10 显示，农地产出效率（$tfp1$）作为被解释变量时，中介变量土地流转和调节变量城镇化进程的交互项的影响系数均为正，且在 1% 显著性水平下通过检验，说明替换被解释变量之后并未改变核心解释变量与被解释变量之间的关系。在农业劳动生产率（$tfp2$）作为被解释变量的面板回归结果中，解释变量的影响系数为负，但系数相对于不考虑调节变量作用时有所减小，说明在调节变量城镇化进程作用下农民职业分化对土地利用效率的调节作用并未发生改变，证明了模型的稳健性。

表 9-10　城镇化进程调节作用下的稳健性检验结果——替换变量

变量	$tfp1$（1）	$tfp1$（2）	$tfp1$（3）	$tfp2$（1）	$tfp2$（2）	$tfp2$（3）
$lt \times city$		0.001 5*** (10.59)	0.001 5*** (6.15)	−0.000 3*** (−3.22)		−0.000 5*** (−2.94)
$career \times city$	0.002 2*** (8.59)		0.000 1 (0.21)		−0.000 3** (−1.83)	0.000 4 (1.26)
age	−0.011 0*** (−3.42)	−0.010 2 (−3.16)	−0.004 4 (−0.24)	−0.013 9*** (−6.50)	−0.013 6*** (−6.40)	−0.013 9*** (−6.53)

（续）

变量	$tfp1$（1）	$tfp1$（2）	$tfp1$（3）	$tfp2$（1）	$tfp2$（2）	$tfp2$（3）
edu	$-0.011\ 0^{***}$	$0.162\ 4^{***}$	$0.162\ 3^{***}$	$0.099\ 3^{***}$	$0.101\ 4^{***}$	$0.098\ 9^{***}$
	(-3.42)	(5.01)	(5.00)	(4.58)	(4.67)	(4.56)
pc	$0.215\ 2^{***}$	$-0.004\ 4$	$0.216\ 1^{***}$	$0.132\ 3^{***}$	$0.132\ 8^{***}$	$0.132\ 4^{***}$
	(9.06)	(-0.24)	(9.11)	(8.01)	(8.03)	(8.01)
peo	$-0.002\ 8$	$-0.004\ 4^{***}$	$-0.004\ 4$	$0.061\ 8^{***}$	$0.061\ 2^{***}$	$0.061\ 8^{***}$
	(-0.15)	(-0.24)	(-0.24)	(5.01)	(4.95)	(5.00)
c	$6.650\ 0^{***}$	$6.543\ 0^{***}$	$6.545\ 2^{***}$	$7.351\ 0^{***}$	$7.323\ 6^{***}$	$7.359\ 2^{***}$
	(22.95)	(22.60)	(22.59)	(37.45)	(37.35)	(37.48)
R	$0.014\ 3$	$0.021\ 7$	$0.021\ 7$	$0.003\ 9$	$0.003\ 4$	$0.004\ 1$
N	8 500	8 500	8 500	8 500	8 500	8 500

（二）替换样本容量的回归结果

　　为进一步检验模型的稳健性，本研究再次选择替换样本容量的方式进行回归，选取的样本为 2 125 户农户，在稳健性检验中截取部分样本进行实证分析，结果如表 9 - 11 所示。从回归结果可以看出，中介变量土地流转和调节变量城镇化进程的交互项的影响系数均为正，并在 1% 显著性水平下通过检验，农民职业分化与城镇化进程的交互项显著为负，在 10% 的显著性水平下通过检验，但是影响系数相比于不考虑调节效应时的回归系数有所减少，说明截取部分样本之后并未改变实证结果，模型回归结果同之前保持一致，进一步证明了模型的稳健性。

表 9 - 11　城镇化进程调节作用下替换样本容量的回归结果

变量	模型（1）	模型（2）	模型（3）	模型（4）
$career$	$-0.109\ 4^{***}$			
	(-5.90)			
$lt \times ma$		$0.030\ 2^{***}$		$0.028\ 5^{***}$
		(19.01)		(16.90)
$career \times ma$			$-0.075\ 6^{*}$	$0.005\ 9^{**}$
			(-1.82)	(2.77)
age	$0.001\ 1$	$0.000\ 9$	$0.003\ 1^{*}$	$0.001\ 4$
	(0.81)	(0.50)	(1.71)	(0.80)
edu	$0.050\ 7^{***}$	$0.006\ 4$	$-0.002\ 2^{**}$	$0.004\ 1$
	(3.66)	(0.38)	(-0.13)	(0.25)

（续）

变量	模型（1）	模型（2）	模型（3）	模型（4）
pc	−0.832 3***	−0.860 8***	−0.826 6***	−0.862 6***
	（−87.75）	（−71.12）	（−68.00）	（−71.29）
peo	−0.169 5***	−0.190 1***	−0.190 0***	−0.190 5***
	（−20.84）	（−20.62）	（−19.51）	（−20.65）
c	10.526 4***	10.255 6***	10.556 3***	10.216 8***
	（86.05）	（68.48）	（67.50）	（67.92）
R	0.545 5	0.556 8	0.543 3	0.559 1
N	5 231	5 231	5 231	5 231

（三）替换数据库的回归结果

表 9 - 12 显示了 2010 年样本的基准面板回归结果。在 2010 年样本中，土地流转与城镇化进程的交互项、农民职业分化与城镇化进程的交互项对土地利用效率的影响与前文基准面板模型回归结果一致，土地流转与城镇化进程的交互项的影响系数为 0.000 4，农民职业分化与城镇化进程的交互项的影响系数为 0.000 6，影响系数均为负，且在 1‰ 显著性水平下通过检验。但影响系数显著小于不考虑调节变量的回归结果，说明调节变量改变了农民职业分化对土地利用效率的影响，有助于改善农民职业分化对土地利用效率表现出的负面影响。本研究结论证明了调节变量城镇化进程与农民职业分化交互项对土地利用效率的正向影响，城镇化进程有助于缓解农民职业分化对土地利用效率的抑制作用。样本每一时间段均具有稳健性，再次证明了本研究选择样本和模型的稳健性。

表 9 - 12　城镇化进程调节作用下替换数据库的回归结果（2010 年）

变量	模型（1）	模型（2）	模型（3）	模型（4）
career	−0.136 7***			
	（−5.42）			
lt×city			−0.000 4***	−0.000 3**
			（−4.89）	（−2.41）
career×city		−0.000 6***		−0.000 1
		（−4.31）		（−0.69）
age	−0.002 9	−0.003 8	0.073 2***	−0.003 9***
	（−1.08）	（−3.17）	（5.81）	（−3.26）
edu	0.114 4***	0.075 4***	0.073 2***	0.073 6***
	（4.02）	（5.99）	（5.81）	（5.83）

（续）

变量	模型（1）	模型（2）	模型（3）	模型（4）
pc	−0.711 1*** (−25.20)	−0.783 4*** (−68.30)	−0.784 4*** (−68.37)	−0.784 4*** (−68.36)
peo	−0.165 3*** (−10.11)	−0.178 0*** (−25.37)	−0.177 6*** (−25.32)	−0.177 6*** (−25.32)
c	9.426 4*** (33.01)	−0.000 6*** (82.16)	10.215 6*** (82.20)	10.213 9*** (82.16)
R	0.262 5	0.381 2	0.381 6	0.381 6
N	2 125	2 125	2 125	2 125

第四节 财政分权背景下农民职业分化对土地利用效率的调节效应

一、财政分权背景下农民职业分化对土地利用效率影响的回归结果分析

本部分主要考察在财政分权作为调节变量的情况下，农民职业分化对土地流转效率的影响。采用模型9-8、9-9、9-10进行实证分析，表9-13中模型（1）、（2）、（3）、（4）分别显示了不同变量作用下的回归结果。其中模型（1）表示不考虑中介变量、调节变量的回归结果，即农民职业分化对土地利用效率的影响，将此作为参照模型；模型（2）表示解释变量农民职业分化与财政分权的交互项对土地利用效率的影响结果，即财政分权作为调节变量的回归结果；模型（3）表示中介效应土地流转与财政分权的交互项对土地利用效率的影响结果；模型（4）表示同时将解释变量农民职业分化与财政分权的交互项和中介变量与财政分权的交互项纳入模型的回归结果，即中介变量和调节变量同时作用的模型回归结果。结果显示，财政分权和农民职业分化的交互项的影响系数显著为正，在1%的显著性水平下通过检验，影响系数为0.042 9，说明财政分权和农民职业分化的交乘项每提升1%，土地利用效率会提升0.042 9%，土地流转与财政分权的交互项系数显著为负，在1%的显著性水平下通过检验，影响系数为−0.000 3，将土地流转与财政分权的交互项、财政分权和农民职业分化的交互项同时带入模型的回归结果显示两者的系数均为正，影响系数分别为0.070 1和0.020 5，验证了财政分权在农民职业分化对土地利用效率的影响中具有正向调节作用，有助于推动土地利用效率的提升。

表 9 - 13　基于财政分权调节作用的实证分析结果

变量	模型（1）	模型（2）	模型（3）	模型（4）
career	−0.109 4***			
	（−5.90）			
lt×*fin*			−0.000 3***	0.070 1***
			（−5.05）	（40.97）
career×*fin*		0.042 9***		0.020 5***
		（19.99）		（11.37）
age	0.001 1	0.004 4***	−0.002 1*	−0.000 7
	（0.81）	（3.08）	（−1.69）	（−0.52）
edu	0.050 7***	0.019 0	0.048 8***	0.034 0***
	（3.66）	（1.39）	（3.96）	（2.75）
pc	−0.832 3***	−0.854 3***	−0.899 7***	−0.907 0***
	（−87.75）	（−93.32）	（−100.87）	（−103.19）
peo	−0.169 5***	−0.172 6***	−0.183 0***	−0.183 6***
	（−20.84）	（−21.27）	（−25.43）	（−25.40）
c	10.526 4***	9.990 3***	9.645 9***	9.529 3***
	（86.05）	（83.48）	（88.19）	（86.95）
R	0.545 5	0.589 9	0.613 0	0.628 6
N	8 500	8 500	8 500	8 500

二、内生性检验

本章同样采用工具变量法对模型进行内生性检验。表 9 - 14 显示了采用工具变量法的回归结果。从回归结果来看，模型（1）、（2）、（3）、（4）的显著性和变量符号与前文均保持一致，土地流转与财政分权水平的交互项、农民职业分化与财政分权水平的交互项对土地利用效率的影响均在 1‰ 显著性水平下通过检验，影响系数分别为 0.102 4、0.009 3，土地流转与财政分权水平的交互项和农民职业分化与财政分权水平的交互项同时纳入模型后的回归结果分别为 0.000 1、0.004 4，再次验证了财政分权水平作为调节变量能够有效降低农民职业分化对土地利用效率的负面影响。

表 9-14　城镇化进程调节作用下的内生性检验结果

变量	模型（1）	模型（2）	模型（3）	模型（4）
career	−0.125 8*** (−10.25)			
lt×fin			0.102 4*** (51.30)	−0.000 1** (−2.41)
career×fin		0.009 3*** (6.51)		0.004 4*** (3.50)
age	−0.004 8*** (−3.95)	0.066 2*** (5.23)	−0.003 9*** (−3.77)	−0.003 6*** (−3.39)
edu	0.092 3*** (7.38)	0.066 2*** (5.23)	0.070 1*** (6.38)	0.065 4*** (5.92)
pc	−0.772 2*** (−57.01)	−0.790 4*** (−68.62)	−0.870 6*** (−5.81)	−0.874 1*** (−85.71)
peo	−0.177 9*** (−25.16)	−0.180 5*** (−25.78)	−0.193 2*** (−31.54)	−0.193 7*** (−25.33)
c	10.278 3*** (75.77)	10.120 3*** (81.69)	8.920 7*** (80.48)	8.905 7*** (80.35)
R	0.388 3	0.382 9	0.528 2	0.528 9
N	8 500	8 500	8 500	8 500

三、稳健性检验

（一）替换变量的回归结果

本研究选择替换被解释变量的方式进行稳健性检验，将农地产出效率（$tfp1$）和农业劳动生产率（$tfp2$）作为被解释变量，解释变量分别为中介变量土地流转和调节变量财政分权水平的交互项、调节变量财政分权水平与农民职业分化的交互项，模型设定形式同上文。表 9-15 显示，农地产出效率（$tfp1$）和农业劳动生产率（$tfp2$）作为被解释变量时，中介变量土地流转和调节变量财政分权水平的交互项的影响系数均为正，并在 1% 显著性水平下通过检验，说明替换被解释变量之后并未改变核心解释变量与被解释变量之间的关系，在调节变量财政分权水平作用下农民职业分化对土地利用效率的调节作用并未发生改变，证明了模型的稳健性。

表9-15　财政分权水平调节作用下的稳健性检验结果——替换变量

变量	$tfp1$ (1)	$tfp1$ (2)	$tfp1$ (3)	$tfp2$ (1)	$tfp2$ (2)	$tfp2$ (3)
$lt \times fin$		0.076 7***	0.076 2***	0.172 5***		0.146 6***
		(17.77)	(17.29)	(71.02)		(62.72)
$career \times fin$	0.017 8***		0.002 1		0.156 6**	0.073 2
	(4.19)		(0.53)		(50.60)	(30.89)
age	−0.009 3***	−0.011 8***	−0.011 7***	−0.013 6***	−0.002 3***	−0.009 7***
	(−2.87)	(−3.83)	(−3.77)	(−8.58)	(−1.02)	(−5.53)
edu	0.121 2***	0.141 6***	0.139 9***	0.079 7***	−0.005 1	0.026 0
	(3.71)	(4.54)	(4.46)	(4.87)	(−0.24)	(1.49)
pc	0.197 4***	0.161 0***	0.160 4***	0.004 9	0.043 2***	−0.044 0***
	(8.27)	(6.74)	(6.07)	(0.37)	(3.03)	(3.48)
peo	−0.002 4	−0.018 6	−0.018 8	0.028 4***	0.037 9***	0.020 8**
	(−0.13)	(−1.04)	(−1.05)	(3.06)	(3.02)	(2.07)
c	6.371 1***	5.483 9***	5.471 8***	4.877 1***	5.845 3***	4.948 0***
	(21.98)	(19.31)	(19.20)	(31.71)	(31.37)	(31.82)
R	0.003 1	0.015 8	0.015 9	0.328 6	0.611 3	0.468 5
N	8 500	8 500	8 500	8 500	8 500	8 500

（二）替换样本容量的回归结果

为进一步检验模型的稳健性，本研究再次选择替换样本容量的方式进行回归，选取的样本为2 125户农户，稳健性检验中截取部分样本进行实证分析，结果如表9-16所示。从回归结果可以看出，截取部分样本数据之后，中介变量土地流转和调节变量财政分权水平的交互项的影响系数为正，并在1%显著性水平下通过检验，影响系数为0.068 7，农民职业分化与财政分权水平的交互项显著为正，在1%的显著性水平下通过检验，影响系数为0.039 7，将两个交互项同时纳入模型中，回归结果显著为正，系数分别为0.064 5和0.019 9。说明截取部分样本之后并未改变实证结果，模型回归结果同之前保持一致，进一步证明了模型的稳健性。

表9-16　财政分权水平调节作用下替换样本容量的回归结果

变量	模型（1）	模型（2）	模型（3）	模型（4）
$career$	−0.109 4***			
	(−5.90)			

（续）

变量	模型（1）	模型（2）	模型（3）	模型（4）
$lt \times fin$		0.068 7*** (32.75)		0.064 5*** (31.00)
$career \times fin$			0.039 7*** (15.04)	0.019 9*** (8.90)
age	0.001 1 (0.81)	−0.001 5 (−0.94)	0.006 5*** (3.51)	0.000 3 (0.19)
edu	0.050 7*** (3.66)	0.006 9 (0.44)	−0.019 5 (−1.14)	−0.003 7 (−0.24)
pc	−0.832 3*** (−87.75)	−0.889 4*** (−77.85)	−0.846 7*** (−72.53)	−0.896 5*** (−79.76)
peo	−0.169 5*** (−20.84)	−0.198 7*** (−22.89)	−0.191 0*** (−19.74)	−0.199 2*** (−22.84)
c	10.526 4*** (86.05)	9.882 7*** (69.74)	10.077 2*** (65.23)	9.727 8*** (68.29)
R	0.545 5	0.608 2	0.586 3	0.624 5
N	5 231	5 231	5 231	5 231

（三）替换数据库的回归结果

表 9 - 17 显示了 2010 年样本的基准面板回归结果。在 2010 年样本中，土地流转与财政分权水平的交互项、农民职业分化与财政分权水平的交互项对土地利用效率的影响与前文基准面板模型回归结果一致，且在 1% 的显著性水平下通过检验，土地流转与财政分权水平的交互项的影响系数为 0.157 0，农民职业分化与财政分权水平的交互项的影响系数为 0.008 6，且在 1% 显著性水平下通过检验。2010 年在调节变量财政分权水平作用下，农民职业分化对土地利用效率的影响显著为正，再次证明了财政分权水平能够对农民职业分化对土地利用效率的影响表现出正向调节作用，调节变量有助于改善农民职业分化对土地利用效率表现出的负面影响。本研究结论证明了财政分权水平与农民职业分化交互项对土地利用效率的正向影响，财政分权水平有助于缓解农民职业分化对土地利用效率的抑制作用。样本每一时间段均具有稳健性，再次证明了本研究选择样本和模型的稳健性。

表 9-17 财政分权水平调节作用下替换数据库的回归结果（2010 年）

变量	模型（1）	模型（2）	模型（3）	模型（4）
$career$	−0.136 7***			
	(−5.42)			
$lt \times fin$			0.157 0***	0.163 6***
			(25.22)	(25.47)
$career \times fin$		0.008 6**		−0.011 5***
		(2.45)		(−3.85)
age	−0.002 9	0.003 5	0.002 0	0.001 0
	(−1.08)	(1.01)	(0.71)	(0.36)
edu	0.114 4***	0.071 0*	0.049 8	0.058 1*
	(4.02)	(1.92)	(1.64)	(1.92)
pc	−0.711 1***	−0.736 0***	−0.916 4***	−0.910 4***
	(−25.20)	(−19.68)	(−29.15)	(−29.07)
peo	−0.165 3***	−0.183 3***	−0.205 7***	−0.205 7***
	(−10.11)	(−9.16)	(−12.49)	(−12.56)
c	9.426 4***	9.270 2***	8.416 6***	8.423 4***
	(33.01)	(21.10)	(26.49)	(26.65)
R	0.262 5	0.258 0	0.499 3	0.381 6
N	2 125	2 125	2 125	2 125

本 章 小 结

本章主要通过实证分析检验在调节变量作用下，农民职业分化对土地利用效率的影响。选取市场化进程、城镇化进程和财政分权水平作为调节变量，研究调节变量与中介变量土地流转以及核心解释变量农民职业分化的交互项对土地利用效率的影响特征，重点观察调节变量的系数，研究在调节变量作用下农民职业分化对土地利用效率的影响是否发生转变。研究发现，在市场化进程、城镇化进程和财政分权调节作用下，农民职业分化和调节变量的交互项影响系数均发生改变，其中市场化进程和财政分权水平与农民职业分化的交互项系数显著为正，说明市场化进程和财政分权能够有效调节农民职业分化对土地利用效率的影响，有助于提升土地利用效率。城镇化进程与农民职业分化的交互项影响系数显著为负，但是影响系数的大小远小于不考虑城镇化进程的系数，说明城镇化进程能够有效缓解农民职业分化对土地利用效率产生的负面影响。在实证分析的基础上，本章进一步对调节效应进行内生性检验和稳健性检验，验证了选取变量不存在内生性问题，以及模型具有较强的稳健性。综上研究表明，本研究选择的调节变量均能够有效调节农民职业分化对土地利用效率的影响。

第十章　农民职业分化对农民收入结构变动的影响效应分析

农民收入问题一直是学术界、政府关注的热点问题，农民增收问题也不再是单纯的农业问题，而是与农民职业分化和经济发展相关联的问题。目前农民收入主要指农村居民人均可支配收入，分为工资性收入、家庭经营收入、财产性收入和转移性收入四个部分。家庭经营性收入是农民重要收入来源，按照经营行业属性分为第一产业收入、第二产业收入和第三产业收入。随着农民职业分化程度加深，工资性收入在农民收入结构中比重将越来越大。

第一节　农民职业分化对收入结构变动影响机理

农民职业分化对农民收入的影响主要有两条作用路径：一是农民职业分化与农民人均可支配收入之间呈高度相关性；二是农民职业化程度不断加深，使农民工资性收入占总收入的比重不断提升，优化了农民收入结构。农民收入结构如图 10-1 所示。

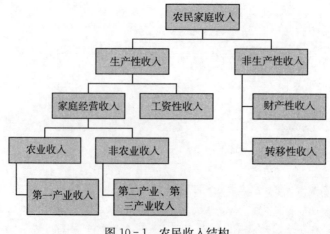

图 10-1　农民收入结构

农民收入水平提高，一方面是从生产率较低的农业部门转移到生产效率较高的非农业部门，拓宽了收入渠道，增加了非农业收入。农民选择职业分化，一定是理性选择的结果，非农收入所得一定会超过可能存在的农业收入损失，净收入一定是增加的，因此农民非农收入和总收入都是增加的。另一方面农业人口从农业部门转移出来，减少了农村剩余劳动力，也会提高农业部门劳动生产率，通过土地经营规模化和产业化增加农业收入。

随着现代化进程加快，农民流转规模与流转程度在逐步加深，农民职业分化问题在近些年受到了更多的关注，学界分析职业分化和农民收入对我国农村土地承包关系影响的文献增多，比如：职业分化始终显著影响农户宅基地流转，且方向为正，从事个体（企业）经营和以务工为主要职业的农户参与率较高（钱龙等，2015）；王丽双等人（2015）指出职业分化程度对农户农地经营权与农地承包权退出意愿的影响分别为正向显著与不显著，收入分化程度对两者的影响分别为负向显著与正向显著。有些研究在论述农民职业分化时也提及了农民收入问题，但一般视二者关系为常识性结论，即将农民职业分化能增加农民收入作为研究的前置假定，将职业分化作为自变量、视农民收入为因变量的研究较少。

第二节　农民职业分化对收入结构变动的模型推演与测算

一、指标选取与数据来源

为更好验证农民职业分化对农民收入影响的程度，把农民职业分化指标（*career*）定义为（乡村劳动力人数－第一产业就业人数）/乡村劳动力人数。农民收入也主要考察农民从事非农职业所得收入。因此农民收入分化（*income*）可定义为：非农收入/农村居民家庭人均可支配收入[①]，其中非农收入包括家庭经营收入中非农部分和工资性收入部分。选取数据样本为《吉林统计年鉴》中 1991—2019 年度统计数据。

二、研究方法

本章仍采用第六章第二节中用过的格兰杰因果检验方法对农民职业分化与农民收入结构变化这两个变量进行因果判断。格兰杰因果检验通常采用这样的方法：先估计当前的 Y 值能被其自身滞后期取值解释的程度，然后验证引入序列 X 的滞后值是否可以提高 Y 的被解释程度，如果是，则称序列 X 是 Y 的

[①]　2012 年之前农村人均可支配收入统计名称为农民人均纯收入。

格兰杰成因，此时 X 的滞后期系数则具有统计显著性。

本章采用 Eviews 8.0 软件进行格兰杰因果检验计算。计算如下双变量回归：

$$y_t = \alpha_0 + \alpha_1 y_{t-1} + \cdots + \alpha_k y_{t-k} + \beta_1 x_{t-1} + \cdots + \beta_k x_{t-k} \quad (10-1)$$

$$x_t = \lambda_0 + \lambda_1 x_{t-1} + \cdots + \lambda_k x_{t-k} + \sigma_1 y_{t-1} + \cdots + \sigma_k y_{t-k} \quad (10-2)$$

其中，k 为最大滞后阶数，检验原假设是序列 $x(y)$ 不是序列 $y(x)$ 的格兰杰成因，有：

$$\beta_1 = \beta_2 = \cdots = \beta_k = 0 \qquad (10-3)$$

Eviews 软件可以用于检验 F 统计量和相伴概率。

第三节　农民职业分化对收入结构变动的实证分析与结果说明

一、相关性分析与趋势分析

随着农民职业分化程度逐年提高，农民可支配收入和工资性收入也逐年增加。农民职业分化与农民收入呈伴生趋势，如表 10-1 所示，1991—2019 年吉林省农民人均可支配收入、家庭经营收入、工资性收入、生产性收入均呈增长趋势。

表 10-1　吉林省 1991—2019 年农民人均收入变化情况

年份	人均可支配收入/元	家庭经营收入/元	占总收入比重/%	工资性收入/元	占总收入比重/%	生产性收入/元	占总收入比重/%
1991	748.33	683.80	91.4	27.55	3.7	711.35	95.1
1992	807.41	747.95	92.6	28.86	3.6	776.81	96.2
1993	891.61	773.44	86.7	97.06	10.9	870.50	97.6
1994	1 271.63	1 083.41	85.2	110.81	8.7	1 194.22	93.9
1995	1 609.60	1 277.47	79.4	165.59	10.3	1 443.06	89.7
1996	2 125.56	1 661.44	78.2	279.02	13.1	1 940.46	91.3
1997	2 186.29	1 850.33	84.6	267.95	12.3	2 118.28	96.9
1998	2 383.60	2 050.71	89.8	279.95	12.3	2 330.66	97.8
1999	2 260.59	1 937.57	85.7	283.03	12.5	2 220.60	98.2
2000	2 022.50	1 611.20	79.7	343.86	17.0	1 955.06	96.7
2001	2 182.22	1 731.76	79.4	328.53	15.1	2 060.29	94.4
2002	2 300.99	1 867.95	81.2	388.99	16.9	2 256.94	98.1
2003	2 530.41	1 991.17	78.7	425.51	16.8	2 416.68	95.5
2004	3 000.40	2 292.76	76.4	457.80	15.3	2 750.56	91.7

（续）

年份	人均可支配收入/元	家庭经营收入/元	占总收入比重/%	工资性收入/元	占总收入比重/%	生产性收入/元	占总收入比重/%
2005	3 263.99	2 395.50	73.4	510.96	15.7	2 906.46	89.0
2006	3 641.13	2 556.70	70.2	605.11	16.6	3 161.81	86.8
2007	4 189.89	2 829.73	67.5	711.00	17.0	3 540.73	84.5
2008	4 932.74	3 344.70	67.8	810.17	16.4	4 154.87	84.2
2009	5 265.91	3 436.75	65.3	869.02	16.5	4 305.77	81.8
2010	8 598.17	5 617.63	65.3	1 792.02	20.8	7 409.65	86.2
2011	7 509.95	4 950.40	65.9	1 469.19	19.6	6 419.59	85.5
2012	8 598.17	5 617.63	65.3	1 792.02	20.8	7 409.65	86.2
2013	9 621.21	6 855.13	71.3	1 813.23	18.8	8 668.36	90.1
2014	10 780.12	7 445.63	69.1	1 937.65	18.0	9 383.28	87.0
2015	11 326.17	7 878.07	69.6	2 097.36	18.5	9 975.43	88.1
2016	12 122.94	7 558.94	62.4	2 363.14	19.5	9 922.08	81.8
2017	12 950.44	7 399.82	57.1	3 018.33	23.3	10 418.15	80.4
2018	13 748.17	7 756.24	56.4	3 521.49	25.6	11 277.73	82.0
2019	14 936.05	8 264.27	55.3	3 933.16	26.3	12 197.43	81.7

数据来源：历年《吉林统计年鉴》《中国农村统计年鉴》。

相关性分析是实证检验的基础，首先对变量 $career$ 和 $income$ 相关性进行考察，二者相关系数为 0.791 3，存在显著正相关性。说明农民职业分化与农民工资性水平相互促进。图 10 - 2 进一步反映了二者的关系。1991—2005 年

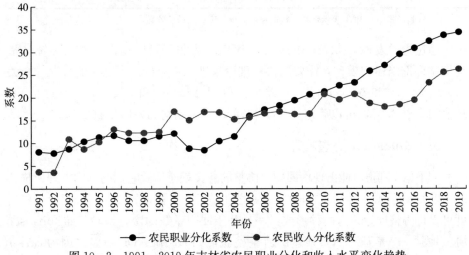

图 10 - 2　1991—2019 年吉林省农民职业分化和收入水平变化趋势

农民职业分化及其效应研究

这一阶段，农民收入分化速度快于职业分化速度，吉林省农民逐渐外出务工后工资性收入迅速增加，从 1991 年的人均 27.55 元增加到 2005 年的人均 510.96 元。2005—2019 年，农民职业分化速度始终快于收入分化速度。但 2000—2005 年，吉林省农民职业分化速度明显放缓，主要是受亚洲金融危机影响，非农生产部门提供就业岗位有限。这一时期农民非农收入比重虽然上升但并不明显，主要原因是吉林省农业收入占人均纯收入比重大，变动趋势较为平缓。

二、单位根检验

应用 Eviews 8.0 软件对 career 和 income 进行 ADF 单位根检验，采用 AIC 准则确定相应滞后阶数，由于检验为时间序列，而变量时间序列多为非平稳序列，因此需要进行单位根检验，以确定变量 career 和 income 为单整的阶，之后才能进行协整检验。采用 ADF 检验方法验证其平稳性。检验结果如表 10-2 所示。

表 10-2　吉林省农民职业分化和收入分化 ADF 检验

变量	检验类型 (C, T, K)	ADF 统计量	5%显著水平下的临界值	P 值	检验结果
career	(C, N, 0)	−2.664 409	−2.877 36	0.083 4	不平稳
income	(C, T, 0)	−0.762 70	−3.234 32	0.833 3	不平稳
Δcareer	(C, N, 0)	−4.659 33	−3.837 44	0.000 4	平稳
Δincome	(C, T, 0)	−2.365 43	−3.658 45	0.025 6	平稳

注：检验形式中 C 和 T 表示带有常数项和趋势项，K 表示滞后阶数，Δ 表示一阶差分形式。

通过检验发现，career 和 income 序列均为非平稳序列，不能用传统计量经济学理论来建构模型，需要用协整理论来进一步分析二者之间的长期均衡关系。将 career 和 income 做一阶差分，得到 Δcareer 和 Δincome，经过检验，P 值均小于 0.05，可以确定 career 和 income 序列均为一阶单整序列。

三、Johansen 协整检验

非平稳序列很可能出现伪回归，协整的意义就是检验它们的回归方程所描述的因果关系是否是伪回归，即检验变量之间是否存在稳定的关系。从检验对象角度可以将协整检验分为两种形式：一是基于回归系数的协整检验，如 Johansen 协整检验；二是基于回归残差的协整检验，如 DF 和 ADF 检验。因为 career 和 income 一阶差分序列已经通过 ADF 检验验证是平稳序列，满足协整检验前

190

提，为了分析 *career* 和 *income* 序列之间是否存在协整关系，本章采用 Johansen 协整检验方法，检验结果如表 10-3 所示。

表 10-3 农民职业分化和收入分化的 Johansen 协整检验

协整序列	H	特征值	特征根迹（Trace）统计量	5%的临界值	P 值
career	0	0.532 1	17.832	14.236	0.026 7
income	1	0.020 5	0.532 4	4.126 5	0.354 3

从表 10-3 可以看出，*career* 和 *income* 在 0.05 显著水平下拒绝原假设，最大特征根统计量小于临界值，存在协整关系，即农民职业分化与农民收入变动之间存在长期稳定的均衡关系。

四、格兰杰因果检验

上述协整检验表明，农民职业分化和收入变动之间存在协整关系，但这种长期均衡关系究竟是职业分化影响收入分化，还是收入分化影响职业分化呢？回答这一问题还需要对 *career* 和 *income* 进行格兰杰因果检验。

根据表 10-4 结果，在 5%的置信水平下，第一个检验 *career* 不是 *income* 的格兰杰原因，相伴概率只有不到 0.02，表明至少在 95%置信水平下，可以认为农民职业分化是收入分化的格兰杰成因。第二个检验 *income* 不是 *career* 的格兰杰原因，相伴概率为 0.543 4，应接受原假设，收入分化不是农民职业分化的格兰杰成因。

表 10-4 农民职业分化和农民收入分化的格兰杰因果检验

零假设	滞后阶数	F 统计量	P 值	结论
career 不是 *income* 的格兰杰原因	2	6.136 2	0.017 6	拒绝
income 不是 *career* 的格兰杰原因	2	0.591 2	0.543 4	不拒绝

由模型计算成果可以看出，吉林省农民职业分化会引起农民收入结构明显变动，主要是因为吉林省农民收入结构较为单一，一旦农民开始从事非农产业获得工资性收入，就会对收入结构产生明显调节效应，而收入结构变动对农民职业分化影响并不明显。这主要是因为吉林省农民收入结构中种植业收入比重大，且一直处于稳定水平，非农收入增加也并不能让农民主动放弃农业，尤其随着国家对农业各种补贴政策力度加大，农业机械化程度提高，农民农业生产经营成本降低，使农民兼业经营较为明显，职业分化高额成本和职业分化后保障的不确定性也使得农民职业分化动力减弱，选择继续留守农业。

可见，农民职业分化引起农民收入结构显著变动。基于吉林省近 30 年区间序列数据对吉林省农民职业分化与收入分化相关性及变动趋势进行分析，发现二者关系有如下规律：第一个阶段 1991—2005 年，吉林省农民收入分化速度快于职业分化速度，格兰杰因果检验验证了吉林省农民职业分化是农民收入结构变动的主要原因，农民职业分化具有较强的增收效应，尤其是工资性收入在农民总收入中比重不断上升，已成为农民增收重要组成部分。第二阶段 2005—2019 年，吉林省农民收入分化速度始终滞后于职业分化速度，主要是因为吉林省农民农业经营收入比重仍较大，各种惠农补贴及土地租金上涨使农民并不愿完全彻底放弃农业和土地，农民收入变动对农民职业分化影响并不明显。

第十一章　研究结论与政策建议

第一节　研究结论

中国在推进现代化的进程中，有越来越多农民从农业中分离出来从事非农职业，农民职业分化成为中国社会变迁的重要组成部分。深度审视和解析农民职业分化的相关问题，无疑有利于推动中国社会进步，有利于"三农"问题的最终解决，有利于加快中国现代化的进程。

本书系统梳理了中国农民职业分化产生和发展的制度、经济、人口背景，对吉林省农民职业分化演进历程进行科学划分并总结其阶段性特征。整体分析了吉林省农民职业分化规模、分化产业与空间分布特征，构建专业型和兼业型两种差异化的农民职业分化类型划分依据和标准，系统全面总结了吉林省农民职业分化目前的状态及存在的问题。基于理论与实证分析，从经济增长速度、产业结构调整、经济增长方式以及城乡收入角度验证了经济发展对吉林省农民职业分化产生的积极影响。分析了农业现代化、工业化对农民职业分化的促进作用，并以吉林省城市化发展水平为实证，检验了城市化与农民职业分化之间的相互影响关系。以吉林省实地调研数据为依据，分析了影响农民职业分化个体特征、家庭特征和地理区位因素，并进一步利用多元 logit 模型分析其影响程度。从实证视角，结合吉林省统计数据，运用计量经济模型深入分析农民职业分化对吉林省经济发展、农地利用效率、农民收入结构变动的作用与贡献，以期对农民职业分化问题进行系统深入研究。研究得出的主要结论如下。

一、工业化滞后与资源二重性是吉林省农民职业分化迟滞的重要原因

吉林省农民职业分化经历了四个不同发展时期，形成萌芽酝酿期（1982—1992 年）、蓄势调整期（1992—2002 年）、提速扩容期（2002—2012 年）、纵深发展期（2012 年至今）。与全国平均水平以及发达地区水平相比，吉林省农民职业分化表现出显著的时间迟滞性的特征。这种迟滞性的产生，显而易见的

一个重要原因在于工业化的滞后。农民职业分化是工业化的"函数"，改革开放以来，吉林省作为东北老工业基地，体制机制落后，工业化程度滞后于全国平均水平，从而使农民职业分化的条件相对弱化。除此之外，本研究发现，资源二重性也是导致农民职业分化迟滞的不可忽略的因素。与全国平均水平相比，吉林省农地资源相对丰裕，是全国平均水平的三倍多。依托良好的资源条件，吉林省农民纯收入在 1983 年曾遥居各省之首。资源丰裕带来的福利，使农民对工业化的响应相对迟滞。在一定意义上说，这也是农民的理性选择。只有当农民的生存压力较大时，其才会产生向农业以外谋生的动机。

二、农民职业分化表现为身份的二元性特征

农民职业分化表现为身份的二元性特征。本研究认为，中国农民职业分化分为专业型分化和兼业型分化，且以后者为主。严格意义上的农民职业分化应以完成由农民身份转变为市民身份为最终的判断标识，但由于中国城市化相对滞后及城乡二元户籍制度的影响，相当多的农民已经成为事实上的城市二、三产业的劳动者，但其户籍仍在农村且仍保留或经营一定数量的耕地。这种兼业型的职业分化农民占据了绝大部分，从而使中国长久以来形成了庞大的进城务工群体，他们或者在事实上已经完全不以农为生，或者农业本身对其生存已经不具有决定性意义。但他们没有完成职业身份的最终转换，表现为"亦工亦农"或"名农实工"的二元身份。这种职业身份的二元性，反映了在中国国情之下，农民职业分化的过渡性、缓慢性和形态的复杂性。户籍制度改革也始终没有从实质上突破户籍所包含的利益固化问题，仅仅以户籍身份判定农民职业分化的程度，无疑掩盖了中国农民职业分化的特点和真实性。因此，本研究分别对专业型职业分化和兼业型职业分化进行了分类研究，并对后者给予了更多关注。

三、地理区位及其流动成本限制了吉林省农民职业分化的空间半径

就省外转移就业而论，珠三角和长三角地区是中国农民非农就业的主要聚集地，就吉林省农民的外部流动而言，流向这两个地区的农民却非常稀少。就省内流动轨迹而言，农民首选务工之地为附近城镇，其次为长春市这类大城市，形成一定"圈层格局"。本研究认为，这是农民基于地理区位对转移流动成本及其风险进行考量后做出的选择。远距离流动就业，除了流动带来的高额交通成本外，还导致了对留守家人及承包耕地照管的不便。从省际空间视角看，由于吉林省地处边疆，农民外部就业也表现出流出方向的一维性，即除少数靠近黑龙江省的农民在哈尔滨市务工外，基本上都是向南一个方向转移，并以邻近的辽宁省为主，其次为北京这类距吉林省相对较近的特大城市。这在客

观上限制了农民职业分化的空间半径,使农民难以分享经济最发达地区的职业分化优势。

四、农民个体和家庭禀赋对农民职业分化具有重要影响

农民个体和家庭禀赋对农民职业分化有重要影响。从微观视角看,农民个体和家庭特征因素对农民职业分化的形成、分化程度、分化职业类型具有一定影响。个体特征方面,女性农民职业分化程度滞后于男性,越年轻的农民职业分化意愿越强烈,教育程度与农民职业分化水平呈正相关。受教育程度越高的农民,越有可能从事更高层次的工作,非农职业教育培训滞后会阻碍农民职业分化进程。婚姻具有"溢价"效应和"相夫"效应,对农民职业分化发挥了一定的积极作用。家庭特征方面,家庭耕地面积与农民职业分化程度呈负相关,良好的土地资源禀赋对农民职业分化在一定时期内会产生迟滞效应。家庭劳动力数量丰富可以实现家庭内部劳动力资源配置最优化,促进家庭成员职业分化以实现家庭福利最大化。未成年子女因素对专业型职业分化的影响会因家庭角色分工而产生差异,对丈夫起到促进作用,对妻子起到阻碍作用。

第二节 我国农民职业分化政策思路

没有农民现代化就没有国家现代化,没有农民市民化就没有真正的城市化,而农民职业分化就是实现农民现代化和城市化的必经阶段和必然趋势。吉林省农民在职业分化过程中因自身人力资本积累薄弱、空间和资源条件有限制、社会经济发展和政策体制限制等障碍,而面临职业分化起步晚、分化动力弱、分化不稳定等问题。要消弭这些客观影响和克服分化障碍,并不能一蹴而就,需要一个长期过程。推动农民职业分化,就应正确认识吉林省农民职业分化目前所处的阶段,尊重科学发展规律、尊重农民选择、尊重现实差距、尊重国情省情,有针对性地制定相应策略,形成科学严谨的政策导向。依据本研究的理论与实证研究结论,为积极营造良好的职业分化政策环境,科学合理地推进农民职业分化,形成以下可行性策略建议。

一、进一步深化体制改革,消解农民职业分化阻力

新制度经济学认为,制度会促进经济的增长。任何经济问题本质上都可以理解为是制度问题。农民在职业分化过程中仍受到各种政策制度的束缚。虽然城乡二元经济结构正在逐步改变,但城乡二元体制仍没有被根本打破,城乡间有区别的制度待遇仍是农民职业分化的现实障碍。因此必须通过制度创新,加快城乡融合发展制度供给,给予农民与市民平等的就业机会和改变自身弱势身

份的机会，真正促进农民彻底而充分地职业分化。

（一）推进户籍改革新政落地实施

二元户籍制度在半个多世纪的时间里一直是农民职业分化的桎梏。改革开放以后户籍制度不断松动，2014 年国务院公布《关于进一步推进户籍制度改革的意见》出台，2016 年全国 31 个省份全部出台户籍制度改革意见，"农业-非农业"二元户籍制度正式退出历史舞台。吉林省在户籍制度改革上也已取得阶段性成果，2020 年 8 月出台《吉林省全面深化户籍制度改革的意见》，全面放开城镇落户条件，只要在居住地城区或建制镇有合法稳定住所（含租房居住）即可申请落户，取消社保缴纳年限和购房要求的限制。但户籍改革能够取得成效的关键还在于各项配套政策的跟进与落实，真正消除影响农民职业分化稳定性的障碍。吉林省作为人口流出率较高省份，目前落户城镇对农民吸引力还不大，分化农民落户意愿并不强烈，落户政策宣传针对性指向性还需进一步增强。户籍改革更不能牺牲农民既得利益。建议从进城农民市民化实现路径角度出发，做好以下几点：一是进一步调整和完善户口迁移政策，全面放开落户政策，同时考虑不同城市综合承载能力，合理优化省内人口布局，促进城市更健康发展。二是进一步明确农民进城后土地、教育、医疗、社保等方面待遇转移接续政策，出台农业转移人口分类进城落户具体意见。简化落户进城程序手续。三是深入实施居住证制度，拓展持有居住证农民享有的基本公共服务范围，进一步提升居住证"含金量"。

（二）健全进城务工农民社会保障制度

通过户籍制度改革使"农民"变为"居民"，只是进行了身份上的统一，而让"农民"变为"市民"才是农民职业分化的最终目标。长期以来，附着在户籍制度上的各种社会福利和社会保障系统对农民职业分化造成了一定阻碍，增加了农民职业分化成本。根据前文分析，吉林省农民职业分化目前处于初级阶段，大部分农民都在初级工作岗位上从事高风险、低附加值工作，各种保障不充分是目前制约农民职业分化的主要因素。

近些年吉林省建立长效机制保障进城务工农民人员合法权益，2016 年发布《吉林省人民政府关于进一步做好农民工服务工作的实施意见》，建立农民工保障制度，但在现实中政策和制度难以落实。首先面对城市"天价"房价，进城务工人员很难单独购房，难以向城市永久迁移，有些只能居住在生活环境较差的简易宿舍内。其次，医疗保险方面，尽管新农合缴费标准和补偿方式各地相同，但异地就医报销比例、大病救助、报销额度有所不同。农民工子女入学名额也较为有限，难以享受到优质教学资源。完善进城务工农民社会保障，要从实际出发，充分从职业分化农民的实际生活和工作出发，从以下几方面进行完善：一是改革社会保障模式，建立城乡一体的社会保障制度，清理消除社会保障上的观念歧视。二是不断完善进城务工农民住房保障建设，建设城市配套廉租房、经济适用房，鼓励农民通过租用、购买方式解决住房问题，增加住房政策对农民选择职业分化的推动力。同时也应加强企业对农民工住房条件改善相关政策的重视与落地。三是强化社会保险作用，要针对农民工流动性特点制定针对性的管理、统筹、调转办法，推出养老保险险种，消除城市务工人员养老顾虑。继续改革新农合统筹制度，提高异地就医报销比例，简化报销流程，为务工农民城市就医提供便利条件。

（三）继续深化土地制度改革

土地制度关系到农民切身利益，对农业生产和社会发展具有重要影响。土地对于农业来说是生产要素，对于农民来说又是生存保障，尤其是吉林省作为农业大省，人均土地面积占有率较高，农民世代依赖土地生存，对土地难以割舍。因此，打消农民职业分化的后顾之忧，需要尽快深化一系列土地制度改革。一是政府应制定合理的土地流转制度，建立完善农民宅基地退出机制。前文实证分析证明，土地流转对农民职业分化造成土地效率降低具有积极的中介效应，可以减弱这种消极影响。可通过土地流转实现规模经营，减少农业生产边际成本，实现规模经济效应，通过要素投入促进农业现代化。宅基地制度涉及农民切身利益，应积极稳妥推进农民离土离农，不能以任何名义强制农民退出宅基地，可尝试实行地域和代际差异化宅基地退出模式。二是规范法律法规体系，建立有序的土地流转市场。充分尊重农民土地流转意愿，杜绝政府越位包办和行政命令式流转，让农民成为流转积极参与者和真正受益者。鼓励农业兼业型农民向非农兼业和专职务工型职业农民转化，鼓励有条件的农民将自家耕地流转出来向职业农民手中流动，释放更多农村剩余劳动力，为农民从事非农职业、进城迁移创造条件。长春市兰家镇合隆村 560 公顷土地从种到收仅由 19 名农机手负责，进行全程机械化种植，让全村上千名劳动力从土地中解放出来，并实现增产增收。三是进行土地制度创新，例如建立土地有偿放弃制度，政府有偿回收进城农民承包地，按养老金形式予以兑付，建立土地股份合作社，以地入股推行土地股份制，进行保底经营，推行以地换房，以成本价集中建设住宅楼等，解决好出让土地承包权农民职业分化后的顾虑。

同时，健全农村土地承包权退出机制。长久以来的"耕者有其田"思想使农民与土地形成稳定的依附关系，土地是农民做出进城还是留乡决策的显著影响因素。要让农民彻底完成职业分化，就应让农民离土离农。但在现阶段"三权分置"制度设计下，部分职业分化的农民虽然实现"离农"，尤其一些久居城市的农民已经完全脱离对土地的依赖，但随着土地确权，各种惠农政策促使土地租金非理性增长，加深了土地承包权的财产属性，使已具备市民化条件的农民仍保留土地权益，难以彻底离土。这种现象一方面加大了土地资源浪费的风险，加剧了经济结构二元化，增加了城市发展不稳定因素，阻碍了农民市民化进程，成为农民彻底实现职业分化的重要制约因素；另一方面也使土地承包权更加固化，导致土地规模经营主体"佃农化"，不利于对土地长期投资，影响土地利用效率。

虽然新的《农村土地承包法》明确不得以农民退出土地承包权作为进城落户的强制条件，但有偿退出土地承包权机制尚未建立，农民职业分化后市民化难以完全实现。因此推动农民职业分化，就应尽快健全农村土地承包权退出机制，清除农民职业分化障碍。一是实行多元化的退地补偿方式。政府应加大财政投入，针对土地承包权退出农户给予退出后的经济补偿，弥补其失去土地的经济损失。经济补偿是主要方式，但并不能作为唯一方式，要针对土地承包权退出农民的不同需求，给予就业机会、社会保障、医疗、养老、教育优惠等多种形式补偿。二是提高非农收入水平，弱化土地"含金量"。一方面不断提升农民非农工资收入水平，另一方面适时约束地租水平，对土地租金收益适时征税，限制土地租金非理性增长，减少土地承包权退出成本，进一步减弱已分化农民对土地的依赖，通过比较利益优势使农民进行理性选择，进而完全退出土地。三是关注农民土地承包权退出后就业保障和社会福利水平。政府部门应建立专门针对土地承包权已退出农民的综合就业服务平台，加强就业保障，不断提升农民社会福利水平。

（四）健全城乡统一的就业制度

让职业分化农民在城市更好实现非农就业，应消除就业市场对农民的就业限制和各种歧视偏见，发挥市场对劳动力资源的再配置效应，建立城乡统一就业制度。一是建立省域内统一的城乡就业标准。劳动力市场上的保护主义是与我国国有企业改革走向深化同时出现的，对外来务工人员进行身份条件限制以保护城市居民利益，这一做法严重阻碍了劳动力公平竞争，无法实现劳动力资源的最优配置。因此应确立劳动力市场主体作用，使城市务工农民与城市就业人员享有同等就业机会，实现劳动力资源合理配置。二是要建立健全就业服务机制。长期以来劳动力供求信息在城乡之间传递不畅，农民非农职业信息分享更多依赖村内亲戚朋友，渠道较为单一。今后在信息传递方面，应充分利用信息网络建立公共就业服务网，开展用工信息宣传与公开，提升用工企业与农民工的信息对称度。同时加大职业中介组织和培训机构的监管力度，规范招工行为，为农民职业分化创造有利就业环境和保障。

二、积极拓展非农就业空间，为农民职业分化创造良好外部环境

（一）继续推进城镇化建设

我国常住人口城镇化率已经达到 64%，但与世界发达国家城镇化率均超

过 80% 相比仍然偏低。根据前文对城镇化与农民职业分化的关系分析，二者互为因果。推动农民职业分化必须继续加强城镇化建设。城镇化所具有的要素聚集效应将对农民职业分化形成重要吸引力。从过去 20 年我国城镇化高速发展的经验来看，城镇化率每提高 1 个百分点，可以拉动投资增长 3.7 个百分点，拉动消费 1.8 个百分点，更会带动就业增长 2.4 个百分点，会有新增 1 400 万农村人口进入城镇就业和居住。吉林省国有经济份额占比大，在历史进程中城镇化发展早、起点高，但近些年滞后于全国平均发展水平，必须加快发展。同时城镇化发展必须注重以人口城镇化为核心，真正让农民实现身份上从农民到市民、地域上从农村到城镇、职业上从农业到非农业的三维转换。推进城镇化建设，应主要加强以下工作：一是加强以县城为重要载体的新型城镇化建设，强化产业支撑能力，争取建设产业工业园，尤其应大力发展小城镇第三产业，提供更多就业岗位，带动本地农民就地职业分化，就近完成城镇化。二是推动特色小城镇建设。小城镇发展具有规模小、灵活性强的特点，可以较好实现连接城市与农村的过渡功能。吉林省边境资源丰富，可以吉林省珲春、长白、集安等边境县市为引领，以边境口岸为支撑，构建沿边境线延伸的城镇带，通过发展商贸旅游带动农村劳动力尽快实现非农职业转换。

同时，要对进城落户农民给予与市民相同的待遇。2016 年全国 31 个省份全部出台户籍制度改革意见，"农业-非农业"二元户籍制度正式退出历史舞台。但进城落户农民和城市原户籍人口在分享城市发展利益时仍存在显著差异，落户农民难以获得与城市人口同等的就业机会、薪酬水平、城市公共服务和社会保障。落户农民市民待遇缺失、"同城不同等"现象仍然突出，形成了"新二元结构"问题，不利于农民职业分化发展。2020 年 8 月吉林省出台《全面深化户籍制度改革的意见》，全面放开城镇落户条件。但当前户籍制度改革重点并不是将城市户口与农村户口统一为居民户口，而是将户籍制度与其背后衍生的教育、医疗、保障等社会福利供给体制进行剥离，真正消弭农民职业分化的制度环境障碍。户籍制度改革使"农民"变为"居民"，只是进行了身份上的统一，而由"农民"变为"市民"才是部分已分化农民的最终目标。较为合理的做法是按照"权利与义务对等"原则，逐步给予城市落户农民相应市民权利和福利待遇。进一步明确农民进城后在土地、教育、医疗、社保等方面的待遇转移接续政策，深入实施居住证制度，拓展持有居住证的农民享有的基本公共服务范围，进一步增强居住证"含金量"，真正实现城市落户农民待遇与城市原居民均等化。

（二）不断优化经济产业结构

第二、第三产业充分吸纳农村剩余劳动力，对农民职业分化的促进作用也得到学术界普遍认同。根据前文分析，农民职业分化与产业结构演进相适应，农民职业分化的过程也是劳动力在产业间转移的过程。职业分化初级阶段农民首先从农业部门转移到非农业部门，主要集中在以物质生产部门为主的第二产业。职业分化进入深化阶段，已分化的农民将从劳动密集型第二产业向资本密集型的第三产业转移。第三产业具有重要的经济增长效应，进一步加快产业结构调整、重点推动第三产业发展，将为农民职业分化发展提速扩容。吉林省"重工业，轻服务"，第三产业目前发展水平整体偏低，内部结构不完整，根据《2021 吉林统计年鉴》统计，第三产业对地区生产总值增长拉动只有 0.1%，与全国其他地区存在巨大差距。第三产业滞后不仅制约工业化升级，而且限制农民分化的深化。因此应尽快改变吉林省产业结构，尤其是第一、第二产业比重过大的局面，大力发展吉林省第三产业，为农民就业创造条件。吉林省农村第三产业发展具有很大潜力，如可利用吉林省生态旅游资源发展乡村生态旅游产业，应充分利用生活服务业对农村劳动力素质要求弹性大的特点，吸纳更多农民选择就近开展职业分化。

（三）提升农业产业化水平

吉林省是我国重要粮食主产区，地处世界玉米黄金带，但农业资源优势并没有转化为农业产业化优势。产业链条太短，龙头企业带动作用不强，加工产品研发滞后，尤其是玉米深加工不够，产业科技含量不高。市场竞争力不强，难以吸纳更多农村劳动力，更不能为农民提供稳定的就业机会和收入。吉林省应加快推进农工商一体化进程，加强完善农业产业化政策。可以从以下几方面发力：一是凭借农业资源优势，积极延伸农业产业链条。注重农产品深加工研发和创新，提高农产品竞争力，把产业链条向保鲜仓储、运输、互联网营销等新就业空间延伸，形成农村劳动力在农业生产、加工、销售、服务等多环节就业的局面。二是大力发展龙头企业，龙头企业是实现农民职业分化的突破口。农业产业化过程中最重要的就是建立农业企业，只有形成企业，传统农民才能变成现代农业企业工人。吉林省玉米资源丰富，可重点建设以玉米为主要原料的粮食深加工企业，形成一、二、三产深度融合，促进更多农村劳动力就业，提高农民收入。三是要加强农业生产社会化服务体系建设。通过各种农业生产环节服务外包解决兼业型农民农业生产后顾之忧。如开展土地托管，建立农民专业合作社、农业服务公司、土地合作社等，一方面通过规模化提高农业生产能力，另一方面可以让更多农民减少农忙季节返乡务农时间成本和劳动成本，从而专心从事非农职业获得工资性收入。

三、提升农民就业能力，不断积累农民职业分化人力资本

教育对农民职业选择和社会流动起着重要作用。根据前文分析，在同样的

外部环境下，农民微观因素影响着农民职业分化程度与分化类型选择。拥有较丰富受教育经历的农民更容易获得城镇就业岗位。而调研中发现吉林省样本农民文化程度较低，接受教育培训时间有限，获得和保持稳定工作的能力较弱，人力资本积累不足严重影响农民职业分化时的就业质量，阻碍农民在产业间的转移和收入水平提升。因此，提升农民就业能力，增强其自身"可雇佣性"，积极培育高素质农民具有重要意义。

（一）加大整体科教力度，提升农民整体受教育水平

根据之前章节研究结论，教育水平与农民职业分化程度呈负相关。此次调查数据也显示，吉林省未分化农民平均受教育年限只有 6.44 年，未上过小学比例仍达到 1.6%，吉林省农民受教育年限整体偏低严重影响农民职业分化能力和工资收入。提升农民受教育水平，一是要进一步优化农村教育资源，整合现有办学体系，加大农村教育师资培养力度，加大农业教育经费投入。二是要巩固提高农村基础教育，实现城乡教育公平。推进落实 9 年义务教育，减少辍学率，提高农村基础教育质量，切实减轻农民经济负担，减少兼业农民对留守子女教育的顾虑，使其实现更大空间范围的迁移。三是大力发展农村成人教育，成人教育是提升农民素质的重要渠道，可采取讲座、现场教学等形式，开展灵活多样的培训。

（二）加强农村职业教育，拓宽农民职业培训渠道

同时，积极发展与农民职业分化相适应的职业教育。继续教育对促进农民职业分化和提升劳动竞争力具有重要作用，职业教育更是继续教育体系的重要组成部分，随着大规模移民人口结构红利逐渐消失，移民人力资本红利正在形成。目前农民职业分化后多集中在建筑、制造、生活服务行业，但这些行业就业正受到人工智能技术和"无人化"的冲击，未来农民职业分化方向从粗放型行业向技术型行业转变，只有通过职业教育才能解决农民素质提升问题。吉林省农民文化程度较低，接受职业教育培训时间短，获得和保持稳定工作的能力较弱，人力资本积累不足严重影响农民职业分化后的就业质量，阻碍农民产业间转移和收入水平提升。加强农村职业教育，重点是建立起以高职教育为龙头、以中职教育为骨干、以县乡农业职业教育和社会化服务体系为基础的农村职业技术教育体系。围绕乡村振兴和农民职业分化，大力发展职业教育，培养和提高农民专业技术素养具有重要意义。重点应从以下几方面着手：一是加强营造农民职业教育良好氛围，把农村职业教育放到与学历教育同等重要的位置，引导农民树立正确的求学观。二是要加强政府宏观统筹，完善配套制度建设，搭建农村职业教育院校、企业、劳动中介机构三方信息沟通平台，坚持职业教育与就业联系的原则，鼓励有条件的企业参与到农村职业教育发展中来。三是优化专业设置，让教育与市场需求协调发展。要根据办学条件和区位优势优先设置市场需求大的专业，提升农村职业教育对农民的吸引力。

（三）积极培育高素质农民，加速专业型分化

农民职业分化意味着大部分农民通过从事非农产业实现职业和身份的彻底转变，这也为农业生产提出了挑战。为应对这一挑战，关键就是要培育一批有文化、懂技术、会经营的高素质农民，这样一来，不仅解决了"谁来种地"的现实问题，更解决了"怎样种地"的深层问题。一是要注重培养新生代高素质农民。调研中发现部分高学历年轻人愿意留在农村经营现代农业，应对这部分年轻人制定支持政策，特别是鼓励吸引农业院校毕业生回乡进行农业创业，尝试在高等农业院校开展"新农科"订单式培养，招录农村有志青年培养成高素质农民。二是构建法制化的高素质农民认定管理机制。高素质农民同样也是一种职业，迫切需要对其从业资格准入进行法制化确认，目前我国尚未制定相关法律法规。西方发达国家从 19 世纪就开始推行农业从业者职业资格证书制度，其资格证书一般根据农业行业细分职业类型，每种职业证书又分为若干等级。我国目前对于高素质农民的认定还缺少相应依据，无法体现不同类型、不同等级农民职业特点和技能水平，因此开展农民认定管理对促进专业型农民职业分化具有积极意义。可根据文化素质、专业技能、经营管理和职业道德对农民职业素质制定认定标准，将"培训＋考核"作为环节纳入认定程序，构建法制化认定管理办法，并对获得资格的农民根据不同等级在资金支持、财政补贴、土地使用、农业保险、教育培训等方面给予相应政策激励。

（四）加强企业职业培训，提升农民职业分化"溢出效应"

舒尔茨首次提出人力资本理论，并对人力资本对经济发展的作用做出全新解释。培训作为人力资本投入，具有明显"溢出效应"。调查得知，目前农民工所接受的培训多为岗前安全培训，缺少职业技能提升培训。尤其是部分新生代农民工接受教育年限较长，但技能短缺，培训意愿较强，但参与比例较低，流动性较强，但职业发展连续性较差。企业作为主体，开展的培训对推动农民深层次职业分化具有重要的推动作用，同时也对企业提高劳动生产效率和可持续发展动力、增加企业凝聚力具有积极意义。但目前企业对农民工开展培训主动性不强，难以将农民工固化为企业人力资源，培训成本及农民工流动风险较大，使企业难以在社会责任和企业利益间寻求平衡。基于此，应主要遵循以下几方面路径：一是激发农民工参与培训动力，把培训与薪酬待遇和职业上升通道挂钩，让农民在学习中促进自我发展。二是明确企业培训主体责任，探索建立职工诚信档案制度以减缓其频繁流动，约定职业培训责任义务和违约成本，降低培训投资收益外溢的风险。

第三节　中国农民职业分化发展趋势

一、农民职业分化发展呈现渐进性

第一，按照目前的发展趋势，2030 年左右，中国的城市化水平可能超过 60％，到 2050 年左右，则可能达到 75％乃至更高水平。与此对应，农业人口的数量进一步下降。就发达国家而言，美国 2006 年农业就业人口 200 万，占总就业人口不足 0.7％。韩国、日本也都在 10％以下。必须认识到，中国农业劳动者的比例不太可能降到当今美国的水平，就是达到韩国和日本的水平也很困难。事实上，中国的农业劳动者比例能够降到 20％以下就是城市化发展的极大成功。要达到这一目标，至少要从农村退出目前一半以上的人口。因此，这个过程将是长期的，要在条件逐步成熟的情况下分批进行。农村土地流转制度是促进农村人口退出的重要力量，但该制度目前主要在沿海发达地区发展较快，在中西部地区发展缓慢。原因就是进城农民工工资收入极低且不稳定，农业所得仍然是其家庭收入的重要组成部分。对于尚未在城市站稳脚跟的农民工来说，不能轻易放弃土地。而发展滞后和缺乏规范的土地流转市场更成了农村土地流转的障碍。在这一背景下，农村土地流转率不会迅速上升，最终还是取决于城市可吸纳农村劳动力的多少。因此，要防止地方政府不顾实际情况，以推进土地流转之名改变土地用途，占用耕地，损害农民权益。

第二，20 世纪 90 年代末期以来，社会流动的规则渐趋稳定，财产分层的规则逐渐明确；具有阶层特征的生活方式、文化模式也逐渐形成；阶层内部认同得到强化。分层结构定型化的主要作用是使得社会流动循着一定的标准进行，变得更有规律。人们争取地位上升采取更为常规性的手段，比如考试、文凭、职务晋升等，结果是社会变得更为稳定。遵循整个社会分化的规律，我国农民分化的过程也将按照更为标准和规则的路径进行。

二、进城农民市民化呈现趋势性

由于城乡二元制度改革滞后，农民工仍是农民身份，没有真正转为市民。然而，农民分化最终要实现社会身份的彻底改变，当下仅仅是处在农民分化过程中的一个阶段，进城农民市民化是今后主要趋势。

我国的基本国情是农村人多地少，农村人地关系高度紧张，制约了农民收入增长及农村经济和社会发展。在这个意义上，农业和农村发展的根本出路是减少农民。进城打工的农民由于无法在城市定居，成为城乡"两栖人口"。农民工不能市民化，就无法从根本上改变农村人地关系高度紧张的局面。目前我国进入了统筹城乡发展的新时期，农村剩余劳动力转移的主题已经发生了深刻变化，不再仅仅是帮助农民就业和增收，或者保护农民工权益，而是农村剩余劳动力及其家人进城后享有与城市居民同等的经济和社会权利，让农民工成为真正的城市市民。推动进城农民市民化、实现农村剩余劳动力向城镇转移，能够有效缓解农村人多地少的矛盾。国务院发展研究中心课题组（2010）的一项研究显示，每年多市民化1 000万人口（700万农民工加上其抚养人口），可使经济增长速度提高约1个百分点。可见，进城农民市民化是统筹城乡发展的重要途径，对于推动经济增长也具有重要意义。

三、兼业农户分化状态呈现长期性

在乡农民工和进城农民工是农民向城市工人转化的两个过渡形式。作为一种过渡形式的人口，有两个发展方向：向前发展最终融入城市，成为城市人口；退回农村，重新成为农村人口。实际上，在乡农民工在农业和乡镇企业的兼业行为很可能长期存在，并且主要以家庭内部分工的形式实现。第一，农业生产具有季节性；第二，农业经营以家庭为单位，农户家庭内部存在分工；第三，农业机械化的实行大大减少了农业生产的人力需求。这三点特征使得兼业行为不断得到强化，也决定了兼业现象必然长期存在。

一方面，兼业行为主要以家庭内部分工的形式实现。"家庭内部分工形式"意味着家庭中必须有1个人或更多人专职从事农业生产，并且是采用现代生产方式，是真正的现代农民。农业的比较收益总是低于工业，因此一个家庭依靠单纯的农业收入很难获得较高的生活水平。而且，由于农业生产又脏又累，农村地区缺乏娱乐，年轻人不愿意从事农业。日本和韩国都面临着农村人口严重老龄化的问题。日本65岁以上的农业人口比重从1970年的18％上升到2005年的58％。韩国农业人口中60岁以上的占57.7％，40岁以下的只有4.4万人，占1.2％。就是在已经实现农业现代化的美国，农村居住与生活条件与城市并无差别，也因为农业收入不高、农村娱乐设施相对城市而言比较缺乏，而有很多年轻人不愿意当农民，纷纷进入城市。尽管据美国农业部的数据，2007年美国农户的平均家庭收入为8.4万美元，连续11年超过全美平均家庭收入，但美国农民家庭中往往也要有人从事非农产业才能够为家庭成员购买医疗保险，比如投资一家餐馆以增加收入，家庭中有一人在城市中工作，才能维持一个中等偏上的生活水平。

另一方面，个体农民农闲时外出打工、兼顾农业生产的现象很难持续下去。农业现代化必须由高素质农民这一主体来推进，没有农民的现代化，要实现农业的现代化是不可能的，因为农业不仅要依靠现代的工业装备及先进的科学技术，而且还要依靠先进的管理手段，而这要由农业生产的主体——农民来实现。农民的打工经历对于他回流从事农业生产十分有利。有过打工经历的农民，具有市场意识，追求利润最大化，愿意承担较大的风险，愿意采用新技术。

四、农村居民结构呈现多元性

随着农村剩余劳动力的转移和进城农民市民化，乡村人口比重将会持续下降，农村居民结构也将逐渐发生变化。主要表现为农村家庭在收入和地区分布上的人口结构、人力资本结构、土地禀赋和收支结构等存在差异。

第一，农村家庭在收入上的人口结构、人力资本结构、土地禀赋和收支结构存在差异。2009 年，从低收入户到高收入户，每户常住人口和劳动力逐渐减少，与 2002 年相比，户均常住人口有所减少，劳动力有所增加；劳动力文化程度方面，较高收入户主要是高中及以上学历，较低收入户主要是初中及以下水平，与 2002 年相比，高中及以上学历，尤其是大专及以上水平比重明显提升；耕地经营面积方面，从低收入户到高收入户，人均亩数逐渐增加，与2002 年相比，较高收入户的人均亩数增加明显；家庭总收入和家庭总支出与2002 年相比，高收入户户均增长 2 倍以上。可以预测，随着农民分化进程的推进，不同收入水平的农村家庭结构差异将愈加明显。

第二，农村家庭在地区分布上的人口结构、人力资本结构、土地禀赋和收支结构存在差异。2009 年从东部到西部地区常住人口和劳动力逐渐增加，而全国平均水平与 2002 年相比，户均常住人口有所减少，劳动力有所增加；劳动力文化程度方面，东中部地区主要是初中及以上学历，西部地区主要是初中及以下水平，全国平均水平与 2002 年相比，初中及以上学历，尤其是大专及以上水平所占比重明显上升；耕地经营面积方面，中西部地区人均亩数高于东部地区，全国平均水平与 2002 年相比，增加了 0.3 亩/人；家庭总收入和总支出方面，从东部到西部地区逐渐递减，全国平均水平与 2002 年相比，总收入与总支出分别增长 1.6 倍和 2.1 倍。同样可以预见，随着农民分化进程的推进，不同地区的农村家庭结构差异会逐渐扩大。

第四节　研究展望

首先，受研究周期的阶段性影响，微观数据收集用了三年时间，分三个时间段进行调查，能够收集到足量数据实属难得，但未能收集同一时间横截面数据。其间受新冠疫情影响，部分抽样村镇也未能深入实地入户调研，只能采用简单随机抽样法进行电话调查，数据所反映问题可能受到一定局限性。民族地区和边疆地区农民职业分化有其特殊性，其分化动因、分化形式、分化特征、分化产业空间分布也和其他地区不同，今后将进一步重点对这类地区和特殊类型的农民的职业分化进行深入研究。

其次，在实地调研中发现，随着新生代农民逃离农业、逃离农村，"农业女性化""农业老龄化"已是不争的事实，"男工女耕"已经成为当前农村家庭内部分工的主流，但这一分工形式很难适应现代农业生产和可持续发展需要。同时农村人口老龄化日益严重，农村老人不愿离开自己赖以生存的土地，成为种地的主力军，调研中发现部分老人因突发性疾病无法继续劳作导致土地撂荒的事件时有发生，老龄化正逐渐成为农业发展的隐忧，这也是未来研究拓展的新方向。

最后，本研究主要从经济学视角分析农民职业分化影响因素，因此解释变量更多选择与经济发展相关的因素，而其他偏于社会心理领域的因素由于难以量化而未能全部纳入，如文化观念、历史传统、心理因素等。另外，在社会网络理论中，社会资本对农民职业分化也会产生一定影响，如社会网络帮助农民减少搜寻工作的成本，政治资本（如党员干部身份）帮助农民获得特定职业类型的从业优势等。这些因素在将来的研究中可考虑进一步纳入综合量化模型加以深入分析。

参 考 文 献

蔡昉，2002. 中国人口与流动问题报告 [M]. 北京：社会科学文献出版社.

蔡昉，都阳，2002. 迁移的双重动因及其政策含义 [J]. 中国人口科学（4）：1-7.

曹慧，赵凯，2019. 农户非农就业、耕地保护政策认知与亲环境农业技术选择：基于产粮大县 1422 份调研数据 [J]. 农业技术经济（5）：52-65.

陈董，张安录，2007. 农地转用过程中农民的认知与福利变化分析——基于武汉市城乡结合部农户与村级问卷调查 [J]. 中国农村观察（5）：87-90.

陈浩，2008. 农村劳动力非农就业研究——从人力资本视角分析 [M]. 北京：中国农业出版社.

陈浩，毕永魁，2013. 人力资本对农户兼业行为及其离农决策的影响研究——基于家庭整体视角 [J]. 中国人口资源与环境（8）：90-99.

陈会广，单丁洁，2010. 农民职业分化、收入分化与农村土地制度选择 [J]. 经济学家（4）：85-92.

陈良敏，2020. 进城农民工市民化测度及影响因素研究 [D]. 武汉：中南财经政法大学.

陈薇娜，2012. 沿海地区农户分化与城镇化互动发展研究 [D]. 青岛：中国海洋大学.

陈文琼，刘建平，2018. 城市化、农民分化与"耕者有其田"——城市化视野下对农地制度改革的反思 [J]. 中国农村观察（6）：26-40.

陈雯玲，2019. 农民职业分化对土地流转的影响研究 [D]. 福州：福建农林大学.

陈锡文. "三农"问题的创新与挑战 [N]. 东方早报，2014-3-25（2）.

陈秀，2008. 青岛地区农民职业分化微观影响因素的实证分析 [D]. 青岛：青岛农业大学.

仇叶，2020. 土地开发权配置与农民市民化困境——对珠三角地区农民反城市化行为的分析 [J]. 农业经济问题，11：42-54.

董瑞娟，2010. 经济发展与中国农村的社会阶层分化 [D]. 山东：山东大学.

董世洪，郁建兴，2021. 城乡融合进程中农村居民市民化的中国方案——基于浙江省海盐县、陕西省千阳县的调查 [J]. 中南民族大学学报（人文社会科学版），4102：78-85.

董树彬，赵艳芳，赵娜，2008. 河北省农民分化状况与对策 [J]. 石家庄经济学院报（1）：40-44.

段禄峰，2018. "三权分置"背景下农民分化与城镇化耦合发展机制研究 [J]. 城市发展研究（11）：23-29.

范红丽，辛宝英，2019. 家庭老年照料与农村妇女非农就业——来自中国微观调查数据的经验分析 [J]. 中国农村经济（2）：98-114.

费景汉，拉尼斯，1989. 劳动力生于经济的发展 [M]. 北京：华夏出版社.

费孝通，1988. 乡土中国 [C]//费孝通选集. 天津：人民出版社.

冯小，2015. 去小农户化：国家主导发展下的农业转型 [D]. 北京：中国农业大学.

高帆，2018. 中国乡村振兴战略视域下的农民分化及其引申含义 [J]. 复旦学报（社会科学版）(5)：149-158.

高燕语，2019. 农民职业化与外来化对农用地集约利用的影响研究 [D]. 南京：南京大学.

葛晓巍，林坚，2006. 我国青年农民的非农职业选择 [J]. 青年研究 (10)：19-24.

葛永波，陈虹宇，赵国庆，2021. 金融排斥视角下非农就业与农村家庭金融资产配置行为研究 [J]. 当代经济科学 (3)：16-31.

龚维斌，2003. 我国农民群体的分化及其走向 [J]. 国家行政学院学报 (3)：44-48.

郭庆海，2000. 我国农村家庭经营的分化与发展 [J]. 农业经济问题 (5) 33-37.

郭庆海，姜会明，2007. 农村经济发展路径与产业政策——吉林省农业与农村经济发展研究 [M]. 长春：东北师范大学出版社.

郭秀，2021. 市民化、农地流转对宅基地退出的作用及其路径研究 [D]. 哈尔滨：东北农业大学.

郭亚梅，2006. 吉林省粮食主产区农民分化问题研究 [D]. 长春：吉林农业大学.

郭亚勋，2014. 城镇化背景下汝州市农民阶层分化研究 [D]. 杭州：浙江农林大学.

国家统计局，2013. 中国农村统计年鉴（2012）[M]. 北京：中国统计出版社.

国家统计局，2017. 国民经济和社会发展统计公报 [M]. 北京：中国统计出版社.

国务院发展研究中心农村部课题组，2014. 从城乡二元到城乡一体——我国城乡二元体制的突出矛盾与未来走向 [J]. 管理世界 (9)：1-12.

韩长赋，2007. 中国农民工的发展与终结 [M]. 北京：中国人民大学出版社.

韩俊，1988. 我国农户兼业化问题探析 [J]. 经济研究 (4)：60-62.

何蒲明，张凡，2015. 农民职业分化、收入分化与城镇化关系的实证研究 [J]. 长江大学学报（自科版）(12)：62-65.

贺雪峰，2004. 乡村研究的国情意识 [M]. 武汉：湖北人民出版社.

贺雪峰，2011. 取消农业税后农村的阶层及其分析 [J]. 社会科学 (3)：34-43.

洪睿，2009. 被征地农民再就业及职业分化问题研究 [D]. 杭州：浙江大学.

洪银兴，杨玉珍，王荣，2021. 城镇化新阶段：农业转移人口和农民市民化 [J]. 经济理论与经济管理，4101：4-16.

侯麟科，2010. 农村劳动力大规模转移背景下的中国农村社会分层分析 [J]. 中国农村观察 (1)：76-80.

胡霞，丁浩，2015. 农地流转影响因素的实证分析——基于 CHIPS8000 农户数据 [J]. 经济理论与经济管理 (5)：17-25.

胡宜挺，王天然，常伟，2021. 身份认同感、社会互动与农民工市民化——基于代际差异视角 [J]. 农村经济，11：114-123.

纪芳，2020. 农民分化与村庄社会整合 [J]. 华南农业大学学报（社会科学版）(5)：70-79.

姜长云，2015. 农户分化对粮食生产和种植行为选择的影响及政策思考 [J]. 理论探讨 (1)：69-74.

姜会明，顾莉丽，2014. "三化"统筹发展研究—吉林省实证分析 [M]. 北京：经济日报出版社：6.

蒋高扬，2021. 资源禀赋对农民工市民化意愿的影响研究［D］. 南京：南京财经大学.

金榜，1986. 农村职业分化状况及其社会影响［J］. 社会学研究（5）：29-32.

景普秋，陈甬军，2004. 中国工业化与城市化进程中农村劳动力转移机制研究［J］. 东南学术（4）：88-94.

孔祥智，2005. 中国三农前景报告［M］. 北京：中国时代经济出版社.

郎敏，2021. 长春市农业转移人口市民化程度与影响因素分析［D］. 长春：吉林农业大学.

李春玲，2005. 断裂与碎片：当代中国社会阶层分化实证分析［M］. 北京：社会科学文献出版社.

李弘毅，2004. 职业分层的方法论及其功能［J］. 学术交流（12）：113-118.

李路路，孙志祥，2012. 透视不平等——国外社会阶层理论［M］. 北京：社会科学文献出版社.

李明艳，陈利根，石晓平，2010. 非农就业与农户土地利用行为实证分析：配置效应、兼业效应与投资效应——基于2005年江西省农户调研数据［J］. 农业技术经济（3）：41-51.

李培林，李强，孙立平，等，2004. 中国社会分层［M］. 北京：社会科学文献出版社.

李强，2003. 影响中国城乡流动人口的推力与拉力因素分析［J］. 中国社会科学（1）：25-29.

李文双，肖阔，李逸波，等，2020. 基于CNKI数据的国内农民分化研究知识图谱分析［J］. 农村经济与科技，3109：268-273.

李宪宝，高强，2013. 行为逻辑、分化结果与发展前景——对1978年以来我国农户分化行为的考察［J］. 农业经济问题（2）：56-58.

李雪，穆利军，2008. 社会学视角下农民职业分化的功能分析［J］. 传承（5）：122-123.

李叶艳，2015. 山西农村社会阶层分化问题研究——以家庭为分层单位［D］. 太原：太原理工大学.

李逸波，2013. 现代化进程中的农民职业分化研究［D］. 保定：河北农业大学.

李逸波，赵邦宏，2020. 农民职业分化对土地流转的影响研究［J］. 河北学刊，4001：168-174.

林坚，李德洗，2013. 非农就业与粮食生产：替代抑或互补——基于粮食主产区农户视角的分析［J］. 中国农村经济（9）：54-62.

林毅夫，2003. 有关当前农村政策的几点意见［J］. 农业经济问题（6）：44-50

林元，2001. 当代中国农民的职业分化［J］. 华东经济管理（2）：20-21.

刘红，2015. 农民分化对我国粮食生产的影响研究［D］. 荆州：长江大学.

刘宏杰，2021. 市民化能力对农户宅基地退出的影响研究［D］. 咸阳：西北农林科技大学.

刘洪仁，杨学成，2007. 转型期农民分化问题的实证研究［J］. 中国农村观察（4）：74-80.

刘洪仁，杨学成，陈淑婷，2007. 我国农民分化的测度与影响因素分析［J］. 山东农业大学学报（社会科学版）（2）：89-96.

刘涛，2006. 水族农民职业分化的调查与研究——以南丹县龙马庄为例［J］. 文山师范高等专科学校学报（4）：64-67.

刘同山，2016. 农业机械化、非农就业与农民的承包地退出意愿［J］. 中国人口·资源与

环境 (6)：62 - 68.

刘一伟, 刁力, 2018. 社会资本、非农就业与农村居民贫困 [J]. 华南农业大学学报（社会科学版）(2)：61 - 71.

刘玥汐, 2017. 农地确权对农村土地流转的影响研究 [D]. 天津：天津大学.

刘玥汐, 许恒周, 2016. 农地确权对农村土地流转的影响研究——基于农民分化的视角 [J]. 干旱区资源与环境 (5)：25 - 29.

刘自历, 2021. 农民工就业质量对市民化影响研究 [D]. 荆州：长江大学.

陆学艺, 1989. 重新认识农民问题——十年来中国农民的变化社会学研究 [J]. 社会学研究 (6)：1 - 14.

陆学艺, 1990. 农民的分化、问题及对策 [J]. 农业经济问题 (1)：33 - 38.

陆学艺, 1991. 当代中国农村和当代中国农民 [M]. 北京：知识出版社.

陆学艺, 2002. 当代中国社会阶层研究报告 [M]. 北京：社会科学文献出版社.

陆学艺, 2004. 当代中国社会流动 [M]. 北京：社会科学文献出版社.

罗奎, 方创琳, 马海涛, 2014. 中国城市化与非农就业增长的空间格局及关系类型 [J]. 地理科学进展 (4)：457 - 466.

罗明忠, 刘恺, 2016. 职业分化、政策评价及其优化 [J]. 华中农业大学学报（社会科学版）(5)：10 - 20.

罗强强, 陈婷婷, 2019. 土地流转、资源动员与农民分化——基于宁夏红寺堡区 B 村的研究 [J]. 湖北民族学院学报（哲学社会科学版）(4)：124 - 130.

马克思, 恩格斯, 1974. 马克思恩格斯选集 [M]. 北京：人民出版社.

迈克尔·P. 托达罗, 1992. 经济发展与第三世界 [M]. 北京：中国经济出版社.

倪士明, 2015. 农民分化背景下土地流转与规模经营关系研究 [D]. 合肥：安徽农业大学.

"农村劳动力流动的组织化特征"课题组, 1997. 农村劳动力流动的组织化特征 [J]. 社会学研究 (1)：15 - 24.

农业部农村经济研究中心, 2001. 中国农村研究报 2000 [M]. 北京：中国财政经济出版社.

彭长生, 王全忠, 钟钰, 2019. 确权、农民分化与宅基地处置意愿——基于安徽、湖南两省农户调查数据的实证分析 [J]. 南京农业大学学报（社会科学版）(5)：118 - 129.

戚斌, 1995. 对陆良县农民职业分化的调查与研究 [J]. 云南学术探索 (4)：31 - 35.

秦国庆, 杜宝瑞, 刘天军, 等, 2019. 农民分化、规则变迁与小型农田水利集体治理参与度 [J]. 中国农村经济 (3)：111 - 127.

任国强, 2004. 人力资本对农民非农就业与非农收入的影响研究 [J]. 南开经济研究 (3)：56 - 59.

盛来运, 2008. 流动还是迁移——中国农村劳动力流动过程的经济学分析 [M]. 上海：上海远东出版社.

石智雷, 杨云彦, 2012. 家庭禀赋、家庭决策与农村迁移劳动力回流 [J]. 社会学研究：157 - 181.

舒尔茨, 1987. 转变传统农业 [M]. 北京：商务印书馆.

宋仁登, 2012. 城市化进程中农民市民化问题研究 [J]. 山东大学学报（哲学社会科学版）

（1）：45 - 49.

苏卫良，刘承芳，张林秀，2016. 非农就业对农户家庭农业机械化服务影响研究 ［J］. 农业技术经济 （10）：4 - 11.

速水祐次郎，2003. 发展经济学——从贫困到富裕 ［M］. 北京：社会科学文献出版社.

孙迪亮，2012. 新农村建设背景下的农民职业化问题研究 ［J］. 石河子大学学报 （哲学社会科学版）（5）：52 - 57.

孙顶强，冯紫曦，2015. 健康对我国农村家庭非农就业的影响：效率效应与配置效应——以江苏省灌南县和新沂市为例 ［J］. 农业经济问题 （8）：28 - 34.

孙文凯，白重恩，谢沛初，2011. 户籍制度改革对中国农村劳动力流动的影响 ［J］. 经济研究 （1）：28 - 41.

孙晓芳，2011. 农村剩余劳动力“浮萍式”转移问题研究——基于农村流动人口社会认同调查 ［J］. 理论探讨 （2）：232 - 234.

万能，原新，2009.1978 年以来中国农民的阶层分化：回顾与反思 ［J］. 中国农村观察 （4）：65 - 73.

王宏英，赵志桥，2013. 西北地区农民职业分化的现状与趋势 ［J］. 甘肃理论学刊 （11）：177 - 181.

王莉，2006. 吉林省农村劳动力流动问题系统分析与实证研究 ［D］. 长春：吉林大学.

王敏，吕寒，2020. 新型城镇化、农民市民化与公共服务供给 ［J］. 哈尔滨商业大学学报（社会科学版）（4）：94 - 105.

王胜今，佟新华，2005. 吉林省农村剩余劳动力的测算及转移对策探讨 ［J］. 人口学刊 （6）：3 - 7.

王庶，岳希明，2017. 退耕还林、非农就业与农民增收——基于 21 省面板数据的双重差分分析 ［J］. 经济研究 （4）：106 - 119.

王亚明，2017. 东西部农民分化及社会整合的比较研究 ［D］. 杭州：浙江大学.

文洪星，韩青，2018. 非农就业如何影响农村居民家庭消费——基于总量与结构视角 ［J］. 中国农村观察 （3）：91 - 109.

吴莹，周飞舟，2022. 空间身份权利：转居农民的市民化实践 ［J］. 社会科学文摘 （2）：63 - 65.

伍德里奇，2003. 计量经济学导论现代观点 ［M］. 北京：中国人民大学出版社.

西奥多·W. 舒尔茨，2006. 改造传统农业 ［M］. 北京：商务印书馆.

夏柱智，2016. 半工半耕：一个农村社会学的中层概念——与兼业概念的比较 ［J］. 南京农业大学学报（社会科学版）（6）：41 - 48.

夏柱智，2020. 新生代农民工市民化的社会机制研究 ［J］. 当代青年研究 （1）：122 - 128.

肖龙铎，张兵，2017. 金融可得性、非农就业与农民收入——基于 CHFS 数据的实证研究 ［J］. 经济科学 （2）：74 - 87.

徐晓红，2018. 吉林省农户兼业经营研究 ［D］. 长春：吉林农业大学.

许恒周，郭忠兴，郭玉燕，2011. 农民职业分化、养老保障与农村土地流转 ［J］. 农业技术经济 （1）：80 - 85.

杨华，2019. 时空压缩下的农民分化 [J]. 求索 (5)：120 - 128.

杨乐乐，2010. 影响农民非农就业的微观因素分析——基于全国 7506 个样本的实证研究 [J]. 西华大学学报（哲学社会科学版）(6)：83 - 86.

姚婷，曾亿武，2013. 我国农民阶层分化的特征及其发展趋势 [J]. 经济与管理 (4)：30 - 35.

姚万禄，2004. 当代中国农民分化的原因及调控政策经济观察 [J]. 经济观察 (2)：44 - 46.

姚先国，俞玲，2006. 农民工职业分层与人力资本约束 [J]. 浙江大学学报（人文杜会科学版）(5)：67 - 69.

叶敬忠，吴存玉，2019. 马克思主义视角的农政问题与农政变迁 [J]. 社会学研究 (2)：1 - 24.

易卓，桂华，2022. 从"半工半耕"到"半城半乡"农民城镇化的阶段与策略 [J]. 江汉学术，4101：52 - 61.

殷晓清，2005. 农民的职业化——社会学视角中的三农问题及其出路 [M]. 南京：南京师范大学出版社.

游和远，吴次芳，鲍海君，2013. 农地流转、非农就业与农地转出户福利——来自黔浙鲁农户的证据 [J]. 农业经济问题 (3)：16 - 25.

余练，2013. 农民分化与通婚圈结构变迁——基于皖中大鼓村婚姻市场的考察 [J]. 华中科技大学学报（社会科学版）(1)：114 - 121.

张飞帆，2019. 农地承包经营权退出机制研究 [J]. 北方经贸 (3)：48 - 49.

张寒，程娟娟，刘璨，2018. 基于内生性视角的非农就业对林地流转的效应评价——来自 9 省 149 户林农的连续监测数据 [J]. 农业技术经济 (1)：122 - 131.

张建雷，2014. 阶层分化、富人治村与基层治理的重构——村庄社会关联的视角 [J]. 长白学刊 (5)：33 - 38.

张金红，田亚慧，2020. 土地流转与农民分化及村庄治理研究 [J]. 南方农机，5111：16 - 17.

张可云，王洋志，2021. 农业转移人口市民化方式及其对收入分化的影响——基于 CGSS 数据的观察 [J]. 中国农村经济 (8)：43 - 62.

张丽娟，2021. 非农就业对农户是否选择购买地下水灌溉服务的影响——基于跨度 16 年 5 轮实地追踪调查数据的实证分析 [J]. 中国农村经济 (5)：124 - 144.

张丽艳，崔宁，2021. 农业转移人口市民化背景下宅基地有偿退出问题研究 [J]. 辽宁工程技术大学学报（社会科学版），2304：254 - 259.

张培刚，2014. 农业与工业化 [M]. 北京：中国人民大学出版社.

张燮，2020. 农民分化与农村阶层关系的东中西差异 [J]. 甘肃社会科学 (1)：38 - 45.

张艳，2009. 我国农民的职业分化与养老保障的路径选择 [J]. 华中农业大学学报（社会科学版）(6)：77 - 82.

张勇，周丽，2020. 农民市民化进程中农村宅基地财产权的实现路径 [J]. 山西农业大学学报（社会科学版），1904：66 - 70.

张月春，2013. 论改革开放以来中国农村的阶层分化 [J]. 理论与改革 (6).

张璋，周海川，2017. 非农就业、保险选择与土地流转 [J]. 中国土地科学 (10)：42 - 52.

赵丹丹，郑继媛，2019. 农民分化与中国乡村振兴：基于全国 31 省的动态面板证据 [J].

世界农业 （7）：105 - 115.

赵敏，郑兴明，2019. 农户分化视角下的农民土地权益保障路径探析 ［J］. 农村经济与科技 （3）：208 - 209.

赵晓峰，余方，2016. 农民分化、社会互动与农户参与合作社的行为决策机制研究——基于 3 县 6 社 358 户调查问卷的实证分析 ［J］. 云南行政学院学报 （4）：13 - 17.

赵智，郑循刚，李冬梅，2016. 土地流转、非农就业与市民化倾向——基于四川省农业转移人口的调查分析 ［J］. 南京农业大学学报 （社会科学版） （4）：90 - 99.

郑杭生，1997. 关于 21 世纪中国社会发展的几点展望 ［J］. 社会学研究 （2）：34 - 39

中共吉林省委宣传部，吉林省统计局，1989. 奋进的四十年 1949—1989——吉林分册 ［M］. 北京：中国统计出版社 .

"中国农村劳动力流动"课题组，1997. 农村劳动力外出就业决策的多因素分析模型 ［J］. 社会学研究 （1）：25 - 32.

中国城市、农村社会变迁的实证研究课题组，1993. 一个山村的农民职业分化对农民结构变迁的个案研究 ［J］. 农村经济与社会 （5）：36 - 43.

钟甫宁，顾和军，纪月清 . 2008. 农民角色分化与农业补贴政策的收入分配效应 ［J］. 管理世界 （5）：65 - 76.

周密，张广胜，黄利，2012. 人力资本、社会资本与市民化抑制 ［J］. 中国人口、资源与环境 （18）：134 - 137.

周其仁，1997. 机会与能力——中国农村劳动力的就业和流动 ［J］. 管理世界 （5）：81 - 101.

周毅，1998. 中国人口流动的现状和对策 ［J］. 社会学研究 （3）：83 - 91.

朱光磊，裴新伟，2021. 中国农民规模问题的不同判断、认知误区与治理优化 ［J］. 北京师范大学学报 （社会科学版） （6）：127 - 138.

朱农，2004. 离土还是离乡——中国农村劳动力地域流动和职业流动的关系分析 ［J］. 世界经济文汇 （1）：53 - 63.

朱战辉，2018. 论村庄社会结构的区域差异——农民分化的视角 ［J］. 人文杂志 （9）：122 - 128.

朱战辉，2021. 农民分化视角下小农经济转型与乡村秩序再造 ［J］. 华南农业大学学报 （社会科学版） （5）：50 - 58.

H·孟德拉斯，1991. 农民的终结 ［M］. 北京：社会科学文献出版社 .

Alan de Brauw, Jikun Huang, Scott Rozelle, et al, 2002. China's rural Labor markets the China Business ［M］. Washington：Mar/Apr.

Beohlje M, Schrader LF, 1998. The Industrialization of Agriculture：Question of Coordination, in the Industrialization of Agriculture ［J］. Royer and R, C. Rogers, Great Britain：The Ipawich Book Company.

Butler S, 2002. Comments. Making the Legal Basis for Prirate Land Righes Operational and Effective ［Z］. Budapest：the World Bank Land Wrokshop.

Cardona M, Kretschemr T, Strobel T, 2013. ICT and productivity: Conclusions from the empirical literature [J]. Information Economics and Policy, 25 (3): 109 - 125.

Chayanoy A V, 1986. 1925: The Theory of Peasant Economy [M]. Madison: University of Wisconsin Press.

C Cindy Fan. The Elite, the Natives, and the Outsider: Migration and Labor Market Segmentation in Urban China. Annals of the Association of American Geographers [J]. Journal of Rural Studies, 92 (1): 103 - 124.

Evans T P, Kelly H, 2004. Multi - Scale analysis of a household level agent—based mode of land cover change [J]. Round of Environmental Management (72): 57 - 72.

Goldscheider G, 1983. Urban migrants in developing nations [M]. West View Press.

Hare D, 2002. The Determinaants of Job Location and Its Effect on Migrants' Wages: Evidence from Rural China [J]. Economic Development and Cultural Change (5): 557 - 579.

Hare D, 2002. The Determinants of Job Location and Its Effect on Migrants' Wages: Evidence from Rural China [J]. Economic Development and Cultural Change: 557 - 579.

Hueth Brent, 2000. The Goals of U. S. Agricultural Policy: A Mechanism Design Approach [J]. American Journal of Agricultural Economics, 82 (1) .

Kimhi A, Rapaport E, 2004. Time allocation between farm and off - farm activities in Israeli farm households [J]. Amercian Journal of Agricultural Economics (3): 716 - 721.

Li H Z, J S, 2003. Labor supply in urban China [J]. Journal of Comparative Economics (4): 795 - 817.

Mariapia Mendola, 2007. Farm household production theories: A review of "institutional" and "behavioral" responses [J]. Asian Development Review, 24 (1): 49 - 68.

Meert H G, Van Huylen Broeck, T Vernimmen, et al, 2005. Farm House hold Survival Strategies and Diversification on Marginal Farms [J]. Journal of Rural Studies (21): 81 - 97.

Meng, Xing, Junsen, et al. The two - tier Labor Market in Urban China [J]. Journal of Comparative Economics, 29: 485 - 504.

Mohapatra S R S H, 2000. Evolution of Modes of Production During Development: Evidence from China [Z]. Los Angeles.

Peter Clark. The Cambridge Urban History of Britain [J]. Cambridge University Press, 2: 466 - 468.

Roberts K, 2001. The determinants of job choice by rural labor migrants in Shanghai [J]. China Economic Review (12): 15 - 39.

Skinner G W, 2018. Marketing and social structure in rural China [J]. Journal of Asian Studies (2): 195 - 228.

Song L N, 2001. Process fo Rural—Urban Labor Migration In China: Information Flows And Networks [C]. Beijing, China: 2001 International Forum On Rural Labor Mobility In China.

Tan, Heerink N, Qu F, 2006. Land fragmentation and its driving forces in China [J]. Land Use Policy (3): 272 - 285.

Walder, Andrew, 2002. Income Determination and Market Opportunity in Rural China [J]. Journal of Comparative Economics.

Yao Y, 2001. Egalitarian Land Distribution and Labor Migration in Rural China [Z].

Zhang J S, 2005. Does education pay in urban China? Estimating returns to education using Chinese twins. Human Capital Investment and Regional Economic Development International Conference [C]. Hangzhou.

Zhang L X, Huang J K, Rozelle S, 2002. Employment, emerging labor markets and the role of education in China [J]. China Economic Review, 13 (23): 313 - 328.

Zhao Y, 1999. Leaving the countryside: Rural - to - urban migration decisions in China [J]. American Economic Review (89): 281 - 286.

附 录 A

问卷编码：_____

吉林省农民职业分化问题
农户问卷

市（地区）：_____

县（县级市）：_____

乡镇：_____

村：_____

电话号码：_____

时间：_____

吉林省农民职业分化问题调查问卷

一、个人及家庭基本情况

1. 年龄＿＿＿岁　　性别＿＿＿　家庭人数＿＿＿人　家庭劳动力人数＿＿＿人

2. 您的文化程度：
   ①未上过学　②小学　③初中　④高中或中专　⑤大专及以上

3. 您的受教育年限为＿＿＿＿＿年

4. 您与户主的关系是？
   ①户主　②配偶　③孩子　④孙子　⑤父母　⑥（外）祖父母　⑦兄弟姐妹
   ⑧儿媳女婿　⑨亲戚　⑩其他（请说明）＿＿＿＿＿＿

5. 您的户口类型为：①农业　②非农业　③没户口

6. 您的婚姻状况？①已婚　②单身

7. 您家离县城的距离是＿＿＿公里

8. 家庭所处地理位置：①山区　②丘陵　③平原　④城市郊区

9. 您家的耕地面积为＿＿＿亩

10. 您家总共几口人＿＿＿＿＿＿

11. 您家60岁以上老人有＿＿＿＿个，您家的儿童有＿＿＿＿＿个

12. 您的职业：
    ①务农　②工厂工人　③建筑业工人　④矿业工人
    ⑤其他工人（请说明）＿＿＿＿＿＿
    ⑥企业管理人员（请选择：A最高领导 B中层干部）
    ⑦服务行业（美容，理发，家政，餐厅服务员，司机，厨师，保安）
    ⑧办事人员（请选择：A秘书，勤杂人员 B供销业务）
    ⑨村民委员会干部
    ⑩各类专业技术人员（请选择：A教育 B卫生 C法律 D金融）
    ⑪军人（请选择：A志愿兵 B非志愿兵）　⑫其他（请说明）＿＿＿＿＿

13. 家庭收入来源：
    2019年：＿＿＿＿＿＿　　2018年：＿＿＿＿＿＿
    ①纯农业（请选择：A种植业　B养殖业）
    ②商品性农业（即不但完全从事农业，而且农业经营的商品化程度较高）
    ③农业收入为主，非农产业经营或就业为辅
    ④农业收入为辅，主要从事非农产业经营或就业为主、外出打工
    ⑤纯非农产业

⑥不在业，靠救济等

14. 目前家庭主要收入来源按多少排序：_____（排前三位）

①种植业　②养殖业　③家庭手工业　④打工

⑤个体经营　⑥单位工资　⑦其他_____

15. 2018 年家中总收入_____元，其中土地租金收入_____元，务农收入_____。

16. 2018 年家中总支出_____元。

17. 您的家庭纯收入在你们村处于什么位置？

①中等偏上　②中等　③中等偏下

18. 您是否参与新型农村合作医疗保险？①是　②否

19. 您对自己健康的自我认定为：①较差　②一般　③较好　④非常好

20. 城里是否有亲戚朋友？（有往来对本人有实际帮助）①有　②没有

21. 您家目前在一起居住的家庭成员状况？

①与未婚子女在一起　②与已婚子女在一起　③三代以上一起居住

二、就业的一般情况（2019—2020 年）

1. 今年是否有活儿干？（包括务农及非务农工作）① 是　②否

2. 如果今年没干活儿，原因是？

①年老　②身体不好　③待业　④只做家务　⑤上学　⑥照顾老人、孩子

⑦其他（请说明）_____

3. 如果干活儿，每天平均_____小时，每月平均工作 _____天

4. 今年是否务农？①是　②否

5. 今年所从事的非种养工作主要集中在哪几个月份？（限选 3 个）

①1 月　②2 月　③3 月　④4 月　⑤5 月　⑥6 月　⑦7 月　⑧8 月　⑨9 月

⑩10 月　⑪11 月　⑫12 月　⑬全年

6. 每个月务农天数平均是____天（假设每天平均务农 8 小时）

7. 主要的非种养工作是：____，今年干了多少天？（按每天 8 小时计）____天

该工作一年所获得的净现金和实物收入总计有_____元

①务农　②工厂工人　③建筑业工人　④矿业工人

⑤其他工人（请说明）_____

⑥企业管理人员（请选择：A 最高领导 B 中层干部）

⑦服务行业（美容，理发，家政，餐厅服务员，司机，厨师，保安）

⑧办事人员（请选择：A 秘书，勤杂人员 B 供销业务）

⑨村民委员会干部

⑩各类专业技术人员（请选择：A 教育 B 卫生 C 法律 D 金融）

⑪军人（请选择：A 志愿兵 B 非志愿兵）

⑫其他（请说明）_____

8. 打工期间平均每月工作天数_____天

9. 打工期间平均每天工作_____小时

10. 截至目前，你在这个行业工作了_____年的时间

11. 上述工作的单位类型是？

①企业 ②事业 ③机关 ④服务业 ⑤手艺人

⑥工程队 ⑦村集体 ⑧部队 ⑨其他（请说明）_____

12. 上述工作的单位性质是？

①国营 ②集体 ③私营 ④其他（请说明）_____

13. 您是如何获得该工作的？

① 朋友介绍 ②中介 ③自己争取 ④政府组织

⑤企业来村招工 ⑥自营 ⑦劳务机构介绍 ⑧其他（请说明）_____

14. 在您参加该工作之前，是否有其他亲属或朋友到该单位工作？

①是 ②否

15. 您今年的工作地点是？

①本村 ②本乡非本村 ③本县非本乡 ④本省非本县 ⑤外省 ⑥国外

16. 去年所从事的最主要非种养工作的收入：

①去年现金总收入_____元（包括工资、奖金、津贴、补贴和补助等）

②去年全年实物报酬折合大约_____元（包括平时发的劳保福利卫生用品、年节发的食品等各种实物）

17. 您认为您能到该部门工作的优势是什么？_____

18. 您认为您在该部门工作的劣势是什么？_____

19. 过去的一年您是否接受过培训？①是 ②否

如果有接受过培训，是____次培训，每次大概培训的时间是____天，培训的类型是：_____

①岗前培训 ②技术培训 ③管理培训 ④资格证书培训 ⑤其他培训

20. 您是否有某种手艺？①有 ②没有

如果有，是什么手艺：_____；哪一年开始以该手艺作为职业：_____

21. 从务农开始您变换过____次工作（没有请填 0），如果变换过工作，请填写

变换经历从_____年到_____年；职业_____；

具体就业地点_____从_____年到_____年；职业_____；

具体就业地点_____从_____年到_____年；职业_____；

具体就业地点_____从_____年到_____年；职业_____；

具体就业地点_____从_____年到_____年；职业_____；

　　具体就业地点_____（注：职业尽量细化，就业地点填写：本乡、本县、省内具体市县、外省名称、外国名称）

三、职业分化意愿决策

1. 您今后两年是否准备从事非农行业？ ①是　②否
2. 如果今后两年不打算从事非农行业，为什么？
　　①喜欢从事农业　②现在的收入不错了　③不具备从事其他行业的技能
　　④不知道如何找到其他工作　⑤其他（请说明）_____
3. 如果您外出打工，原因是：_____（限选三项）
　　①农村土地少，家里劳力多，在家没事干
　　②农村收入太少，城里挣钱多
　　③外出可开阔眼界，学习新技术和增长才干
　　④城里生活便利，喜欢城市生活方式
　　⑤别人都外出，我也想外出
4. 关于土地流转面积：
　　（1）您家流入的面积为：_____
　　（2）您家流出的面积为：_____
　　（3）您家人均流转面积为：_____
　　（4）对您有何影响？_____
5. 您农业生产中的主要困难是：_____（选一个）
　　①体力不够　②缺农业科技知识　③缺技能　④缺资金
　　⑤其他（请注明）_____
6. 您在农业生产中遇到困难时如何解决？
　　①自己干　②换工　③雇工　④亲戚朋友帮忙　⑤租用机器　⑥找技术人员
7. 如果从事农业的收入大于或等于从事其他行业的收入，您愿意从事农业吗？
　　①是　②否
8. 您以后3年的职业打算是：_____
　　①自己承包大量土地，科学种田　②搞专业养殖　③发展其他产业
　　④维持现状　⑤有机会出去打工
9. 您期望自己理想中的子女数是：_____
　　①不要孩子　②1个孩子　③2个孩子　④3个及以上孩子
10. 您对抚育子女的态度是：_____
　　①吃好穿好、长大成人就行、不一定非上中学
　　②一定要上完中学
　　③不论男孩女孩，一定要设法上大学

④若不能上大学，一定让孩子学到一门技术

11. 您对当前的生活满意吗？
　　①非常满意　　②比较满意　　③基本满意　　④不太满意　　⑤很不满意

12. 您对当前的职业满意吗？
　　①非常满意　　②比较满意　　③基本满意　　④不太满意　　⑤很不满意

13. 您愿意将来定居到城市的原因是：_____（限选 3 项并排序）
　　①让子女受到更好的教育　　②自己有更大的发展空间
　　③爱人在城市打工或工作　　④城市文明、生活质量高
　　⑤城市有更多的就业空间　　⑥让父母享福
　　⑦亲戚朋友老乡都在城市　　⑧城市能挣更多的钱

14. 您不愿意将来定居到城市的原因是：_____（多选限选 3 项）
　　①现在收入不错、生活稳定就可以了　　②家乡有熟悉的人事环境
　　③家乡环境好城里污染严重　　④担心收入少在城里不能养活全家人
　　⑤怕遭城里人歧视　　⑥户口不重要，工作方便没必要定居城市
　　⑦老人习惯农村不愿进城　　⑧土地不好流转

15. 您认为如果安家在城市最大的阻碍是（只选 3 项）：_____
　　①住房资金　　②相关费用太高　　③工作难找　　④子女教育费用太高
　　⑤户口难　　⑥有歧视，社会关系复杂

附 录 B

吉林省农民职业分化访谈提纲

1. 该村隶属什么市、什么县、什么乡镇？距离县城有多远？是否距离某些工业或城市化发达的城镇较近？（如有，是哪个或哪些城市？并指出有多远。）该村属什么地形（平原、山区、丘陵等）？

2. 该村有多少亩田地？都是什么类型的（平原、山区、丘陵等）？村中的耕地面积为多少？

3. 该村共有多少户？全村人口是多少？该村劳动人口有多少？平均年龄如何？

4. 该村有何特色产业？该村有几家乡镇企业？行业是什么？规模是多大？该村在本地乡镇企业就业的农民有多少人？平均工资是多少？

5. 该村有多少人从事农业以外的行业？都是什么行业和职业？这些人占全村人口比重是多少？其中外出务工者占全村人口比重是多少？外出务工者都到哪里务工？

6. 该村有多少家将土地包出或包入？〔转出、转入户数及规模（面积）。〕

7. 该村有多少种植大户或养殖大户？其经营规模是多大？效益是多少？经营了多长时间？在其经营过程中，主要的困难是什么？

8. 该村是否有过针对农民的职业技能培训？是什么组织举办的？内容是什么？最近几年内共有多少次？效果如何？村民反应如何？

9. 对土地、工资、各种保障、子女上学、工作环境、住房等问题的感受。

10. 期望政府部门针对农民职业分化做些什么？